기출이
답이다

신한은행
SLT 필기시험

6개년 기출복원문제 + 기출유형분석 + 무료NCS특강

SD에듀
㈜시대고시기획

2024 최신판 SD에듀 All-New 기출이 답이다
신한은행 SLT 필기시험 6개년 기출 + 무료NCS특강

Always **with you**

사람의 인연은 길에서 우연하게 만나거나 함께 살아가는 것만을 의미하지는 않습니다.
책을 펴내는 출판사와 그 책을 읽는 독자의 만남도 소중한 인연입니다.
SD에듀는 항상 독자의 마음을 헤아리기 위해 노력하고 있습니다. 늘 독자와 함께하겠습니다.

머리말

신한은행은 1897년 한성은행으로 출발하였다. 이후 1982년 신한은행을 창립하였고, 1996년 총수신 20조 원, 1999년 총수신 30조 원을 돌파하는 등의 성장을 이루어 왔다. 신한은행은 금융의 본업, 창조적 금융, 상생의 선순환 구조를 바탕으로 '금융으로 세상을 이롭게 한다.'는 미션을 달성하기 위해 노력하고 있다.

신한은행은 인재를 채용하기 위해 필기시험을 시행하고 있다. 신한은행 필기시험 SLT(Shinhan Literacy Test)는 NCS+금융상식+디지털 리터러시 평가로 구성되어 있다. 2021년부터 디지털 리터러시 평가(논리적 사고 · 알고리즘 설계 · 상황판단 평가)를 도입하였으며, 2023년에는 95문항에서 70문항으로 문제 수를 줄이고, 4지 선다에서 5지 선다로 선택지 개수를 늘리는 변화를 보였다.

이에 SD에듀에서는 신한은행 SLT 필기시험을 준비하는 수험생들이 시험에 효과적으로 대비할 수 있도록 다음과 같은 특징을 가진 본서를 출간하게 되었다.

도서의 특징

❶ 기출유형 뜯어보기를 수록하여 출제영역별 유형분석과 풀이전략을 학습할 수 있도록 하였다.

❷ 2023년부터 2018년 상반기까지 실시된 신한은행 6개년 기출복원문제를 수록하여 최근 출제유형을 파악할 수 있도록 하였다.

❸ 2023~2022년 시행된 주요 금융권 NCS 기출복원문제를 수록하여 변화하는 출제경향에 완벽히 대비할 수 있도록 하였다.

끝으로 본서를 통해 신한은행 SLT 필기시험을 준비하는 여러분 모두에게 합격의 기쁨이 있기를 진심으로 기원한다.

SDC(Sidae Data Center) 씀

미션

금융으로 세상을 이롭게 한다.

미래를 함께하는 따뜻한 금융이란 상품, 서비스, 자금운용 등에서 과거와는 다른 방법, 새로운 환경에 맞는 새로운 방식을 추구하여 고객과 신한 그리고 사회의 가치가 함께 커지는 상생의 선순환 구조를 만들어 가는 것이다.

방법론

금융(본업)으로

창조적 금융

지향점

세상을 이롭게 한다

상생의 선순환 구조

핵심가치

모든 신한인이 'ONE 신한'으로 생각하고 행동하게 되는 가치판단의 기준이다.

바르게
고객과 미래를 기준으로 바른 길을 선택한다.

빠르게
빠르게 실행하고 배우며 성장한다.

다르게
다름을 존중하며 남다른 결과를 만든다.

⟳ 비전

더 쉽고 편안한, 더 새로운 은행

더 쉬운 은행	**쉽고 편리한** 고객이 금융을 더 쉽고 편하게 이용할 수 있도록 온·오프라인 금융서비스를 개선하며, 디지털 생태계를 통해 고객의 일상과 비즈니스에 은행을 더욱 가깝게 연결한다.
더 편안한 은행	**안전하고 신뢰할 수 있는** 고객이 꿈을 실현할 수 있도록 안전하고, 신뢰할 수 있는 올바른 금융을 제공함으로써 고객의 마음을 더 편안하게 한다.
더 새로운 은행	**참신하고 독창적인** 신한만의 전문성과 혁신적인 디지털 기술을 창조적으로 융합한, 참신하고 독창적인 '一流' 금융서비스를 통해 고객에게 더 새로운 가치를 제공한다.

⟳ 인재상

따뜻한 가슴을 지닌 창의적인 열정가

따뜻한 가슴
고객과 사회의 따뜻한 미래를 생각하며 정직과 신뢰로 언제나 바르게 행동하는 사람

창의적인
자신의 꿈을 위해 유연하고 열린 사고로 남들과는 다르게 시도하는 사람

열정가
실패를 두려워하지 않는 열정으로 도전적 목표를 향해 누구보다 빠르게 실행하는 사람

⟳ Symbol Mark

기존 신한금융그룹의 상징이었던 비둘기 및 새싹은 21세기의 미래 감성에 맞게 재해석되어 피어나는 미래에 대한 희망으로 표현되었고, 그 형태의 외관을 이루는 "구"는 국제화를 의미하는 글로벌의 상징으로, 가운데 S의 형상은 끝없는 성장을 향해 달려나가는 지표로서의 금융사의 진로로 상징화되었다.

⟳ 신한 프렌즈

일 년 내내 밤하늘에서 찾아볼 수 있는 작은 곰자리는 북쪽 하늘의 대표적인 별자리로 알려져 있으며, 북극성은 작은 곰자리의 끝에 자리 잡고 있다. 신한 프렌즈는 예로부터 항해자들의 길잡이가 되어 주던 북극성을 모티브로 개발되었다. 시대를 앞장서서 도전해 나가는 탐험대의 이야기를 담아 신한이 리드하는 새로운 금융 가치를 이야기하게 될 것이다.

○ 브랜드 슬로건

> 더 나은 내일을 위한 동행
> Together, a better tomorrow

○ 브랜드 약속

> Togethership

| 진정성 | 통합성 | 혁신 | 통찰력 |

○ 브랜드 이미지

젊고, 활기찬

선도적인, 혁신적인

전문성이 있는

믿음이 가는, 정직한

배려 깊은, 따뜻한

세련된, 고급스러운

지원방법

신한은행 채용 홈페이지(shinhan.recruiter.co.kr)를 통해 접수

응시자격

❶ 학력 및 연령에 따른 지원 제한 없음
❷ 군필자 또는 군면제자
❸ 해외여행에 결격 사유가 없는 자
❹ 당행 내규상 채용에 결격 사유가 없는 자

우대사항

❶ 「국가유공자 등 예우 및 지원에 관한 법률」에 의한 취업지원 대상자(국가보훈 대상자)
❷ 「장애인 고용촉진 및 직업재활법」에 의거 「장애인복지법」에 의한 등록장애인 또는 상이등급이 기재된 국가유공자증명서를 소지한 지원자
❸ 공인 어학성적 우수자
 • 영어 : TOEIC, TOEIC-S, TEPS, TEPS-S, OPIc
 • 일본어 : JPT, OPIc
 • 중국어 : HSK, BCT, OPIc
❹ 직무 관련 전공자
❺ 직무 관련 자격증 보유자
 • 변호사, 공인회계사, AICPA, 세무사, 변리사, 공인노무사, 감정평가사, 보험계리사, 관세사, CFA Level 3, CFA Level 2, CFA Level 1, CFP, 여신심사역, 국제 재무위험관리사, 재무위험관리사, CDCS(국제공인신용장전문가), AFPK, 국제자금세탁방지전문가, 투자자산운용사, 신용분석사, 외환전문역 1종, 외환전문역 2종, 빅데이터 분석기사, SQLP, ADP, DAP, SQLD, ADsP, DAsP

채용절차

| 지원서 접수 | 필기시험(SLT) | AI역량검사 | 1차 면접 | 2차 면접 | 채용검진 / 최종합격 |

채용일정

채용공고	접수기간	서류발표	필기시험	필기발표
2023.09.04	2023.09.04~09.21	2023.10.10	2023.10.15	2023.10.25
2022.09.05	2022.09.05~09.22	2022.10.04	2022.10.09	2022.10.19
2021.09.07	2021.09.07~09.23	2021.10.06	2021.10.10	2021.10.20
2020.09.14	2020.09.14~09.22	2020.10.06	2020.10.11	2020.10.19

필기시험

영역		문항 수	제한시간
NCS/금융상식	의사소통능력	70문항 (5지 선다)	90분
	수리능력		
	문제해결능력		
	금융상식		
디지털 리터러시 평가	논리적 사고		
	알고리즘 설계		
	상황판단 평가		

※ 영역별 문항 구분 없이 1교시로 시험이 진행됩니다.

출제경향

의사소통능력	• 고객의 유형과 특성에 맞는 금융 상품을 추천하는 상황이 제시된다. • 리볼빙, 무차별 곡선 등 금융·경제 관련 지문이 제시된다.
수리능력	• 환율 및 수수료를 구하는 문제가 출제된다. • 자료 계산 및 추론 문제의 경우 정확한 계산 능력을 요구한다.
문제해결능력	• 고객에게 가장 유리한 상품이 무엇인지 묻는 문제가 출제된다.

❖ 자세한 채용절차는 직무별 채용방침에 따라 변경될 수 있으니 반드시 채용공고를 확인하기 바랍니다.

주요 금융권 적중 문제 TEST CHECK

의사소통능력 ▶ 빈칸추론

01 다음 빈칸에 들어갈 내용으로 가장 적절한 것은?

> 과학을 이야기할 때 꼭 언급하고 지나가야 할 문제는 과학적인 방법으로 얻어진 결과를 어느 정도 신뢰할 수 있느냐 하는 것이다. 과학은 인간의 이성으로 진리를 추구해가는 가장 합리적인 방법이다. 따라서 과학적인 방법으로 도출해 낸 결론은 우리가 얻을 수 있는 가장 신뢰할 수 있는 결론이라고 해야 할 것이다. 그러나 인간의 이성으로 얻은 결론이므로 인간이라는 한계를 뛰어넘을 수는 없다. 인간의 지식이나 이성이 완벽하지 못하다는 것은 누구나 인정하고 있는 사실이다. 그러므로 _____

① 과학에 대하여 보다 더 적극적인 관심을 가질 필요가 있다.
② 과학적인 방법으로 얻어진 결론도 완벽하다고 할 수는 없다.
③ 과학으로써 인간의 지식이나 이성의 한계를 넘어서야 한다.
④ 과학 탐구에 있어서도 결국 그 주체는 인간임을 잊어서는 안 된다.

문제해결능력 ▶ 문제처리

15 다음은 국민연금법의 일부 내용이다. 다음 〈보기〉에서 연금을 받을 수 있는 사람과 받는 연금의 종류가 바르게 연결된 것은?(단, 가입자의 나이는 2022년 5월 2일을 기준일로 하여 만 나이로 계산하며, 유족연금의 경우 가입자의 유족이 받는다)

> **제6조(가입 대상)** 국내에 거주하는 국민으로서 18세 이상 60세 미만인 자는 국민연금 가입 대상이 된다. 다만, 「공무원연금법」, 「군인연금법」, 「사립학교교직원 연금법」 및 「별정우체국법」을 적용받는 공무원, 군인, 교직원 및 별정우체국 직원, 그 밖에 대통령령으로 정하는 자는 제외한다.
>
> **제61조(노령연금 수급권자)**
> ① 가입기간이 10년 이상인 가입자 또는 가입자였던 자에 대하여는 60세(특수직종근로자는 55세)가 된 때부터 그가 생존하는 동안 노령연금을 지급한다.
> ② 가입기간이 10년 이상인 가입자 또는 가입자였던 자로서 55세 이상인 자가 대통령령으로 정하

수리능력 ▶ 자료추론

33 다음은 각 은행별 확정급여형 퇴직연금에 대한 적립금 운용금액 및 적립금 운용수익률을 공시한 자료이다. 자료에 대한 해석으로 적절하지 않은 것은?

(단위 : 억 원, %)

은행	구분	2022년 1분기		2021년		수익률(2021년 기준)			
		적립금	수익률	적립금	수익률	지난 3년간	지난 5년간	지난 7년간	지난 9년간
A은행	원리금 보장형	63,693	1.09	63,940	1.11	1.4	1.89	2.38	2.74
	원리금 비보장형	1,442	2.79	1,315	4.42	2.47	2.31	2.51	5.79
B은행	원리금 보장형	55,537	1.27	58,232	1.26	1.5	2.01	2.56	2.93
	원리금 비보장형	1,176	4.93	1,109	7.32	3.36	3.42	3.66	7.04
C은행	원리금 보장형	46,790	1.27	48,480	1.3	1.58	2.13	2.68	3.02
	원리금 비보장형	1,017	2.55	679	6.00	2.98	3.55	2.49	5.99

NH농협은행 6급

2023년 적중

14 다음은 NH농협은행의 홈페이지에 게시된 윤리경영을 주제로 자주 묻는 질문에 대한 답변들을 정리한 것이다. 다음 빈칸 (A) ~ (D)에 들어갈 질문에 해당되지 않는 것은?

> NH농협은행 윤리경영에 대해 궁금해 하시는 사항을 알려드립니다.
>
> 질문 : _____(A)_____
> 답변 : 정직과 신뢰를 바탕으로 공정하고 투명한 윤리경영을 통하여 기업가치 증대와 건전한 금융산업 발전에 이바지하고, 기업의 사회적 책임을 다함으로써 농업인의 경제·사회·문화적 지위 향상과 농업경쟁력 강화를 통한 농업인의 삶의 질 향상과 국민경제의 균형발전에 이바지한다는 농협의 설립목적을 달성하는 데 궁극적 가치가 있습니다.
>
> 질문 : _____(B)_____
> 답변 : 윤리헌장은 기업이 추구하는 가치와 목표를 제시하는 내용을 담고 있습니다. 또한 기업의 이해관계자에 대한 책임과 의무를 규정하며 '우리는 누구이며, 무엇을 하며, 무엇을 위하여

2023년 적중

01 N은행에서 근무하는 A사원은 고객 甲에게 적금 만기를 통보하고자 한다. 甲의 가입 상품 정보가 다음과 같을 때, A사원이 甲에게 안내할 금액은?

> • 상품명 : N은행 희망적금
> • 가입자 : 甲(본인)
> • 가입기간 : 24개월
> • 가입금액 : 매월 200,000원 납입
> • 적용금리 : 연 2.0%
> • 저축방법 : 정기적립식
> • 이자지급방식 : 만기일시지급, 단리식

① 4,225,000원   ② 4,500,000원

2023년 적중

02 같은 해에 입사한 동기 A, B, C, D, E는 모두 N은행 소속으로, 서로 다른 부서에서 일하고 있다. 이들이 근무하는 부서와 해당 부서의 성과급은 다음과 같다. 부서배치에 관한 조건 및 휴가에 관한 조건을 참고했을 때 다음 중 항상 옳은 것은?

〈부서별 성과급〉

비서실	영업부	인사부	총무부	홍보부
60만 원	20만 원	40만 원	60만 원	60만 원

※ 각 사원은 모두 각 부서의 성과급을 동일하게 받는다.

〈부서배치 조건〉

• A는 성과급이 평균보다 적은 부서에서 일한다.
• B와 D의 성과급을 더하면 나머지 세 명의 성과급 합과 같다.
• C의 성과급은 총무부보다는 적지만 A보다는 많이 받는다.

주요 금융권 적중 문제 TEST CHECK

수리능력 ▶ 금융상품 활용

41 K사원은 자택에서 회사까지 통근 거리가 멀어 회사에서 가까운 곳으로 자취하려고 한다. K사원은 전세자금이 부족하여 은행에서 대출을 받기로 결정하고 대출상환방식을 알아보고 있다. 매월 일정하게 급여를 받고 있지만 매번 상환금액이 큰 경우에는 부담되어 만기일시상환을 생각하고 있지만, 원금균등 분할상환으로 할 경우와 비교해 보려고 한다. 다음 〈정보〉를 참고하여 K사원이 대출상환방식을 만기일시상환 또는 원금균등 분할상환으로 할 때, 각각 월 이자금액으로 바르게 연결된 것은?(단, 원금과 이자는 소수점 첫째 자리에서 반올림한다)

〈정보〉

- 대출금액 : 1억 원
- 대출 기간 : 20년
- 연이자율 : 3%
- 원금균등 분할상환 3회차 상환금액의 이자를 구한다.

의사소통능력 ▶ 내용일치

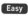 **Easy**

04 다음 글을 읽고 '스마트 그리드'에 대한 설명으로 적절한 것을 고르면?

주니퍼 리서치(Juniper Research)는 글로벌 스마트 그리드 구축으로 인해 전 세계는 2021년 316TW/h(테라와트시)를 시작으로 2026년에는 연간 1,060TW/h의 에너지를 절약하게 될 것이라는 내용의 보고서를 발표했다. 이는 영국 런던의 보로오브 브렌트에 위치한 웸블리 스타디움에서 90분 동안 진행되는 축구 경기 4,200만 회 이상을 개최하는 에너지에 해당한다.

홈페이지에 게재한 보도자료에서 주니퍼 리서치는 '스마트 그리드: 산업 및 경쟁 동향, 시장 전망 2021~2026(Smart Grid: Industry Trends, Competitor Leaderboard and Market Forecasts 2021~2026)' 보고서 출판 사실을 공지하고 스마트 그리드가 에너지 시장의 지속 가능성을 확보하는 데 중요한 역할을 수행할 것이라고 예상했다.

보고서는 에너지 운영 회사에 최적의 운영 방법론을 제공한다. 저렴한 센서 및 연결성을 가장 잘 결합하는 에너지 공급업체가 앞으로 가장 큰 성공을 거둘 것이라는 예측이다. 스마트 그리드는 적절

문제해결능력 ▶ 순서추론

38 H은행의 신사업기획부 A팀장, B대리, C대리, D주임, E주임, F주임, G사원, H사원 8명은 기차를 이용해 부산으로 출장을 가려고 한다. 다음 〈조건〉에 따라 직원들의 좌석이 배정될 때, 〈보기〉 중 팀원들이 앉을 좌석에 대한 설명으로 옳지 않은 것을 모두 고르면?(단, 이웃하여 앉는다는 것은 두 사람 사이에 복도를 두지 않고 양옆으로 붙어 앉는 것을 의미한다)

〈기차 좌석표〉

앞

창가	1 - 가	1 - 나	복도	1 - 다	1 - 라	창가
	2 - 가	2 - 나		2 - 다	2 - 라	

뒤

조건

- 팀장은 반드시 두 번째 줄에 앉는다.

IBK기업은행

의사소통능력 ▶ 내용일치

05 다음은 I은행에서 여신거래 시 활용하는 기본약관의 일부이다. 약관의 내용을 적절하게 이해하지 못한 직원은 누구인가?

> **제3조 이자 등과 지연배상금**
> ① 이자·보증료·수수료 등(이하 "이자 등"이라고 함)의 이율·계산방법·지급의 시기 및 방법에 관해, 은행은 법령이 허용하는 한도 내에서 정할 수 있으며 채무자가 해당사항을 계약 체결 전에 상품설명서 및 홈페이지 등에서 확인할 수 있도록 합니다.
> ② 이자 등의 율은 거래계약 시에 다음의 각 호 중 하나를 선택하여 적용할 수 있습니다.
>   1. 채무의 이행을 완료할 때까지 은행이 그 율을 변경할 수 없음을 원칙으로 하는 것
>   2. 채무의 이행을 완료할 때까지 은행이 그 율을 수시로 변경할 수 있는 것
> ③ 제2항 제1호를 선택한 경우에 채무이행 완료 전에 국가경제·금융사정의 급격한 변동 등으로 ~~계약 당시에 예상할 수 없는 현저한 사정변경이 생긴 때에는 은행은 채무자에 대한 개별통지에~~

문제해결능력 ▶ 문제처리

Easy

01 다음은 국민행복카드에 대한 자료이다. 다음 〈보기〉 중 국민행복카드에 대한 설명으로 옳지 않은 것을 모두 고르면?

> • **국민행복카드**
> '보육료', '유아학비', '건강보험 임신·출산 진료비 지원', '청소년산모 임신·출산 의료비 지원' 및 '사회서비스 전자바우처' 등 정부의 여러 바우처 지원을 공동으로 이용할 수 있는 통합카드입니다. 국민행복카드로 어린이집·유치원 어디서나 사용이 가능합니다.
> • **발급방법**
> [온라인]
>   – 보조금 신청 : 정부 보조금을 신청하면 어린이집 보육료와 유치원 유아학비 인증이 가능합니다.
>   – 보조금 신청서 작성 및 제출 : 복지로 홈페이지

수리능력 ▶ 자료해석

16 다음은 금융구조조정자금 총지원 현황이다. 〈보기〉의 설명 중 다음 자료에 대한 설명으로 적절한 것을 모두 고르면?

〈금융구조조정자금 총지원 현황〉

(단위 : 억 원)

구분	은행	증권사	보험사	제2금융	저축은행	농협	소계
출자	222,039	99,769	159,198	26,931	1	0	507,938
출연	139,189	4,143	31,192	7,431	4,161	0	186,116
부실자산 매입	81,064	21,239	3,495	0	0	0	105,798
보험금 지급	0	113	0	182,718	72,892	47,402	303,125
대출	0	0	0	0	5,969	0	5,969
총계	442,292	125,264	193,885	217,080	83,023	47,402	1,108,946

보기

ㄱ. 출자 부문에서 은행이 지원받은 금융구조조정자금은 증권사가 지원받은 금융구조조정자금의 3

도서 200% 활용하기 STRUCTURES

1 기출유형 뜯어보기

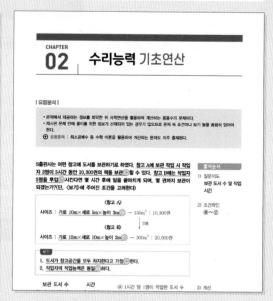

▶ 출제영역별 유형분석과 풀이전략을 수록하여 신한은행 SLT 필기시험을 완벽히 준비할 수 있도록 하였다.

2 6개년 기출복원문제

▶ 2023년부터 2018년 상반기까지의 기출복원문제로 신한은행의 출제유형을 한눈에 파악할 수 있도록 하였다.

3 주요 금융권 NCS 기출복원문제

▶ 2023~2022년 주요 금융권 NCS 기출복원문제로 변화하는 출제경향에 대비할 수 있도록 하였다.

4 정답 및 해설

▶ 정답에 대한 꼼꼼한 해설과 오답분석을 통해 혼자서도 체계적인 학습이 가능하도록 하였다.

이 책의 차례 CONTENTS

PART 1

기출유형 뜯어보기

| 유형분석 |

- 주어진 지문을 읽고 일치하는 선택지를 고르는 전형적인 독해 문제이다.
- 지문은 주로 신문기사(보도자료 등), 업무 보고서, 시사 등이 제시된다.
- 대체로 지문이 긴 경우가 많아 푸는 시간이 많이 소요된다.
- ⊕ 응용문제 : 지문의 주제를 찾는 문제나, 핵심 내용을 근거로 추론하는 문제가 출제된다.

다음 중 글의 내용을 잘못 이해한 것은?

우리 은하에서 가장 가까이 위치한 은하인 안드로메다은하까지의 거리는 220만 광년이다. ❺ 이처럼 엄청난 거리로 떨어져 있는 천체까지의 거리는 어떻게 측정한 것인가?

첫 번째 측정 방법은 삼각 측량법이다. 그러나 피사체가 매우 멀리 있는 경우라면 삼각형의 밑변이 충분히 길 필요가 있다. 지구는 1년에 한 바퀴씩 태양 주변을 공전하는데 우리는 이 공전 궤도 반경을 알고 있기 때문에 이를 밑변으로 삼아 별까지의 거리를 측정할 수 있다. ❸ 그러나 가까이 있는 별까지의 거리도 지구 궤도 반지름에 비하면 엄청나게 커서 연주 시차는 아주 작은 값이 되므로 측정하기가 쉽지 않다. 두 번째 측정 방법은 주기적으로 별의 밝기가 변하는 변광성의 주기와 밝기를 연구하는 과정에서 얻어졌다. 보통 별의 밝기는 거리의 제곱에 반비례해서 어두워지는데, 1등급과 6등급의 별은 100배의 밝기 차이가 있다. ❷ 그러나 밝은 별이 반드시 어두운 별보다 가까이 있는 것은 아니다. ❹ 별의 거리는 밝기의 절대 등급과 겉보기 등급의 비교를 통해 확정되기 때문이다. ❶·❹ 즉, 모든 별이 같은 거리에 놓여 있다고 가정하고, 밝기 등급을 매긴 것을 절대 등급이라 하는데, 만약 이 등급이 낮은(밝은) 별이 겉보기에 어둡다면 이 별은 매우 멀리 있는 것으로 볼 수 있다.

① 절대 등급과 겉보기 등급은 다를 수 있다.
② 별은 항상 같은 밝기를 가지고 있지 않다.
③ 삼각 측량법은 지구의 궤도 반경을 알아야 측정이 가능하다.
④ 어두운 별은 밝은 별보다 항상 멀리 있기 때문에 밝기에 의해 거리의 차가 있다.
⑤ 우리 은하와 안드로메다은하 간 거리는 약 220만 광년이다.

풀이순서

1) 질문의도
　지문 이해

2) 선택지 키워드 찾기

3) 지문독해
　선택지와 비교

4) 정답도출

유형풀이 TIP

먼저 선택지의 키워드를 체크한 후, 지문의 내용과 비교하며 내용의 일치유무를 신속히 판단한다.

의사소통능력 추론하기

| 유형분석 |

- 주어진 지문에 대한 이해를 바탕으로 유추할 수 있는 내용을 고르는 문제이다.
- 지문은 주로 업무 보고서, 기획서, 보도자료 등이 제시된다.
- 일반적인 독해 문제와는 달리 선택지의 내용이 애매모호한 경우가 많으므로 꼼꼼히 살펴보아야 한다.

다음 글을 바탕으로 한 추론으로 옳은 것을 고르면?

> 예술의 각 사조는 특정한 역사적 현실 위에서, 특정한 이데올로기를 표현하기 위하여 등장한다. 따라서 특정한 예술 사조를 받아들일 때, 그 예술의 형식 뒤에 숨은 이데올로기를 충분히 소화하고 있느냐가 문제가 된다. 그렇지 못한 모방행위는 형식 미학 또는 관념 미학이 갖는 오류에서 벗어나지 못한다. 가령 어느 예술가가 인상파의 영향을 받았다면, 동시에 그는 그것의 시대적 한계와 약점까지 추적해야 한다. 그리고 그것을 자신이 사는 시대에 접목하였을 경우 현실의 문화적 풍토 위에서 성장할 수 있는가를 가늠해야 한다.

① 모방행위는 예술 사조에 포함되지 않는다.
☑ 예술 사조는 역사적 현실과 불가분의 관계이다.
③ 예술 사조는 현실적 가치만을 반영한다.
④ 예술 사조는 예술가가 현실과 조율한 타협점이다.
⑤ 모든 예술 사조는 오류를 피하고 완벽을 추구한다.

풀이순서

1) 질문의도
   내용추론 → 적용

2) 지문파악

4) 지문독해
   선택지와 비교

3) 선택지 키워드 찾기

5) 정답도출

유형풀이 TIP

주어진 지문이 어떠한 내용을 다루고 있는지 파악한 후 선택지의 키워드를 체크한다. 그리고 나서 지문의 내용에서 도출할 수 있는 내용을 선택지에서 찾아야 한다.

의사소통능력 어법·맞춤법

| 유형분석 |

- 주어진 지문에서 밑줄 친 단어의 유의어 및 반의어를 찾는 문제이다.
- 자료는 지문, 보고서, 약관, 공지사항 등 다양하게 제시된다.
- 다른 문제들에 비해 쉬운 편에 속하지만 실수를 하기 쉽다.
- ⊕ 응용문제 : 틀린 단어를 올바르게 고치는 등 맞춤법과 관련된 문제가 출제된다.

다음 밑줄 친 단어와 유사한 의미를 가진 단어로 적절한 것은?

같은 극의 자석이 지니는 동일한 자기적 <u>속성</u>과 그로 인해 발생하는 척력

☑ 성질 : 사람이 지닌 본바탕
② 성급 : 성질이 급함
③ 성찰 : 자신의 마음을 반성하고 살핌
④ 종속 : 자주성이 없이 주가 되는 것에 딸려 붙음
⑤ 예속 : 다른 사람의 지배 아래 매임

풀이순서

1) 질문의도
   유의어

2) 지문파악
   문맥을 보고 단어의
   뜻 유추

3) 정답도출

유형풀이 TIP

앞뒤 문장을 읽어 문맥을 파악하여 밑줄 친 단어의 의미를 찾는다.

CHAPTER 01 | 의사소통능력 모듈형

| 유형분석 |

- 실무에서 적용할 수 있는 공문서 작성 방법의 개념을 익히고 있는지 평가하는 문제이다.
- 지문은 실제 문서 형식, 조언하는 말하기, 조언하는 대화가 주로 제시된다.
- ⊕ 응용문제 : 문서 유형별 문서작성 방법에 대한 내용이 출제된다. 맞고 틀리고의 문제가 아니라 적합한 방법을 묻는 것이기 때문에 구분이 안 되어 있으면 틀리기 쉽다.

| 기획안을 작성 |할 때 유의할 점에 대해 김대리가 조언했을 말로 가장 적절하지 않은 것은?

> 발신인 : 김□□
> 수신인 : 이○○
> ○○씨, 김□□ 대리입니다. 기획안 잘 받아봤어요. 검토가 더 필요해서 결과는 시간이 좀 걸릴 것 같고요, 기왕 메일을 드리는 김에 기획안을 쓸 때 지켜야 할 점들에 대해서 말씀드리려고요. 문서는 내용 못지않게 형식을 지키는 것도 매우 중요하니까 다음 기획안을 쓸 때 참고하시면 도움이 될 겁니다.

① 표나 그래프를 활용하는 경우에는 내용이 잘 드러나는지 꼭 점검하세요.
☑ 마지막엔 반드시 '끝'을 붙여 문서의 마지막임을 확실하게 전달해야 해요.
　→ 문서의 마지막에 꼭 '끝'을 써야하는 것은 공문서이다.
③ 전체적으로 내용이 많은 만큼 구성에 특히 신경을 써야 합니다.
④ 완벽해야 하기 때문에 꼭 여러 번 검토를 하세요.
⑤ 내용 준비 이전에 상대가 요구하는 것이 무엇인지 고려하는 것부터 해야 합니다.

풀이순서

1) 질문의도
　문서작성 방법

3) 정답도출

2) 선택지 확인
　기획안 작성법

유형풀이 TIP

각 문서의 작성법을 익히고 해당 내용이 올바르게 적용되었는지 파악한다.

| 유형분석 |

- 문제에서 제공하는 정보를 파악한 뒤 사칙연산을 활용하여 계산하는 응용수리 문제이다.
- 제시된 문제 안에 풀이를 위한 정보가 산재되어 있는 경우가 많으므로 문제 속 조건이나 보기 등을 꼼꼼히 읽어야 한다.
- ⊕ 응용문제 : 최소공배수 등 수학 이론을 활용하여 계산하는 문제도 자주 출제된다.

S출판사는 어떤 창고에 도서를 보관하기로 하였다. **창고 A에 보관 작업 시 작업자 3명이 5시간 동안 10,300권의 책을 보관ⓐ할 수 있다. 창고 B에는 작업자 5명을 투입ⓑ시킨다면 몇 시간 후에 일을 끝마치게 되며, 몇 권까지 보관이 되겠는가?**(단, 〈보기〉에 주어진 조건을 고려한다)

풀이순서

1) 질문의도
   보관 도서 수 및 작업 시간

2) 조건확인
   ⓐ~ⓕ

〈창고 A〉

사이즈 : 가로 10m×세로 5m×높이 3mⓒ → $150m^3$: 10,300권

↓ 2배

〈창고 B〉

사이즈 : 가로 15m×세로 10m×높이 2mⓓ → $300m^3$: 20,600권

보기

1. 도서가 창고공간을 모두 차지한다고 가정ⓔ한다.
2. 작업자의 작업능력은 동일ⓕ하다.

보관 도서 수	시간
① 약 10,300권	약 5시간
② 약 10,300권	약 6시간
③ 약 20,600권	약 5시간
④ 약 20,600권	약 6시간
⑤ 약 25,100권	약 5시간

ⓐ 1시간 당 1명이 작업한 도서 수
  $10,300 \div 5 \div 3 = 686.67$권
ⓑ 1시간 당 보관 도서 수
  $686.67 \times 5 = 3,433.35$권
  ∴ $20,600 \div 3,433.35 = 6$시간

3) 계산

4) 정답도출

유형풀이 TIP

문제에서 요구하는 답을 정확히 이해하고, 주어진 상황과 조건을 식으로 치환하여 신속하게 계산한다.

CHAPTER 02 | 수리능력 거리 · 속력 · 시간

| 유형분석 |

- 문제에서 제공하는 정보를 파악한 뒤 방정식을 세워 계산하는 응용수리 문제이다.
- 거리, 속력, 시간의 상관관계를 이해하고 이를 바탕으로 원하는 값을 도출할 수 있는지를 확인하므로 기본적인 공식은 알고 있어야 한다.
- ⊕ 응용문제 : 농도, 확률 등 방정식 및 수학 공식을 활용하여 계산하는 문제도 자주 출제된다.

둘레의 길이가 10km@인 원형의 공원이 있다. 어느 지점에서 민수와 민희는 서로 반대 방향ⓑ으로 걷기 시작했다. 민수의 속력이 시속 3km ⓒ, 민희의 속력이 시속 2km ⓓ일 때, 둘은 몇 시간 후에 만나는가?

① 1시간
② 2시간
③ 2시간 30분
④ 2시간 50분
⑤ 3시간 20분

ⓒ 민수의 속력 : 3km/h
ⓓ 민희의 속력 : 2km/h
민수와 민희가 걸은 시간은 x시간으로 같다.

민수가 걸은 거리 $3x$ / 민희가 걸은 거리 $2x$
········ 10km ········

$3x + 2x = 10 \rightarrow 5x = 10$
$\therefore x = 2$

풀이순서

1) 질문의도
   만나는 데 걸린 시간

2) 조건확인
   ⓐ~ⓓ

3) 계산

4) 정답도출

유형풀이 TIP

문제에서 요구하는 답을 미지수로 하여 방정식을 세우고, (거리)=(속력)×(시간) 공식을 통해 필요한 값을 계산한다.

| 유형분석 |

- 표를 통해 제시된 자료를 해석하고 계산하는 자료계산 문제이다.
- 주어진 자료를 통해 증가율이나 감소율 등의 정보를 구할 수 있는지 확인하는 문제이다.
- ⊕ 응용문제 : 주어진 자료에 대한 해석을 묻는 문제도 자주 출제된다.

다음은 2019 ~ 2021년의 행정구역별 인구에 관한 자료이다. 전년 대비 2021년의 대구 지역의 인구 증가율을 구하면?(단, 소수점 둘째 자리에서 반올림한다)

〈행정구역별 인구〉

(단위 : 천 명)

구분	2019년	2020년	2021년
전국	20,726	21,012	21,291
서울	4,194	4,190	4,189
부산	1,423	1,438	1,451
대구	971	982	994
(중략)			
경북	1,154	1,170	1,181
경남	1,344	1,367	1,386
제주	247	257	267

① 약 1.1% 　　　　　 ☑ 약 1.2%
③ 약 1.3% 　　　　　 ④ 약 1.4%
⑤ 약 1.5%

- 2020년 대구의 인구수 : 982천 명
- 2021년 대구의 인구수 : 994천 명
- 2021년 대구의 전년 대비 인구수 증가율 : $\dfrac{994-982}{982} \times 100 ≒ 1.2\%$

풀이순서

1) 질문의도
   2021년 대구의 전년 대비 인구 증가율

2) 조건확인
   ⓐ 대구의 2020년 인구수 : 982천 명
   ⓑ 대구의 2021년 인구수 : 994천 명

3) 계산

4) 정답도출

유형풀이 TIP

제시되는 자료의 양이 많지만 문제를 푸는 데 반드시 필요한 정보는 적은 경우가 많으므로 질문을 빠르게 이해하고, 필요한 정보를 먼저 체크하면 풀이 시간을 줄일 수 있다.

| 유형분석 |

PART 1

기출유형 둘러보기

- 제시된 도표를 분석하여 각 선택지의 정답 유무를 판단하는 자료해석 문제이다.
- 막대그래프, 꺾은선그래프 등 다양한 형태의 그래프가 제시되며, 증감률·비율·추세 등을 확인하는 문제이다.
- 경영·경제·산업 등 최신 이슈를 많이 다룬다.
- ⊕ 응용문제 : 표의 형식으로 자료를 제시하고 그래프로 변환하는 등의 문제도 자주 출제된다.

다음은 2009 ~ 2021년 축산물 수입 추이를 나타낸 그래프이다. 이에 대한 설명으로 옳지 않은 것은?

풀이순서

1) 질문의도
도표분석

3) 도표분석
축산물 수입량 / 수입
액 추이

① 2021년 축산물 수입량은 2011년 대비 약 67% 증가하였다.
② 처음으로 2009년 축산물 수입액의 두 배 이상 수입한 해는 2017년이다.
③ 전년 대비 축산물 수입액의 증가율이 가장 높았던 해는 2017년이다.
④ 축산물 수입량과 수입액의 변화 추세는 동일하다.
⑤ 2011년부터 2014년까지 축산물 수입액은 전년 대비 증가했다.

2) 선택지 키워드 찾기

4) 정답도출

유형풀이 TIP

각 선택지의 진위 여부를 파악하는 문제이므로 선택지별로 필요한 정보가 무엇인지 빠르게 파악하고, 필요한 부분을 체크하여 혼동하지 않도록 한다.

| 유형분석 |

- 금융상품을 정확하게 이해하고 문제에서 요구하는 답을 도출해낼 수 있는지 평가한다.
- 단리식, 복리식, 이율, 우대금리, 중도해지, 만기해지 등 조건에 유의해야 한다.
- ⊕ 응용문제 : 상품 설명에 대한 해석을 묻는 문제도 자주 출제된다.

S은행은 적금 상품 '더 커지는 적금'을 새롭게 출시하였다. K씨는 이 적금의 모든 우대금리 조건을 만족하여 이번 달부터 이 상품에 가입하려고 한다. 만기 시 K씨가 얻을 수 있는 이자액은 얼마인가?(단, $1.024^{\frac{1}{12}}=1.0019$로 계산하고, 금액은 백의 자리에서 반올림한다)

풀이순서

1) 질문의도
   적금 이자액 계산

2) 조건확인
   ⓐ~ⓔ

⟨S은행 적금 상품⟩

- 상품명 : 더 커지는 적금
- 가입기간 : 12개월ⓐ
- 가입금액 : 매월 초 200,000원ⓑ 납입
- 적용금리 : 기본금리(연 2.1%)+우대금리(최대 연 0.3%p)ⓒ
- 저축방법 : 정기적립식, 비과세
- 이자지급방식 : 만기일시지급식, 연복리식ⓓ
- 우대금리 조건ⓔ
  - S은행 입출금통장 보유 시 : +0.1%p
  - 연 500만 원 이상의 S은행 예금상품 보유 시 : +0.1%p
  - 급여통장 지정 시 : +0.1%p
  - 이체 실적이 20만 원 이상 시 : +0.1%p

✔ 131,000원　　　　　　　② 132,000원
③ 138,000원　　　　　　　④ 141,000원
⑤ 145,000원

3) 정답도출

K씨는 모든 우대금리 조건을 만족하므로 최대 연 0.3%p가 기본금리에 적용되어 2.1+0.3=2.4%가 된다.

n개월 후 연복리 이자 : (월납입금)$\times\dfrac{(1+r)^{\frac{n+1}{12}}-(1+r)^{\frac{1}{12}}}{(1+r)^{\frac{1}{12}}-1}$-(적립원금)

K씨의 연복리 적금 이자액 : $200{,}000\times\dfrac{(1.024)^{\frac{13}{12}}-(1.024)^{\frac{1}{12}}}{(1.024)^{\frac{1}{12}}-1}-200{,}000\times12$

$$=200{,}000\times1.0019\times\frac{1.024-1}{0.0019}-2{,}400{,}000$$

$$\fallingdotseq2{,}531{,}000-2{,}400{,}000=131{,}000원$$

금융상품의 이자액을 묻는 문제이므로 이자지급방식과 적금 또는 예금 상품인지 주어진 자료를 확인한 후 그에 맞는 계산 공식에 필요한 해당 값들을 파악하여 풀어야 한다.
다음은 금융상품 활용 문제를 풀 때 필수적으로 알아두어야 하는 공식이므로 반드시 숙지해두자.

1) 단리
　① 개념 : 원금에만 이자가 발생
　② 계산 : 이율이 $r\%$인 상품에 원금 a를 총 n번 이자가 붙는 동안 예치한 경우 $a(1+nr)$
2) 복리
　① 개념 : 원금과 이자에 모두 이자가 발생
　② 계산 : 이율이 $r\%$인 상품에 원금 a를 총 n번 이자가 붙는 동안 예치한 경우 $a(1+r)^n$
3) 이율
　① $(\text{월이율})=\dfrac{(\text{연이율})}{12}$

　② 계산
　　원금 a원, 연이율 $r\%$, 예치기간 n개월일 때,
　　• 월단리 예금의 원리금 합계 : $a\left(1+\dfrac{r}{12}n\right)$

　　• 월복리 예금의 원리금 합계 : $a\left(1+\dfrac{r}{12}\right)^n$

4) 기간
　① n개월$=\dfrac{n}{12}$년

　② 계산
　　원금 a원, 연이율 $r\%$, 예치기간 n개월일 때,
　　• 연단리 예금의 원리금 합계 : $a\left(1+\dfrac{n}{12}r\right)$

　　• 연복리 예금의 원리금 합계 : $a(1+r)^{\frac{n}{12}}$

5) 적금의 원리금 합계
　월초 a원, 연이율 $r\%$일 때,

　• 단리 적금의 n개월 후 원리금 합계 : $an+a\times\dfrac{n(n+1)}{2}\times\dfrac{r}{12}$

　• 월복리 적금의 n개월 후 원리금 합계 : $\dfrac{a\left(1+\dfrac{r}{12}\right)\left\{\left(1+\dfrac{r}{12}\right)^n-1\right\}}{\dfrac{r}{12}}$

　• 연복리 적금의 n개월 후 원리금 합계 : $\dfrac{a(1+r)\left\{(1+r)^{\frac{n}{12}}-1\right\}}{(1+r)^{\frac{1}{12}}-1}$

| 유형분석 |

- 주어진 설명을 통해 이론이나 개념을 활용하여 풀어가는 문제이다.
- ⊕ 응용문제 : 주로 빠른 시간 안에 정답을 도출하는 문제가 출제된다.

다음 〈보기〉 중 창의적 사고에 대한 설명으로 적절하지 않은 것을 모두 고르면?

풀이순서

1) 질문의도
   창의적 사고 이해

2) 보기(㉠ ~ ㉤) 확인

3) 정답도출

보기

㉠ 창의적 사고는 <u>아무것도 없는 무에서 유를 만들어 내는 것이다.</u>
   └→ 창의적 사고는 끊임없이 참신하고 새로운 아이디어를
      만들어 내는 것
㉡ 창의적 사고는 끊임없이 참신한 아이디어를 산출하는 힘이다.
㉢ 우리는 매일 끊임없이 창의적 사고를 계속하고 있다.
㉣ <u>필요한 물건을 싸게 사기 위해서</u> 하는 많은 생각들은 창의적 사고에 해당하
   지 않는다. └→ 창의적 사고는 일상생활의 작은 것부터 위대한 것까지
            포함되며, 우리는 매일 창의적 사고를 하고 있음
㉤ 창의적 사고를 대단하게 여기는 사람들의 편견과 달리 창의적 사고는 누구에
   게나 존재한다.

① ㉠, ㉢　　　　　　　　　　☑ ㉠, ㉣
③ ㉡, ㉣　　　　　　　　　　④ ㉢, ㉤
⑤ ㉣, ㉤

유형풀이 TIP

모듈이론에 대한 전반적인 학습을 미리 해 두어야 하며, 이를 토대로 주어진 문제에 적용하여 문제를 해결해 나가도록 한다.

| 유형분석 |

- 주어진 문장을 토대로 논리적으로 추론하여 참 또는 거짓을 구분하는 문제이다.
- 대체로 연역추론을 활용한 명제 문제가 출제된다.
- ⊕ 응용문제 : 자료를 제시하고 새로운 결과나 자료에 주어지지 않은 내용을 추론해 가는 형식의 문제가 출제된다.

게임 동호회 회장인 귀하는 주말에 진행되는 게임 행사에 동호회 회원인 A ~ E의 참여 가능 여부를 조사하려고 한다. 다음을 참고하여 E가 행사에 참여하지 않는다고 할 때, 행사에 참여 가능한 사람 은 모두 몇 명인가?   ~e

---

- A가 행사에 참여하지 않으면, B가 행사에 참여한다.   ~a → b의 대우
     ~a   b   : ~b → a

- A가 행사에 참여하면, C는 행사에 참여하지 않는다.
     a   ~c

- B가 행사에 참여하면, D는 행사에 참여하지 않는다.   b → ~d의 대우
     b   ~d   : d → ~b

- D가 행사에 참여하지 않으면, E가 행사에 참여한다.   ~d → e의 대우
     ~d   e   : ~e → d

---

① 0명
② 1명
❸ 2명
④ 3명
⑤ 4명

풀이순서

1) 질문의도
   명제 추리

2) 문장분석
   기호화

3) 정답도출
   ~e → d
   d → ~b
   ~b → a
   a → ~c
   ∴ 2명

유형풀이 TIP

명제와 관련한 기본적인 논법에 대해서는 미리 학습해 두며, 이를 바탕으로 각 문장에 있는 핵심단어 또는 문구를 기호화하여 정리한 후, 선택지와 비교하여 참 또는 거짓을 판단한다.

03 문제해결능력 환경분석

| 유형분석 |

- 상황에 대한 환경 분석 결과를 통해 주요 과제를 도출하는 문제이다.
- 주로 3C 분석 또는 SWOT 분석을 활용한 문제들이 출제되고 있으므로 해당 분석도구에 대한 사전 학습이 요구된다.

다음은 분식점에 대한 SWOT 분석 결과이다. 이에 대한 대응 방안으로 가장
적절한 것은?

풀이순서

1) 질문의도
  SWOT 분석

2) SWOT 분석

S(강점)	W(약점)
• 좋은 품질의 재료만 사용 • 청결하고 차별화된 이미지	• 타 분식점에 비해 한정된 메뉴 • 배달서비스를 제공하지 않음
O(기회)	T(위협)
• 분식점 앞에 곧 학교가 들어설 예정 • 최근 TV프로그램 섭외 요청을 받음	• 프랜차이즈 분식점들로 포화 상태 • 저렴한 길거리 음식으로 취급하는 경향이 있음

① ST전략 : 비싼 재료들을 사용하여 가격을 올려 저렴한 길거리 음식이라는 인식을 바꾼다.

② WT전략 : 다른 분식점들과 차별화된 전략을 유지하기 위해 배달서비스를 시작한다.

❸ SO전략 : <u>TV프로그램에 출연</u>해 <u>좋은 품질의 재료만 사용</u>한다는 점을 부각시   3) 정답도출
    킨다.   O   S

④ WO전략 : TV프로그램 출연용으로 다양한 메뉴를 일시적으로 개발한다.

⑤ WT전략 : 포화 상태의 시장에서 살아남기 위해 다른 가게보다 저렴한 가격으로 판매한다.

유형풀이 TIP

문제에 제시된 분석도구를 확인한 후, 분석 결과를 종합적으로 판단하여 각 선택지의 전략 과제와 일치 여부를 판단한다.

CHAPTER
03 │ 문제해결능력 문제처리

- 주어진 상황과 정보를 종합적으로 활용하여 풀어가는 문제이다.
- 비용, 시간, 순서, 해석 등 다양한 주제를 다루고 있어 유형을 한 가지로 단일화하기 어렵다.

다음은 제품 생산에 소요되는 작업 시간을 정리한 자료이다. 〈조건〉이 다음과 같을 때, 이에 대한 설명으로 가장 적절한 것은?

풀이순서

1) 질문의도
   공정 관리 이해

3) 정답도출

〈제품 생산에 소요되는 작업 시간〉

(단위 : 시간)

제품 ＼ 작업 구분	절삭 작업	용접 작업
a	2	1
b	1	2
c	3	3

조건

- a, b, c제품을 각 1개씩 생산한다.
- 주어진 기계는 절삭기 1대, 용접기 1대이다.
- 각 제품은 절삭 작업을 마친 후 용접 작업을 해야 한다.
- 총 작업 시간을 최소화하기 위해 제품의 제작 순서는 관계없다.

2) 조건확인

ⓥ 가장 적게 소요되는 총 작업 시간은 8시간이다.
— b → c → a의 순서
② 가장 많이 소요되는 총 작업 시간은 12시간이다.
   a → c → b의 순서 : 총 10시간
③ 총 작업 시간을 최소화하기 위해 제품 b를 가장 늦게 만든다.
④ 총 작업 시간을 최소화하기 위해 제품 a를 가장 먼저 만든다.
⑤ b → c → a의 순서로 작업할 때, b 작업 후 1시간 동안 용접을 더 하면 작업
   시간이 늘어난다.
   b 작업 후 1시간의 유휴 시간이 있으므로 작업 시간 변함 없음

유형풀이 TIP

문제에서 묻는 것을 정확히 파악한 후, 필요한 상황과 정보를 찾아 이를 활용하여 문제를 풀어간다.

아이들이 답이 있는 질문을 하기 시작하면 그들이 성장하고 있음을 알 수 있다.

- 존 J. 플롬프 -

PART 2

기출복원문제

01 다음 글을 읽고 추론한 내용으로 적절하지 않은 것은?

> 경영학에서 자주 쓰는 용어 중에 '메기 효과'가 있다. 노르웨이 어부들이 바다에서 잡은 정어리들을 수조에 넣어 운송할 때 ⊙ 항구에 도착하기 전에 정어리들이 죽는 경우가 많았는데, 이를 해결하기 위해 수조에 메기를 넣어 정어리들의 생존 시간을 늘리고 신선도를 높인 것에서 유래한 용어이다. 수조에 메기를 풀어놓으면 정어리들이 메기에게 잡아먹힐 것 같지만, 메기의 먹이가 되지 않으려고 도망다니며 끊임없이 움직여 살아남는다고 한다. 경영학에서 말하는 메기 효과는 시장이나 조직 등의 환경에 새로운 강자가 경쟁자로 등장하면, 기존의 구성원들이 경쟁 극복을 위해 잠재력을 발휘하는 등 정체되어 있던 기존의 분위기를 쇄신하게 되는 현상을 뜻한다. 적절한 수준의 자극과 위기감은 생산성 향상, 생존력 강화, 조직의 발전에 긍정적인 동기부여 효과를 발휘할 수 있다고 보는 것이다. 이와 달리 예견치 못한 역효과와 맞닥뜨린다는 의미의 '메뚜기 효과'라는 환경 용어가 있다. 이는 세계의 어느 한 지역에서 방출된 잔류성 유기 오염물질이 바람과 해류를 따라 이동하면서 증발과 침적을 반복하며 생태계 먹이사슬을 통해 오염원으로부터 매우 멀리 떨어진 예상하지 못한 지역까지 옮겨가 오염원 방출 지역보다 더 심각한 환경피해를 일으킬 수 있다는 의미이다.

① 메기 효과는 가혹한 조건에 맞선 도전과 응전이 문명 발생과 발전을 촉진한다는 역사학자 토인비의 주장과 일맥상통한다.

② '메뚜기 효과'라는 용어의 '메뚜기'는 피해가 어디로 파급되어 어떤 심각한 악영향을 초래할지 전혀 예상할 수 없음을 비유한 표현이다.

③ '메기 효과'가 위기를 통해 긍정적 작용을 기대하는 것이라면, '메뚜기 효과'는 당초의 위기가 전혀 예상하지 못한 더 큰 위기를 초래할 수 있다는 의미이다.

④ 노르웨이 어부들은 ⊙의 경우에 정어리의 생존율 향상으로 인한 이득의 증가량이 일부 정어리가 메기에게 잡아먹혀 입는 손실을 상쇄할 것이라고 확신하지 못했다.

⑤ 감내 가능한 수준을 넘어선 스트레스 상황은 조직의 발전을 저해할 수 있다는 점에서 '메기 효과'를 기대한 의도적인 경쟁 구도 조성 조치는 오히려 '메뚜기 효과'를 초래할 수도 있다.

02 다음 중 경상소득에 해당하지 않는 것은?

① 재산소득　　　　　　　　　　② 이전소득

③ 사업소득　　　　　　　　　　④ 퇴직소득

⑤ 근로소득

※ 다음은 각국 외화의 매매기준율 및 환전수수료에 대한 표이다. 이어지는 질문에 답하시오(단, 환전수수료를 적용하며, 우대환율은 적용하지 않는다). **[3~4]**

〈각국 외화의 매매기준율 및 환전수수료〉

구분	미국	영국	베트남
매매기준율	1,310원/달러	1,670원/파운드	6원/100동
환전수수료	1.75%	2%	10%

※ 환전수수료는 외화를 사고 팔 때 모두 같은 비율로 적용하는 것으로 한다.

03 대한민국 원화 600,000원으로 영국 파운드를 살 때, 최대 얼마를 구매할 수 있는가?

① 약 151.83파운드　　　　　　② 약 203.54파운드

③ 약 259.73파운드　　　　　　④ 약 301.17파운드

⑤ 약 352.24파운드

04 S환전소에서 미국 달러를 베트남 동으로 환전하고자 한다. S환전소에서는 외화를 다른 외화로 환전하려면 먼저 외화를 원화로 환전 후 그 원화를 다른 외화로 환전해야 한다고 할 때, S환전소에서 500달러를 베트남 동으로 교환하면 얼마인가?

① 약 6,335,776동　　　　　　② 약 7,756,287동

③ 약 8,266,098동　　　　　　④ 약 9,750,568동

⑤ 약 11,587,324동

05 S카드사는 신규 카드의 출시를 앞두고 카드 사용 고객에게 혜택을 제공하는 제휴 업체를 선정하고자 한다. 제휴 업체 후보인 A~E의 평가 결과가 다음과 같을 때, 이에 대한 설명으로 옳은 것은?

〈신규 카드 제휴 후보 업체 평가 결과〉

업체＼내용	제공 혜택	혜택 제공 기간 (카드 사용일로부터)	선호도 점수	동일 혜택을 제공하는 카드 수
A마트	배송 요청 시 배송비 면제	12개월	7.5	7
B서점	서적 구매 시 10% 할인	36개월	8.2	11
C통신사	매월 통신요금 10% 할인	24개월	9.1	13
D주유소	주유 금액의 10% 포인트 적립	12개월	4.5	4
E카페	음료 구매 시 15% 할인	24개월	7.6	16

※ 선호도 점수 : 기존 이용 고객들이 혜택별 선호도에 따라 부여한 점수의 평균값으로, 높은 점수일수록 선호도가 높음을 의미한다.

※ 동일 혜택을 제공하는 카드 수 : S카드사의 기존 카드를 포함한 국내 카드사의 카드 중 동일한 혜택을 제공하는 카드의 수를 의미하며, 카드 수가 많을수록 시장 내 경쟁이 치열하다.

① 동일 혜택을 제공하는 카드 수가 많은 업체일수록 혜택 제공 기간이 길다.

② 기존 이용 고객들이 가장 선호하는 혜택은 서적 구매 시 적용되는 요금 할인 혜택이다.

③ 매월 모든 업체가 부담해야 하는 혜택 비용이 동일하다면, 혜택에 대한 총부담 비용이 가장 큰 업체는 D주유소이다.

④ 혜택 제공 기간이 가장 긴 업체는 선호도 점수도 가장 높다.

⑤ 시장 내 경쟁이 가장 치열한 업체와 제휴할 경우 해당 혜택을 2년간 제공한다.

06 다음 글의 밑줄 친 '이 서비스'에 대한 설명으로 적절하지 않은 것을 〈보기〉에서 모두 고르면?

<u>이 서비스</u>는 카드 대금 중 일부만 갚고 나머지 결제액은 다음 달로 이월할 수 있어 현금이 부족한 사람들이 연체를 예방할 수 있는 제도이다. 카드 대금 중 최소 결제비율에 해당하는 일부 금액만 먼저 결제하고 나머지 결제액은 다음 달로 이월되므로 자금의 유동성을 확보할 수 있다. 다만, 카드회사와 계약한 최소 결제비율이 10%라고 가정할 경우 그 이상 잔고가 있으면 연체되지 않고 이월되지만, 잔고가 그보다 적다면 연체 처리된다. 또한 일반적인 이용 수수료율(이자율)은 평균 15 ~ 20% 정도로, 대개의 신용카드 할부 이자율보다 상대적으로 높다. 단기적으로는 신용도 하락으로 이어지는 대금 연체를 예방하는 데 도움이 되지만, 보통은 연체 가능 횟수를 제한하지 않기 때문에 장기적으로 이월이 거듭될 경우 갚아야 하는 원금이 급증한다. 수수료율 또한 복리로 계산되기에 감당 가능한 수준을 넘어서게 되면 채무 불이행으로 인한 신용불량 평가를 받게 된다. 이로 인해 개인신용 평가점수가 하락하면 <u>이 서비스</u>의 연장 이용이 중단되어 채무를 일시에 상환해야 하는 상황이 빚어질 수 있다. 예컨대, 매달 카드 사용액이 250만 원인 고객이 카드회사와 계약한 약정결제 비율이 40%라고 가정하면 첫째 달의 채무잔액은 250만 원-(250만 원×40%)=150만 원이지만, 둘째 달에는 240만 원으로 급증한다. 한편 <u>이 서비스</u>는 카드론 이용자 중 중·저신용자들이 채무 상환 시기를 뒤로 미루는 방편으로 이용되기도 한다. <u>이 서비스</u>의 잔액 규모가 지나치게 커질 경우 높은 수수료로 인해 고객의 채무 상환 부담이 가중되어 대규모 채무 불이행 사태를 조장할 수 있고, 카드회사 입장에서도 재정 부실화를 초래할 수 있다.

보기

㉠ '이 서비스'를 이용하는 고객은 대금 연체 상황이 발생할 가능성을 원천적으로 차단할 수 있다.
㉡ '이 서비스'는 평균 수수료율이 일반적인 신용카드 할부의 경우보다 상대적으로 높아 일종의 고금리 대출성 계약으로 볼 수 있다.
㉢ '이 서비스'를 장기적으로 이용하더라도 개인신용 평가점수에 반영되지 않으며, 약정결제 비율의 높고 낮음은 개인의 재무건전성에 영향을 전혀 끼치지 못한다.
㉣ '이 서비스'로 인한 채무 잔액이 늘어날 경우 단기적으로는 카드회사의 수익성이 개선될 수 있으나, 장기적으로는 재무건전성에 리스크 요인으로 작용할 수 있다.
㉤ 카드회사와 계약한 '이 서비스'의 약정결제 비율이 20%, 고객의 월평균 카드 사용액이 280만 원이라고 가정하면, 3개월 경과 후에 갚아야 할 원금 잔액은 540만 원보다 많다.

① 1개
② 2개
③ 3개
④ 4개
⑤ 5개

<주택연금대출>

■ **상품특징**

• 만 60세 이상의 고령자가 소유주택을 담보로 매월 연금방식으로 노후생활자금을 지급받는 국가 보증의 금융상품(역모기지론)

• 공사에서 연금 가입자를 위해 발급한 보증서를 통해 본 은행이 가입자에게 연금을 지급

■ **가입요건**

(1) 가입가능연령 : 주택소유자가 만 60세 이상

• 부부 공동으로 주택소유 시 연장자가 만 60세 이상이어야 함

(2) 보유주택 수 : 다음 중 하나에 해당(부부 기준)

• 1주택 소유자

• 보유주택 합산가격이 9억 원 이하인 다주택자

(상기 외 2주택자는 3년 이내 1주택 처분 조건으로 가능)

※ 주택으로 보지 않는 주택

- 문화재로 지정된 주택, 전용면적 $20m^2$ 이하의 주택(아파트 제외)

※ 보유주택 수 판단 시 유의사항

- 아파트분양권, 재건축 및 재개발 조합원 입주권은 1주택으로 보지 않음

- 복합용도주택, 임대사업자가 임대 목적으로 보유한 주택은 보유주택 수에 포함

- 공동상속주택의 경우 지분이 가장 큰 상속인이 소유한 것으로 봄

- 부부 공동소유주택은 각 지분에 관계없이 1주택으로 봄

(3) 대상주택 : 시가 9억 원 이하의 주택

• 상가 등 복합 용도 주택은 전체 면적 중 주택이 차지하는 면적이 1/2 이상인 경우 가입 가능

• 권리침해(가압류 등) 사실이 없는 주택만 가능(이용 중 권리변경 불가)

■ **지급방법**

(1) 월지급금 지급방식 : 종신방식(월지급금을 종신토록 지급받는 방식)

• 종신지급방식 : 인출한도 설정 없이 월지급금을 종신토록 받는 방식

• 종신혼합방식 : 인출한도 설정 후 나머지 부분을 월지급금으로 종신토록 지급받는 방식

(2) 월지급금 지급유형

• 정액형 : 월지급금을 평생 동안 일정한 금액으로 고정하는 방식

• 증가형 : 처음에 적게 받다가 12개월마다 최초 지급금의 3%씩 증가하는 방식

• 감소형 : 처음에 많이 받다가 12개월마다 최초 지급금의 3%씩 감소하는 방식

• 전후후박형 : 초기 10년간은 정액형보다 많이 받다가 11년째부터는 초기 월지급금의 70% 수준으로 받는 방식

※ 이용기간 중 지급방식 변경 가능(3년 내 1회에 한하여 가능)

■ **대출금리**

본 상품은 『3개월 변동 시장금리 및 6개월 변동 신규취급액기준 COFIX』에 따라 적용금리가 변동됨

07 S은행에 근무 중인 귀하에게 다음과 같은 고객 문의가 접수되었다. 이에 대한 답변으로 옳지 않은 것은?

> 고객 : 안녕하세요. 은퇴 후에 생활자금으로 주택연금대출을 이용해 볼까 고민하고 있어요. S은행 홈페이지에 가서 살펴봤는데도 이해가 잘 안 되네요. 주택연금대출에 대해서 설명해 주세요.

① 주택연금대출은 시가 9억 원 이하의 주택을 보유하고 있는 만 60세 이상의 고령자를 대상으로 하는 상품입니다.
② 주택소유자가 만 60세 이상이어야 하지만 부부 공동소유 시에는 부부 중 연장자가 만 60세 이상이면 가입 가능합니다.
③ 2주택의 합산가액이 9억 원 이하이더라도 3년 이내에 1주택을 처분하는 조건으로 했을 경우에만 가입이 가능합니다.
④ 연금지급방식은 종신방식으로 취급하고 있으며 평생 일정한 금액을 받는 정액형과, 초기 10년간은 정액형보다 많이 받다가 11년째부터는 적게 받는 전후후박형 등이 있습니다.
⑤ 보유주택 합산가격이 9억 원 이하더라도 전용면적 20m² 이하인 아파트가 아닌 주택은 주택으로 인정되지 않습니다.

08 귀하는 A ~ E고객 5명으로부터 주택연금대출 가입신청 상담을 요청받았다. 5명의 고객과 상담한 내용이 다음과 같을 때, 주택연금대출에 가입할 수 없는 고객은 모두 몇 명인가?(단, 단독소유 시 신청자가 주택소유자이다)

구분	신청자 연령 (배우자 연령)	주택소유 형태 (신청자 기준)	보유주택 수 (주택유형)	보유주택 합산가액	기타
A고객	만 62세 (만 58세)	단독소유	1 (아파트)	3억 원	–
B고객	만 57세 (만 63세)	단독소유	1 (단독주택)	5억 원	–
C고객	만 59세 (만 62세)	부부 공동소유	2 (아파트)	8억 원	1년 후 1주택 처분 예정
D고객	만 68세 (만 55세)	부부 공동소유	1 (아파트)	4억 원	이외 임대사업으로 4주택 보유 (가액 : 10억 원)
E고객	만 67세 (만 64세)	단독소유	2 (전원주택, 아파트)	9억 원	이외 전용면적 18m² 아파트 보유 (가액 : 1억 원)

① 1명　　　　　　　　　　　② 2명
③ 3명　　　　　　　　　　　④ 4명
⑤ 5명

다음 글에 나타난 '무차별곡선'에 대한 설명으로 적절하지 않은 것은?

무차별곡선(IDC; Indifference Curve)은 몇 가지의 재화가 소비자에게 주는 효용이 같은 수량끼리 묶은 조합을 나타내는 곡선을 가리킨다. 무차별곡선 위의 점에 해당되는 수량의 조합이 실현되면 어느 조합이나 소비자에게 같은 만족을 주기 때문에 차별이 없다. 예컨대, 소비자가 X재와 Y재라는 두 가지 재화만을 구매한다고 가정할 경우에 두 가지 재화를 구입하는 수량 구성, 배합 방식은 다양하다. 이때 여러 배합 방식 중 어떤 것을 선택하든 관계없이 동일한 만족을 소비자에게 주는 배합 방식들은 소비자가 선택하는 데 있어서 무차별한 것이다. 이와 같이 무차별한 배합 방법들의 궤적을 곡선으로 나타낸 것이 무차별곡선이다. X재의 수량을 횡축에, Y재의 수량을 종축에 나타내는 평면 상에 만족 수준을 달리하는 무차별곡선을 무수히 그릴 수 있는데, 이러한 무차별곡선의 집합을 무차별지도(Indifference Map)라고 부른다.

예컨대, 오른쪽의 무차별곡선 그래프에서 소비자가 A가 B보다 더 큰 만족을 준다고 느끼며, A와 A'는 만족도가 같다고 느낀다. 이때 A와 A'를 연결하는 곡선 IDC_A는 A와 같은 크기의 만족을 느끼는 점들의 자취이다. 마찬가지로 IDC_B는 B와 같은 크기의 만족을 느끼는 점들의 자취이다.

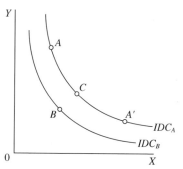

B에서보다 X와 Y를 모두 더 많이 소비하는 C는 B보다 분명히 더 선호되므로, 보다 위에 있는 무차별곡선은 보다 큰 만족을 주는 곡선이다. 동시에 X를 더 많이 소비하는 A'가 A와 같은 크기의 만족을 주기 위해서는 점 A에서보다 많은 Y를 소비해야 한다. 무차별곡선은 우하향하는 형태를 취하게 된다. 또한 대부분의 경우 소비자의 무차별곡선은 원점에 대하여 볼록한 형태를 취하며, 원점에서 떨어질수록 효용 수준이 높아진다. 그리고 서로 다른 무차별곡선은 교차하지 않는다. 이러한 무차별곡선은 효용을 측정할 수는 없으나 한 재화의 묶음을 다른 묶음과 비교해 선호의 순서(효용의 서열 관계)를 정할 수 있다는 서수적 효용(Ordinal Utility)의 개념을 토대로 소비자 이론을 설명한다.

① 무차별곡선은 '소비가 적은 것보다는 많은 것을 선호한다.'는 가정을 전제로 한다.

② 무차별곡선은 소비자가 느끼는 효용을 구체적인 단위로 측정하는 것이 가능하다고 본다.

③ 무차별곡선은 소비자에게 동일한 만족을 주는 재화의 조합을 연결해 이루어진 곡선이다.

④ 무차별곡선 그래프에서 Y재는 2개 소비하면서 X재 소비량을 2개에서 3개로 늘리면 효용이 증가한다.

⑤ 무차별곡선 그래프에서 X재의 소비가 감소할 때 같은 크기의 만족을 유지하려면 Y재의 소비량을 늘려야 한다.

10 S은행 체육대회에서 이어달리기 대회 대표로 출전한 A ~ E직원 5명 중 3명을 순서와 상관없이 뽑을 수 있는 경우의 수는?

① 5가지   ② 10가지

③ 20가지   ④ 60가지

⑤ 120가지

11 다음 글의 내용이 참일 때, 반드시 참인 것은?

> 전 세계적 금융위기로 인해 그 위기의 근원지였던 미국의 경제가 상당한 피해를 입었다. 미국에서는 경제 회복을 위해 통화량을 확대하는 양적완화 정책을 실시할 것인지를 두고 논란이 있었다. 미국의 양적완화는 미국 경제회복에 효과가 있겠지만, 국제 경제에 적지 않은 영향을 줄 수 있기 때문이다. 미국이 양적완화를 실시하면, 달러화의 가치가 하락하고 우리나라의 달러 환율도 하락한다. 우리나라의 달러 환율이 하락하면 우리나라의 수출이 감소한다. 우리나라 경제는 대외 의존도가 높기 때문에 경제의 주요지표들이 개선되기 위해서는 수출이 감소하면 안 된다. 또 미국이 양적완화를 중단하면 미국 금리가 상승한다. 미국 금리가 상승하면 우리나라 금리가 상승하고, 우리나라 금리가 상승하면 우리나라에 대한 외국인 투자가 증가한다. 또한 우리나라 금리가 상승하면 우리나라의 가계부채 문제가 심화된다. 가계부채 문제가 심화되는 나라의 국내소비는 감소한다. 국내소비가 감소하면 경제의 전망이 어두워진다.

① 우리나라의 수출이 증가했다면 달러화 가치가 하락했을 것이다.

② 우리나라의 가계부채 문제가 심화되었다면 미국이 양적완화를 중단했을 것이다.

③ 우리나라에 대한 외국인 투자가 감소하면 우리나라 경제의 전망이 어두워질 것이다.

④ 우리나라 경제의 주요지표들이 개선되었다면 우리나라의 달러 환율이 하락하지 않았을 것이다.

⑤ 우리나라의 국내소비가 감소하지 않았다면 우리나라에 대한 외국인 투자가 감소하지 않았을 것이다.

※ 다음은 S은행에서 제공하는 적금 상품에 대한 설명이다. 이어지는 질문에 답하시오. [12~13]

<S은행 적금 상품>

구분	상품내용	기본금리	우대금리	기간	중도해지 시 적용금리
쏠쏠 적금	사회초년생을 대상으로 하는 적금 (만 20 ~ 29세)	3.8%	• 당행 예금통장 보유 시 0.5%p • 당행 월 급여통장 보유 시 1.3%p • 자동이체 건당 0.2%p(최대 3건) • 당행 주택청약 보유 시 1.2%p	2년 이상	기본금리
가족 적금	등본상 가족이 본인 포함 2명 이상인 사람을 대상으로 하는 적금 (부모, 배우자, 자녀 관계만 해당)	2.4%	• 등본상 가족이 당행 상품 이용 시 1인당 1.1%p(최대 4명) • 당행 예금통장 보유 시 0.8%p • 자동이체 건당 0.2%p(최대 5건) • 당행 주택청약 보유 시 2.1%p	3년 이상	기본금리
알쏠 적금	오랜 기간 유지 시 높은 이자를 제공해주는 적금	4.4%	• 당행 예금통장 보유 시 0.5%p • 자동이체 건당 0.3%p(최대 3건) • 적금 기간별 우대금리 　− 10년 이상 12년 미만 : 0.8%p 　− 12년 이상 15년 미만 : 1.5%p 　− 15년 이상 20년 미만 : 2.1%p 　− 20년 이상 : 3.3%p	10년 이상	• 3년 미만 : 1.3% • 5년 미만 : 2.1% • 10년 미만 : 3.3% • 10년 이상 : 기본금리 · 우대금리 모두 적용
든든 적금	1인 가구를 대상으로 하는 적금	3.5%	• 당행 예금통장 보유 시 1.1%p • 자동이체 건당 0.2%p(최대 2건)	3년 이상	2.5% 적용
우수 적금	방문고객을 전용으로 하는 적금	2.8%	• 당행 예금통장 보유 시 1.5%p • 자동이체 건당 0.4%p	1년 이상	• 1년 이상 : 기본금리 · 우대금리 모두 적용 • 1년 미만 : 기본금리만 적용

12 S은행 행원인 귀하가 다음 고객문의 내용을 보고, 해당 고객에게 추천해 줄 상품으로 가장 적절한 것은?

〈고객문의〉

안녕하세요. 저는 자녀 두 명을 키우고 있는 아버지로, 맞벌이 가정입니다. 적금 기간에 상관없이 적금 하나에 가입하려고 하는데요, 최대한 금리가 높았으면 좋겠어요. 급할 때는 일 년도 유지하지 못하고 적금을 해지할 수도 있어서 중도해지를 해도 금리가 2.5% 이상인 상품이었으면 합니다. 현재 S은행 예금통장을 하나 가지고 있고요, 이 통장으로 월 급여를 받고 있어요. 또 이 통장에서 아파트관리비와 공과금, 자녀 두 명의 학교 급식비, 저와 아내의 휴대폰 요금이 자동이체되고 있어요. 어떤 적금에 가입하는 것이 좋을까요?

---

① 쏠쏠적금　　　　　　　　　② 가족적금

③ 알쏠적금　　　　　　　　　④ 든든적금

⑤ 우수적금

13 S은행 행원인 귀하는 은행에 방문한 고객과 다음과 같은 대화를 나누었다. 귀하가 이 고객에게 추천한 상품으로 가장 적절한 것은?

직원 : 안녕하세요, 무슨 일로 오셨나요?

고객 : 안녕하세요, 적금을 하나 가입하고 싶어서 왔어요.

직원 : 저희 적금 상품에 대해서 알고 계신 것이 있으신가요?

고객 : 아니요 딱히 없어요. 월급받는 예금통장 하나랑 주택청약 하나만 가지고 있다가 어느 정도는 저축해야겠다는 생각에 오게 되었어요.

직원 : 그러시군요. 상품 추천을 위해 간단한 정보 여쭤볼게요. 혹시 나이가 어떻게 되시나요?

고객 : 아 저는 만 30세예요. 늦었지만 이제 막 독립해서 혼자 살고 있어요.

직원 : 그럼 혹시 공과금과 같은 요금의 자동이체를 저희 S은행에서 하고 계신가요?

고객 : 음, 현재는 공과금만 하고 있는데, 적금 가입과 동시에 학자금 대출과 휴대폰 요금도 곧 S은행 계좌로 자동이체를 설정할 예정이에요.

직원 : 혹시 생각하시는 적금 기간이 있으신가요?

고객 : 음, 저는 10년 정도 생각 중이에요.

직원 : 그렇다면 이 적금 상품이 고객님께 가장 높은 이율이 적용될 것 같아요.

---

① 쏠쏠적금　　　　　　　　　② 가족적금

③ 알쏠적금　　　　　　　　　④ 든든적금

⑤ 우수적금

14 다음 중 퇴직연금에 대한 설명으로 옳지 않은 것은?

① 퇴직연금에는 확정기여형(DC), 확정급여형(DB), 개인형(IRP) 등의 유형이 있다.

② DC형 퇴직연금 가입자는 반기마다 1회 이상 적립금의 운용 방법을 변경할 수 있다.

③ DB형 퇴직연금은 55세 이상으로서 가입기간이 10년 이상인 가입자에게 지급하여야 한다.

④ 자영업자 등 안정적인 노후소득 확보가 필요한 사람은 IRP형 퇴직연금 제도를 설정할 수 있다.

⑤ DC형, DB형, IRP형 등 모든 유형의 퇴직연금은 〈예금자보호법〉에 따른 예금보호 대상에 포함된다.

15 S금융기업의 2022년 12월 말 재무 정보가 다음과 같을 때, 빈칸 ㉠ ~ ㉢에 들어갈 수치를 바르게 구한 것은?(단, 소수점 셋째 자리에서 반올림한다)

현재 주가	75,000원	매출액	302조 2,000억 원
영업이익	43조 4,000억 원	당기순이익	55조 6,000억 원
자본총계	354조 8,000억 원	EPS	8,298원
자산총액	448조 4,000억 원	발행주식총수	6,700,000,000주
ROA	(㉠)	PER	(㉡)
PBR	(㉢)	BPS	52,955원

	㉠	㉡	㉢
①	10.23%	8.59배	1.25배
②	10.23%	9.04배	1.42배
③	12.40%	8.59배	1.42배
④	12.40%	9.04배	1.25배
⑤	12.40%	9.04배	1.42배

16 직장인 A씨는 업무 시간에는 도저히 은행에 갈 수 없어서 퇴근 후인 6시 30분에 회사 1층에 있는 S은행 자동화기기를 사용하여 거래하려고 한다. A씨는 S은행 카드로 10만 원을 우선 출금한 후 P은행 통장으로 5만 원을 이체한다. 그 후 남은 5만 원을 본인이 가지고 있는 K은행 카드에 입금하려고 한다. 이때 A씨가 지불해야 하는 총수수료는?

〈자동화기기 거래〉

구분			영업시간 내			영업시간 외		
			3만 원 이하	10만 원 이하	10만 원 초과	3만 원 이하	10만 원 이하	10만 원 초과
S은행 자동화기기 이용 시	출금		면제			250원	500원	
	이체	S은행으로 보낼 때	면제			면제		
		다른 은행으로 보낼 때	400원	500원	1,000원	700원	800원	1,000원
	타행카드 현금입금		700원			1,000원		
다른 은행 자동화기기 이용 시	출금		800원			1,000원		
	이체		500원	1,000원		800원		1,000원

※ S은행 자동화기기 출금 시 수수료 감면 사항
 – 만 65세 이상 예금주의 출금거래는 100원 추가 할인
 – 당일 영업시간 외에 10만 원 초과 출금 시 2회차 거래부터 수수료 50% 감면
※ 영업시간 내 기준 : 평일 08:30 ~ 18:00, 토요일 08:30 ~ 14:00(공휴일 및 휴일은 영업시간 외 적용)

① 800원
② 1,300원
③ 1,600원
④ 2,300원
⑤ 2,500원

17 복지사 A의 결론을 이끌어내기 위해 추가해야 할 전제를 〈보기〉에서 고르면 모두 몇 개인가?

복지사 A는 담당 지역에서 경제적 곤란을 겪고 있는 아동을 찾아 급식 지원을 하는 역할을 담당하고 있다. 갑순, 을순, 병순, 정순이 급식 지원을 받을 후보이다. 복지사 A는 이들 중 적어도 병순은 급식 지원을 받게 된다고 결론 내렸다. 왜냐하면 갑순과 정순 중 적어도 한 명은 급식 지원을 받는데, 갑순이 받지 않으면 병순이 받기 때문이었다.

보기
㉠ 갑순이 급식 지원을 받는다.
㉡ 을순이 급식 지원을 받는다.
㉢ 을순이 급식 지원을 받으면, 갑순은 급식 지원을 받지 않는다.
㉣ 을순과 정순 둘 다 급식 지원을 받지 않으면, 병순이 급식 지원을 받는다.

① 0개   ② 1개
③ 2개   ④ 3개
⑤ 4개

18 다음은 키워드 기반 신용 추천 서비스에 대한 순서도이다. 키워드에 '신용 점수 조회'를 입력했을 때, 출력되는 추천 서비스의 색상으로 옳은 것은?

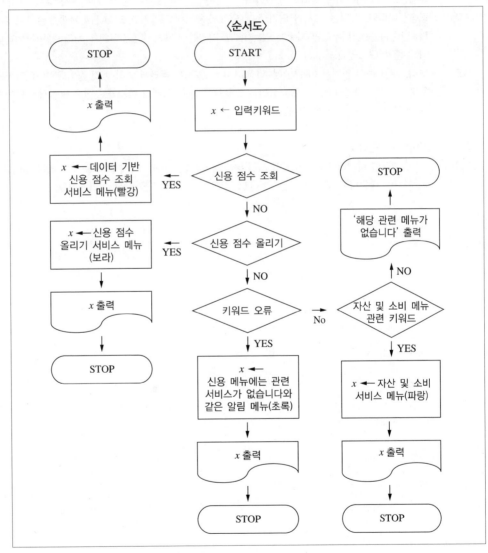

① 초록

② 보라

③ 빨강

④ 파랑

⑤ 해당 관련 메뉴가 없습니다

상황 : 은행 안, 오후 12시 5분

A대리가 오전 시각에 방문한 마지막 고객의 업무를 처리하고 나니 12시가 조금 넘었다. A대리가 점심식사를 하러 자리에서 일어나려고 하는데 B고객이 헐레벌떡 A대리에게 찾아와 번호표를 데스크에 놓으며 앉는다.

B고객 : 내가 급해서 그러니 내 돈 좀 빨리 송금해줘요, 얼른.

A대리 : (머뭇거리며) 고객님, 죄송합니다만 오전 업무시간이 12시까지라서 지금은 도와드릴 수 없을 것 같습니다.

B고객 : (눈을 치켜뜨며) 아니, 힘들게 찾아온 고객이 먼저지 직원 근무시간이 먼저요? 그리고 내 앞에 온 사람은 12시 지나서도 일처리 해줬잖아요? 누구는 해주고 누구는 안 해주는 건 무슨 경우야?

A대리 : 죄송합니다만, 그분은 12시가 되기 전에 오셔서 처리해드린 거고요. (ATM 기계를 손으로 가리키며) 단순한 송금 업무라면 저쪽에 있는 ATM 기기를 이용하시면 간단하게 처리하실 수 있습니다. 양해 좀 부탁드리겠습니다.

B고객 : 아니, 내가 눈이 없어서 이 은행에 ATM이 어디 있는지 몰라서 이러는 것 같아요? 나이가 많아서 눈도 어둡고 기계를 다루는 게 서툴러서 그렇단 말이오. 그리고 혹시라도 잘못 눌러서 엉뚱한 데로 돈 부치면 당신이 책임질 거야?

A대리 : 거듭 죄송합니다만, 이따 오후 1시 지나서 다시 찾아와 주시면 제가 처리해드리겠습니다. 양해 좀 부탁드리겠습니다.

B고객 : 아니, 그러면 나더러 1시간 가까이 시간 낭비만 하다가 번호표 다시 뽑고 또 기다리란 말이요? 댁 들 시간만 중요하고 고객 시간은 안중에도 없어요? 그냥 지금 당장 처리해줘요.

19 위와 같은 상황에서 귀하가 A대리라면 어떻게 대처하는 것이 가장 바람직하다고 생각하는가?

① 근처에서 상황을 지켜보고 있던 상급자 C과장에게 어떻게 응대할지 문의한다.

② 단호한 어조로 지금은 도와드릴 수 없으니 1시 이후에 다시 방문해 달라고 말한다.

③ B고객의 요청을 수용해 업무를 신속하게 처리하고, 그 시간만큼 자리에 늦게 복귀한다.

④ 자리에 앉아 있는 다른 직원에게 상황을 설명하고 대신하여 업무를 처리해 달라고 요청한다.

⑤ 보안요원에게 상황을 알리고 B고객이 직접 ATM을 통해 송금할 수 있도록 도와드릴 것을 요청한다.

20 위와 같은 상황에서 은행의 업무 프로세스를 어떻게 변경하는 것이 바람직하겠는가?

① 11시 50분부터 1시까지 번호표 발행 기계의 작동을 중단시키는 장치를 설치한다.

② 은행의 점심시간을 1시 이후로 변경해 모든 직원이 고객들의 점심시간에도 정상적으로 근무하게 한다.

③ 일부 소수의 직원이 점심시간에도 고객을 응대할 수 있도록 순번을 정해 1시 이후로 점심시간을 조정한다.

④ 정오부터 1시간 동안 서비스를 받을 수 없음과 서비스 이용 가능 시간을 알리는 안내문을 은행 입구에 게시한다.

⑤ 1시간의 점심시간 보장을 위해 업무처리 규정을 개정해 12시를 지나 식사를 할 경우에 그만큼 늦게 복귀할 수 있게 한다.

정답 및 해설 p.008

01 다음 글을 논리적 순서대로 바르게 나열한 것은?

> 최근 행동주의펀드가 적극적으로 목소리를 내면서 기업들의 주가가 급격히 변동하는 경우가 빈번해
> 지고 있다. 특히 주주제안을 받아들이는 기업의 주가는 급등했지만, 이를 거부하는 기업의 경우 주가
> 가 하락하고 있다. 이에 일각에서는 주주 보호를 위해 상법 개정이 필요하다는 지적이 나오고 있다.
>
> (가) 이에 대한 대표적인 사례가 S엔터이다. 그동안 S엔터는 대주주의 개인회사인 L기획에 일감을
> 몰아주면서 부당한 이득을 취해왔는데, 이에 대해 A자산운용이 이러한 행위는 주주가치를 훼
> 손하는 것이라며 지적한 것이다. 이에 S엔터는 L기획과 계약종료를 검토하겠다고 밝혔고, 이
> 처럼 A자산운용의 요구가 실현되면서 주가는 18.6% 급등하였다. 이 밖에도 K엔터와 H엔터
> 등이 자본시장에 영향을 미치고 있다.
>
> (나) 이러한 행동주의펀드는 배당 확대나 이사・감사 선임과 같은 기본적 사안부터 분리 상장, 이사
> 회 정원 변경, 경영진 교체 등 핵심 경영 문제까지 지적하며 개선을 요구하고 있는 추세이다.
>
> (다) 이와 같은 A자산운용의 제안을 수락한 7개의 은행 지주는 올해 들어 주가가 8~27% 급상승하
> 는 결과를 보였으며, 이와 반대로 해당 제안을 장기적 관점에서 기업가치와 주주가치의 실익이
> 적다며 거부한 K사의 주가는 동일한 기간 주가가 4.15% 하락하는 모습을 보여, 다가오는 3월
> 주주총회에서의 행동주의펀드 및 소액주주들과 충돌이 예상되고 있다.
>
> (라) 이처럼 시장의 주목도가 높아진 A자산운용의 영향력은 최근 은행주에도 그 영향이 미쳤는데,
> K금융・S지주 등 은행지주 7곳에 주주환원 정책 도입을 요구한 것이다. 특히 그중 J금융지주
> 에는 평가 결과 주주환원 정책을 수용할 만한 수준에 미치지 못한다고 판단된다며 배당확대와
> 사외이사의 추가 선임의 내용을 골자로 한 주주제안을 요구하였다.

① (가) – (나) – (다) – (라)　　　② (나) – (가) – (라) – (다)

③ (다) – (라) – (나) – (가)　　　④ (라) – (다) – (가) – (나)

02 다음 글을 읽고 밑줄 친 (가) ~ (라) 중 쓰임이 가장 적절한 것을 고르면?

> 부실 우려가 있는 부동산 프로젝트파이낸싱 사업장의 (가) <u>지속화</u>를 위해 금융당국은 28조 4,000억 원 규모의 정책자금을 공급하기로 하였다.
>
> 현재 금융시장은 회사채, 단기금융시장은 지난해 하반기 경색 상황에서 차츰 벗어나 벗어나 개선세가 뚜렷해지고 있고, 회사채 가산금리도 지난해 말 이후 계속 (나) <u>상승세</u>를 보이고 있다. 또한 올해 1 ~ 2월 중 일반회사채는 만기도래액을 (다) <u>상회하는</u> 수준으로 발행되는 등 시장에서 발행수요가 순조롭게 이루어지고 있는 상황이다.
>
> 다만 미국의 (라) <u>확장정책</u>의 장기화가 예상되고, 러시아–우크라이나 전쟁 및 미국–중국 갈등 상황이 지속되고 있어 올해 역시 금융시장 내 기지수가 존재하는 상황이다.
>
> 이에 정부는 부동산PF의 불안 가능성에 대비해 선제적으로 정책대응수단을 마련했으며 이를 차질 없이 집행해 나가겠다고 밝혔다.
>
> 이를 위해 부동산의 대출현황, 사업진행상황 등을 통합점검하고, 이상 징후에 대한 신속보고체계를 구축해 해당 징후 발생 시 신속 및 맞춤 대응하겠다는 계획이다.
>
> 또한 금융당국은 민간 중심 사업재구조화 등을 통해 사업성 우려 사업장의 정상화를 유도하고, 부동산PF 리스크가 건설사·부동산신탁사로 파급되지 않도록 건설사 등에 대해 정책금융 공급규모를 28조 4,000억 원으로 확대해 부동산신탁사의 리스크 관리도 강화하기로 하였다.

① (가)   ② (나)

③ (다)   ④ (라)

03 S기업은 작년에 A제품과 B제품을 합쳐 총 1,000개를 생산하였다. 올해는 작년 대비 A제품의 생산량을 2%, B제품의 생산량을 3% 증가시켜 총 1,024개를 생산한다고 할 때, 올해 생산하는 B제품의 수량은?

① 309개   ② 360개

③ 412개   ④ 463개

04 다음은 2018 ~ 2022년 지역별 특산품의 매출현황에 대한 표이다. 자료에 대한 해석으로 적절하지 않은 것은?

〈2018 ~ 2022년 지역별 특산품 매출현황〉

구분	2018년	2019년	2020년	2021년	2022년
X지역	1,751	1,680	2,121	2,001	1,795
Y지역	2,029	2,030	2,031	1,872	1,601
Z지역	1,947	1,012	1,470	2,181	2,412

① X지역의 2022년 특산품 매출은 전년 대비 10% 이상 감소하였다.

② X지역의 전년 대비 증감률이 가장 적은 연도는 2019년이다.

③ 2022년 Z지역의 매출은 동년 X지역과 Y지역 매출의 합의 65% 이하이다.

④ Z지역의 2018년 매출은 2022년 매출의 70% 이상이다.

05 A ~ C 세 사람은 제시된 〈조건〉에 따라 다음 주에 출장을 가려고 한다. 세 사람이 같이 출장을 갈 수 있는 요일은?

> **조건**
> • 소속부서의 정기적인 일정은 피해서 출장 일정을 잡는다.
> • A와 B는 영업팀, C는 재무팀 소속이다.
> • 다음 주 화요일은 회계감사 예정으로 재무팀 소속 전 직원은 당일 본사에 머물러야 한다.
> • B는 개인 사정으로 목요일에 연차휴가를 사용하기로 하였다.
> • 영업팀은 매주 수요일마다 팀 회의를 한다.
> • 금요일 및 주말에는 출장을 갈 수 없다.

① 월요일 　　　　　　　　② 화요일

③ 수요일 　　　　　　　　④ 목요일

06 다음 주에 방문하는 고객사 임직원들의 숙소를 예약하려고 한다. 주어진 표를 참고할 때, 예약할 호텔과 비용이 바르게 짝지어진 것은?

<호텔별 숙박 요금표>

(단위 : 원)

구분	스위트룸(1박)	디럭스룸(1박)	싱글룸(1박)	조식요금	비고
A호텔	1,000,000	250,000	180,000	35,000	스위트룸, 디럭스룸 숙박료에 조식 포함
B호텔	950,000	300,000	150,000	45,000	전체 5실 이상 예약 시 숙박료 10% 할인
C호텔	1,000,000	300,000	120,000	40,000	스위트룸 2박 이상 연박 시 숙박료 10% 할인

<예약 준비사항>

• 예약비용을 최소화하면서 모든 임직원이 동일한 호텔에 묵을 수 있도록 한다.
• 모든 임직원이 매일 아침 조식을 먹을 수 있도록 준비한다.
• 각 객실에는 1명이 묵으며, 스위트룸 1실, 디럭스룸 2실, 싱글룸 4실이 필요하다.
• 바이어들의 체류일정은 2박 3일이다.

① A호텔, 455만 원 ② B호텔, 450만 원

③ B호텔, 452만 원 ④ C호텔, 450만 원

※ 다음은 쏠편한 정기예금에 대한 자료이다. 이어지는 질문에 답하시오. [7~8]

〈쏠편한 정기예금〉

구분	내용
가입대상	• 개인, 기타임의단체(대표자 주민등록번호)
계약기간	• 1개월 이상 60개월 이하(1일 단위)
가입금액	• 1만 원부터 제한 없음
이자지급시기	• 만기일시지급
만기일연장 서비스	• 여유 있는 자금관리를 위하여 만기일을 최장 3개월까지 연장할 수 있는 서비스 ※ 신한 쏠(SOL)을 통해 신청 가능 ※ 자동재예치 등록 계좌의 경우 신청 불가 – 연장가능기간 : 최초 신규시점에 계약한 만기일로부터 3개월 이내 ※ 최초 계약기간이 3개월 이내인 경우에는 최초 계약기간 범위 내에서 연장 가능함
약정이율	• 연 3.70%

중도해지이율	• 가입일 당시 영업점 및 인터넷 홈페이지에 고시한 예치기간별 중도해지이율 적용
	  – 1개월 미만 : 연 0.10%
	  – 1개월 이상 : (기본이자율)×[1−(차감율)]×(경과월수)÷(계약월수)
	  (단, 연 0.10% 미만으로 산출될 경우 연 0.10% 적용)
	※ 차감율
	<table><tr><td>경과기간</td><td>1개월 이상</td><td>3개월 이상</td><td>6개월 이상</td><td>9개월 이상</td><td>11개월 이상</td></tr><tr><td>차감율</td><td>80%</td><td>70%</td><td>30%</td><td>20%</td><td>10%</td></tr></table>

만기 후 이율	• 만기 후 1개월 이내 : 만기일 당시 일반정기예금 약정기간에 해당하는 만기지급식 고시이자율의 1/2
	  (단, 최저금리 0.10%)
	• 만기 후 1개월 초과 6개월 이내 : 만기일 당시 일반정기예금 약정기간에 해당하는 만기지급식 고시이자
	  율의 1/4 (단, 최저금리 0.10%)
	• 만기 후 6개월 초과 : 연 0.10%

계약해지 방법	• 영업점 및 비대면 채널을 통해서 해지 가능
	  – 만기가 휴일인 계좌를 영업점에서 전(前) 영업일에 해지할 경우, 중도해지가 아닌 만기해지로 적용
	  (단, 이자는 일수로 계산하여 지급)

자동해지	• 만기일(공휴일인 경우 다음 영업일)에 자동해지되어 근거계좌로 입금 (단, 예금이 담보로 제공되어 있거나 사고등록 등 자동해지 불가 사유가 있는 경우 자동해지되지 않음)
일부해지	• 만기일 전 영업일까지 매 계약기간(재예치 포함)마다 2회 가능 ※ 일부해지 금액의 이자는 선입선출법에 따라 중도해지이율로 지급

07 다음 중 쏠편한 정기예금 상품에 대한 설명으로 적절한 것은?

① 신한 쏠(SOL)을 통해 가입해야 하는 상품이야.

② 한 번 가입하면 해지를 원할 때까지 만기일을 연장할 수 있어.

③ 만기 이후에도 일정 기간 동안에는 약정이율에 따른 이자를 지급하는 상품이야.

④ 중도해지할 경우에, 예치기간이 아무리 짧아도 최소한 연 0.1%의 이자는 받을 수 있어.

08 다음 중 쏠편한 정기예금에 가입하기에 가장 적절한 사람은?

① 매월 월급의 일부를 저축하고자 하는 직장인 A씨

② 퇴직시점까지 10년 이상 장기저축을 원하는 B씨

③ 원금손실의 위험을 감수하고 주식이나 가상화폐와 같이 높은 기대수익률을 가진 상품에 투자하기 원하는 C씨

④ 1년 뒤 떠날 졸업여행 경비를 안전하게 보관해두고자 하는 대학생 D씨

※ 다음은 신용카드 3종에 대한 자료이다. 이어지는 질문에 답하시오. **[9~10]**

〈신용카드 3종 분류표〉

구분	연회비	기본혜택	실적에 따른 혜택		
신한카드 Air One	49,000원	• 국내 일시불·할부, 해외 일시불 이용금액 1천 원당 1항공마일리지 적립 • 국내 항공 / 면세업종, 이용금액 1천 원당 1항공마일리지 추가 적립	• 전월 이용금액이 50만 원 미만인 경우, 항공마일리지 적립 서비스 미제공		

구분	연회비	기본혜택	실적에 따른 혜택	
#Pay 신한카드	30,000원	• 7개 간편결제(Pay)로 국내 이용 시, 5% 마이신한포인트 적립 ※ 간편결제 대상 네이버페이, 카카오페이, 쿠페이, PAYCO, 스마일페이, SK페이, 신한Pay	• 전월 실적(일시불＋할부) 기준	

구분	통합 월 적립한도
30만 원 이상 50만 원 미만	1만 포인트
30만 원 이상 50만 원 미만	2만 포인트
90만 원 이상	3만 포인트

구분	연회비	기본혜택	실적에 따른 혜택

신한카드 Mr. Life	18,000원	• 월납(공과금)할인
		  − 전기요금, 도시가스요금, 통신요금
		• TIME할인
		  − 365일 24시간 10% 할인서비스(편의점, 병원 / 약국, 세탁소 업종)
		  − 오후 9시 ～ 오전 9시 10% 할인서비스(온라인쇼핑, 택시, 식음료 업종)
		• 주말할인
		  − 3대 마트 10% 할인
		  − 4대 정유사 리터당 60원 할인
			• 전월 실적(일시불＋할부) 기준

구분	공과금할인 할인한도	TIME할인 할인한도	주말할인 할인한도
30만 원 이상 50만 원 미만	3천 원	1만 원	3천 원
30만 원 이상 50만 원 미만	7천 원	2만 원	7천 원
90만 원 이상	1만 원	3만 원	1만 원

09 다음 A씨와 B씨의 정보에 따라 두 사람에게 적합한 카드를 추천한 결과는?(단, 두 사람에게 각각 다른 카드를 추천하였다)

- 대학생 A씨
  - 간편결제를 활용한 인터넷 쇼핑을 자주 이용
  - 기숙사 생활을 하고 있으며 휴대폰 요금 외 공과금 지출은 없음
  - 월평균 지출은 40만 원
  - 차량 미보유
  - 주말에는 지방에 있는 본가에서 지내며 별도의 지출 없음
- 직장인 B씨
  - 연회비 3만 원 이하의 카드를 원함
  - 주말시간을 이용하여 세차와 주유 등 차량 관리
  - 배달음식보다는 요리를 직접 해먹거나 외식하는 것을 선호

	A씨	B씨
①	신한카드 Air One	#Pay 신한카드
②	#Pay 신한카드	신한카드 Air One
③	#Pay 신한카드	신한카드 Mr. Life
④	신한카드 Mr. Life	신한카드 Air One

10 신한카드 Air One을 보유한 고객이 국내와 해외에서 각각 일시불과 할부로 50만 원씩 100만 원을 사용하여 총 200만 원을 결제했을 때, 적립되는 항공마일리지는 최소 얼마인가?(단, 전월 이용금액은 50만 원 이상이라고 가정한다)

① 1,000마일리지 ② 1,500마일리지
③ 2,000마일리지 ④ 2,500마일리지

11 다음 시트에서 평균값을 구하려 할 때, [F7]에 들어갈 수식으로 가장 적절한 것은?

	A	B	C	D	E	F
1	번호	이름	1회차	2회차	3회차	평균
2	1	이세운	88	90	64	81
3	2	김준석	68	65	84	72
4	3	하철우	79	78	87	81
5	4	윤다영	60	46	45	50
6	5	차영준	90	88	30	69
7	6	박지민	54	64	70	

① =MID(C7:E7)   ② =MAX(C7:E7)

③ =AVERAGE(C7:E7)   ④ =MIN(C7:E7)

12 다음 시트에서 총납부 금액 중 최대 금액을 찾으려 할 때, [C7]에 들어갈 수식으로 가장 적절한 것은?

	A	B	C
1	보험료	납입 횟수	총납부 금액
2	126000	11	1386000
3	56430	7	395010
4	98200	8	785600
5	103560	13	1346280
6	75400	21	1583400
7			최대 금액

① =MIN(C2)   ② =MAX(C2:C6)

③ =AVERAGE(C2:C6)   ④ =SUM(C2,C6)

13 적금의 총저축액을 계산하려고 한다. 총저축액은 (기간)×(월 저축액)이며, 만기된 적금의 경우에는 '만기'라고 표시하여 다음과 같이 표로 정리하려고 한다. 함수를 〈조건〉과 같이 정의할 때, [D3]에 들어갈 수 없는 수식은?

◢	A	B	C	D
1	적금명	월 저축액	기간	총저축액
2	A적금	100,000	20	2,000,000
3	B적금	만기	11	만기
4	C적금	150,000	12	1,800,000

- ■(식, 대체값) : 식이나 식 자체의 값이 오류인 경우 오류표시 대신 대체값을 반환하는 함수
- ◎(조건, 인수1, 인수2) : 조건이 참이면 인수1, 거짓이면 인수2를 출력하는 함수
- ▲(값) : 값이 숫자이면 참을 반환하는 함수
- ▼(값) : 값이 텍스트가 아니면 참을 반환하는 함수
- ○(인수) : 인수가 오류이면 참을 반환하고, 오류가 아니면 거짓을 반환하는 함수

① =◎(○(B2*C2), B2*C2, "만기")

② =◎(▲(B2), B2*C2, "만기")

③ =◎(○(B2*C2), "만기", B2*C2)

④ =◎(▼(B2), B2*C2, "만기")

14 다음 중 IRP의 특징으로 옳지 않은 것을 〈보기〉에서 모두 고르면?

> **보기**
>
> ㄱ. IRP는 개인형 퇴직연금으로, 근로자가 본인의 퇴직금의 투자처를 직접 지정할 수 있다.
> ㄴ. IRP의 경직적인 운용을 보완하고자 IRA가 등장하였다.
> ㄷ. IRP는 근로자의 퇴직금을 회사가 운용한 후 근로자에게 정해진 금액을 지급하는 방식이다.
> ㄹ. IRP 가입 시 납입금에 대해 정해진 조건하에서 세액공제 혜택을 받을 수 있다.

① ㄱ, ㄴ   ② ㄱ, ㄹ
③ ㄴ, ㄷ   ④ ㄷ, ㄹ

15 다음 중 ETF에 대한 설명으로 적절하지 않은 것은?

① ETF는 주식형 펀드에 비해 매매시기 및 매매가에 대한 투자자의 의사결정이 자유롭다.
② ETF는 매도 시 증권거래세를 면제받을 수 있다.
③ ETF는 배당소득세 면제 대상이라는 장점을 지닌다.
④ ETF 투자 시 추종하는 지수가 하락하더라도 수익을 얻을 수 있다.

16 다음 중 제시문에서 설명하는 경제용어는?

> 시장에서 자산 운용 시 개인의 주관적 판단을 배제하고 금융공학기법을 토대로 투자자산들의 비중을 탄력적으로 조절하는 펀드를 가리킨다. 객관적인 데이터 및 원칙에 기반하여 일관성 있게 자산을 운용하는 것으로, 변동성이 큰 장세에서 부각되는 펀드이다.

① 헤지펀드   ② 주가연계증권
③ 퀀트펀드   ④ 랩어카운트

17 다음 중 제시문에서 설명하는 경제용어는?

> 전자상거래 기업 등의 비금융회사가 온라인 제품 판매, 서비스를 수행하면서, 이와 관련하여 입출금 계좌 서비스, 전자지갑 및 결제, 대출 등의 금융상품과 서비스를 함께 제공하여 상품판매 수익 외에 금융 수익을 추구하는 금융형태를 말한다.

① 임베디드 금융
② 프로젝트 파이낸싱
③ D – 테스트베드
④ 테크핀

18 다음 중 래퍼 곡선에 대한 설명으로 옳은 것을 〈보기〉에서 모두 고르면?

> **보기**
> ㄱ. 래퍼 곡선에 따르면, 모든 세율 구간에 대하여 세율의 증가에 따라 조세수입도 비례하여 증가한다.
> ㄴ. 적정세율 이하의 세율 구간에서는 세율을 인상할수록 조세수입이 감소한다.
> ㄷ. 조세수입의 변화율은 적정세율에 가까울수록 완만하다.
> ㄹ. 래퍼 곡선에 따르면, 세율의 인상은 과세대상의 이탈을 야기할 수 있다.

① ㄱ, ㄴ
② ㄱ, ㄷ
③ ㄴ, ㄷ
④ ㄷ, ㄹ

19 다음 중 증권사가 사모펀드 운용에 필요한 증권대차, 신용공여, 펀드재산의 보관·관리 등 일련의 서비스를 연계하여 종합적으로 제공하는 업무는?

① TRS
② PEF
③ MMF
④ PBS

※ 다음 시나리오를 읽고 이어지는 물음에 답하시오. [20~21]

상황 1. S은행 회의실, 5월 3일 오후 5시

B팀장이 은행 팀원들에게 보고를 진행하고 있다.

B팀장 : 우리 은행사의 다음 달 프로모션 상품인 '우리 아이 행복 용돈 통장' 프로젝트는 이 정도로 진행이
되고 있고요. 사실 프로젝트도 마무리 단계고 기획서가 상부에서 허가도 났다고 해서, 저희는 이번
에 홍보물만 맡아서 제작하면 될 것 같거든요?
C대리 : (손을 살짝 들며) 그 혹시 홍보물이라고 하시면 어떤 걸 말씀하시는 건지 구체적으로 알려주실 수
있나요?
B팀장 : (C대리 쪽을 바라보며) 네, 아마 창구 앞이나 대기석 옆에 비치해서 고객들이 볼 수 있는 팸플릿
정도만 만들면 될 것 같습니다.
C대리 : 네, 감사합니다.
B팀장 : 그래서 이 홍보물 만드는 걸 외주 업체에 맡길지 아니면 우리 팀 내에서 해볼지가 지금 고민인데요.
혹시 만드는 게 가능하신 분 있나요?

잠깐의 정적이 흐른다.

C대리 : 저번에 만들었던 포스터 좋던데, 혹시 그 포스터 어떤 분이 담당하셨나요? 제가 알기로는 A사원님
인데 맞나요?
A사원 : 네, 저 맞습니다! 다들 괜찮으시면 제가 한번 맡아볼까요?
B팀장 : 오, 그러면 좋죠. 다른 얘기할 거 없으면 이쯤에서 회의 끝내볼까요? 다들 괜찮으신가요?
모두 : 네!
B팀장 : 다들 수고 많으셨고, A사원은 잠깐 내 자리로 오세요. 팸플릿 업무 안내해드릴게요.
A사원 : 네, 알겠습니다!

상황 2. B팀장 자리, 5월 3일 오후 6시

A사원 : (팀장님 자리로 다가가며) 어……. 팀장님!
B팀장 : 아! A사원, 팸플릿 디자인 업무 선뜻 맡아줘서 고마워요. 이게 전년도 비슷한 프로모션 상품으로
제작된 팸플릿이니까 작업하면서 참고하면 좋을 것 같고, 팸플릿에 너무 많은 정보는 넣지 말고
고객들의 시선을 끌 수 있게 부탁해요. 너무 부담 갖지는 말고, 이 자료처럼 심플한 느낌으로 깔끔
하게만 만들면 될 것 같아요.
A사원 : 아, 네! 알겠습니다. 한번 해보겠습니다.

상황 3. 은행 내 직원 휴게실, 5월 10일 오후 2시 30분

A사원 : C대리님! 혹시 시간 괜찮으신가요?

C대리, 정수기 앞에서 커피를 타다 돌아본다.

A사원 : 그 지난주에 회의했던 팸플릿 있잖아요? 제가 한번 만들어봤는데 혹시 어떤지 피드백 해주실 수 있으신가요? 아무래도 C대리님이 제 사수시니까……

C대리 : 아, 네! 좋죠. 한번 볼까요? (A사원이 건넨 팸플릿 디자인 시안을 꼼꼼하게 살펴본다) 심플한 느낌 으로 디자인하셨네요. 그런데 저는 뭔가 조금 더 화려한 요소들이 있어야 심심하지 않고 좋을 것 같아요. 흠……. 그리고 지금 팸플릿은 너무 프로모션 상품에 대한 정보가 드러나지 않아서 그 부 분들만 수정하면 좋을 것 같네요.

A사원 : 네! 피드백 감사합니다.

상황 4. 사무실 내 A사원의 자리, 5월 10일 오후 3시 30분

A사원, 프로모션 상품에 대한 핵심 정보만 담긴 심플한 팸플릿을 원하는 B팀장의 요구를 들을 것인지, 프로 모션 상품에 대해 정보를 많이 담은 화려한 디자인의 팸플릿을 원하는 C대리의 피드백을 들을 것인지 고민 에 빠진다.

20 B팀장과 C대리의 의견이 상충하는 상황에서 A사원은 어떻게 행동하는 것이 가장 바람직한가?

① 업무를 지시한 것은 B팀장이기 때문에 B팀장의 요구를 따른다.
② 시안을 직접 보고 피드백해준 C대리의 의견을 따른다.
③ 팀 내의 다른 직원들과 상의를 한 뒤, 더 많은 쪽의 의견을 따른다.
④ C대리에게 B팀장의 요구 사항을 말하고 어떻게 해야 할지 상의한다.

21 앞선 조치에도 불구하고 B팀장과 C대리의 의견 차가 좁혀지지 않았다면, 최종적으로 A사원은 어 떤 디자인을 택해야 하는가?

① B팀장의 직책이 더 높기 때문에 B팀장의 의견을 받아들여 심플한 디자인을 택한다.
② A사원의 사수인 C대리의 의견을 받아들여 화려한 디자인을 택한다.
③ 결국 직접 디자인하는 것은 A사원이므로 A사원이 원하는 대로 한다.
④ 본래 의도했던 디자인과 멀어지더라도 최대한 B팀장과 C대리 의견의 절충안을 찾아 디자인한다.

01 | NCS 직업기초능력평가

01 다음 제시된 단어의 대응 관계로 볼 때, 빈칸에 들어가기에 가장 적절한 것은?

> 의사 : 병원 = 교사 : ( )

① 교직원
② 교수
③ 학교
④ 교육청

02 다음 제시된 문단을 논리적 순서대로 바르게 나열한 것은?

> (가) 2018년 정부 통계에 따르면, 우리 연안 생태계 중 갯벌의 면적은 산림의 약 4%에 불과하지만 연간 이산화탄소 흡수량은 산림의 약 37%이며 흡수 속도는 수십 배에 달합니다.
>
> (나) 연안 생태계는 대기 중 이산화탄소 흡수에 탁월합니다. 물론 연안 생태계가 이산화탄소를 얼마나 흡수할 수 있겠냐고 말하는 분도 계실 것입니다. 하지만 연안 생태계를 구성하는 갯벌과 염습지의 염생 식물, 식물성 플랑크톤 등은 광합성을 통해 대기 중 이산화탄소를 흡수하는데, 산림보다 이산화탄소 흡수 능력이 뛰어납니다.
>
> (다) 2019년 통계에 따르면 우리나라의 이산화탄소 배출량은 세계 11위에 해당하는 높은 수준입니다. 그동안 우리나라는 이산화탄소 배출량을 줄이려 노력하고, 대기 중 이산화탄소 흡수를 위한 산림 조성에 힘써 왔습니다. 그런데 우리가 놓치고 있는 이산화탄소 흡수원이 있습니다. 바로 연안 생태계입니다.
>
> (라) 또한 연안 생태계는 탄소의 저장에도 효과적입니다. 연안의 염생 식물과 식물성 플랑크톤은 이산화탄소를 흡수하여 갯벌과 염습지에 탄소를 저장하는데 이 탄소를 블루카본이라 합니다. 산림은 탄소를 수백 년간 저장할 수 있지만 연안은 블루카본을 수천 년간 저장할 수 있습니다. 연안 생태계가 훼손되면 블루카본이 공기 중에 노출되어 이산화탄소 등이 대기 중으로 방출됩니다. 그러므로 블루카본이 온전히 저장되어 있도록 연안 생태계를 보호해야 합니다.

① (가) – (나) – (다) – (라)
② (다) – (가) – (나) – (라)
③ (다) – (나) – (가) – (라)
④ (다) – (라) – (나) – (가)

03 다음 글에 대한 내용으로 가장 적절한 것은?

극의 진행과 등장인물의 대사 및 감정 등을 관객에게 설명했던 변사가 등장한 것은 1900년대이다. 미국이나 유럽에서도 변사가 있었지만, 그 역할은 미미했을 뿐더러 그마저도 자막과 반주 음악이 등장하면서 점차 소멸하였다. 하지만 주로 동양권, 특히 한국과 일본에서는 변사의 존재가 두드러졌다. 한국에서 변사가 본격적으로 등장한 것은 극장가가 형성된 1910년부터인데, 한국 최초의 변사는 우정식으로, 단성사를 운영하던 박승필이 내세운 인물이었다. 그 후 김덕경, 서상호, 김영환, 박응면, 성동호 등이 변사로 활약했으며 당시 영화 흥행의 성패를 좌우할 정도로 그 비중이 컸었다. 단성사, 우미관, 조선 극장 등의 극장은 대개 5명 정도의 변사를 전속으로 두었으며 2명 또는 3명이 교대로 무대에 올라, 한 영화를 담당하였다. 4명 또는 8명의 변사가 한 무대에 등장하여 영화의 대사를 교환하는 일본과는 달리, 한국에서는 1명의 변사가 영화를 설명하는 방식을 취하였으며, 영화가 점점 장편화되면서부터는 2명 또는 4명이 번갈아 무대에 등장하는 방식으로 바뀌었다. 변사는 악단의 행진곡을 신호로 무대에 등장하였으며, 소위 전설(前說)을 하였는데 전설이란 활동사진을 상영하기 전에 그 개요를 앞서 설명하는 것이었다. 전설이 끝나면 활동사진을 상영하고 해설을 시작하였다. 변사는 전설과 해설 이외에도 막간극을 공연하기도 했는데 당시 영화관에는 영사기가 대체로 1대밖에 없었기 때문에 필름을 교체하는 시간을 이용하여 코믹한 내용을 공연하였다.

① 한국과는 달리 일본에서는 변사가 막간극을 공연했다.
② 한국에 극장가가 형성되기 시작한 것은 1900년경이었다.
③ 한국은 영화의 장편화로 무대에 서는 변사의 수가 늘어났다.
④ 자막과 반주 음악의 등장으로 변사의 중요성이 더욱 높아졌다.

04 다음 글을 읽고 알 수 있는 내용으로 적절하지 않은 것은?

> 2019년 정부는 '12 · 16 부동산 대책'을 통해 기존에 제출하던 자금조달계획서의 항목을 상세하게 나누고, 투기과열지구에서 9억 원을 초과하는 주택을 구매한 경우 증빙서류를 함께 제출하도록 하는 등의 규제를 강화한다는 방침을 밝혔다.
>
> 증여나 상속을 받은 경우 기존에는 단순히 증여금액이나 상속금액만 밝히도록 했으나, 앞으로는 부부나 직계존비속 등 누구로부터 받았는지도 상세히 밝혀야 한다. 부부나 직계존비속 등의 대상 구분은 납부해야 할 세금에서 상당한 차이로 이어진다. 예를 들어 증여를 받았을 때 부부와 직계존비속 중 누구에게 얼마를 받았는지에 따라 증여세 부과 대상인지, 면제 대상인지의 정도가 계획서상에서 바로 드러난다. 부부간 증여인 경우 6억 원까지는 면제를 받을 수 있으나, 직계존비속의 증여라면 5,000만 원까지만 가능하다.
>
> 또 기존에는 주택 구매 자금 중 현금과 그와 비슷한 자산은 '현금 등'으로 뭉뚱그려 기재했으나, 앞으로는 현금과 기타자산을 나누고 기타자산은 무엇인지 구체적으로 밝혀야 한다. 이와 함께 계획서에 조달한 자금을 어떻게 지급할지 구체적인 계획도 계좌이체, 보증금 · 대출 승계, 현금 지급 등으로 나누어 상세히 밝혀야 한다.
>
> 이에 따라 투기과열지구에서 9억 원이 넘는 집을 살 때, 자금조달계획서의 내용을 입증하기 위해 매수자가 제출해야 하는 증빙서류의 종류는 총 15종에 달한다. 보유한 예금과 처분한 주식, 대출, 증여를 통해 집을 산다면 떼야 할 서류는 모두 10개에 육박할 전망이다.

① A가 부인 B에게 9억 원을 증여할 경우 6억 원까지 증여세를 면제받을 수 있다.

② C가 아들 D에게 6억 원을 증여할 경우 증여세를 모두 면제받을 수 있다.

③ E가 투기과열지구에서 10억 원 상당의 주택을 구매할 경우 자금조달계획서와 함께 증빙서류를 제출해야 한다.

④ F가 새로 자금조달계획서를 작성해야 할 경우 기존에 '현금 등'으로 기재한 내역을 현금과 기타자산으로 나누어 구체적으로 작성해야 한다.

05 다음 글을 읽고 역모기지론 정책이 효과적으로 시행될 수 있는 조건을 〈보기〉에서 모두 고르면?

> 정부가 2007년부터 역모기지론*을 도입한다고 발표하였다. 역모기지론을 이용할 수 있는 대상자는 공시가격 8억 원 이하 주택을 한 채만 소유하고 있는 만 65세 이상의 중산·서민층으로 한정된다. 역모기지론 운영 방법에 의하면, 담보로 맡긴 주택가격과 가입 당시의 연령에 따라 매월 지급받는 금액이 달라진다. 주택가격이 높을수록, 가입 당시의 연령이 높을수록 받는 금액이 많아진다. 월 지급금액 산정은 일반 주택담보대출 때처럼 감정가(시세 수준)를 기초로 한다. 예를 들어, 감정가 8억 원짜리 주택을 만 70세에 맡기면 매달 198만 원을 받게 되고, 같은 주택을 만 65세에 맡기면 매달 186만 원을 받게 된다. 감정가 5억 원짜리 주택을 소유하고 있는 고령자가 역모기지론을 신청하면 가입연령에 따라 월 수령액은 △만 65세 93만 원, △만 68세 107만 원, △만 70세 118만 원 등이 된다. 월 수령액은 5년마다 주택시세를 재평가하여 조정된다.
>
> 정부가 역모기지론 이용자에게 부여하는 혜택은 △등록세 면제, △국민주택채권매입의무 면제, △재산세 25% 감면, △대출이자비용 200만 원 한도 내 소득공제 등이다. 다만, 등록세 면제는 감정가 5억 원 이하 주택에 해당되며, 나머지 3개의 혜택은 감정가 5억 원 이하, 국민주택규모(전용면적 85m² 이하), 연간 소득 1,000만 원 이하의 조건을 모두 갖추어야 한다.
>
> *역모기지론 : 주택을 소유하고 있으나 일정 소득 이하의 고령자에게 소유주택을 담보로 매월 또는 일정 기간마다 노후생활자금을 연금 형식으로 대출하는 금융상품

보기

㉠ 현재 주택을 소유한 노년층은 대부분 청·장년기에 노후 생활을 위한 소득 축적 기회가 적었고, 현재도 특별한 소득이 없다.

㉡ 만 65세 이상인 가구주의 주택 소유 비율은 80%로서 만 30세 미만의 24%, 30대의 47%, 40대의 67%에 비하여 매우 높다.

㉢ 한 은행의 조사에 따르면, 만 65세 이상의 노인들이 보유하고 있는 주택의 공시가격은 대부분이 8억 원 이하인 것으로 나타났다.

㉣ 어떤 연구기관의 조사에 따르면, 86%에 달하는 노인들이 양로원이나 기타 사회복지시설을 이용하는 것보다 자기 집에 그대로 머물러 살기를 원한다고 응답했다.

① ㉠, ㉡

② ㉡, ㉢

③ ㉡, ㉢, ㉣

④ ㉠, ㉡, ㉢, ㉣

※ 다음과 같이 일정한 규칙으로 수를 나열할 때, 빈칸에 들어갈 알맞은 수를 고르시오. [6~7]

06

| 5 | 2 | 6 | 15 | 4 | 6 | 18 | 12 | 15 | 5 | ( ) | 75 |

① 10   ② 15

③ 20   ④ 25

07

$$-5 \quad 1 \quad (\ ) \quad \frac{3}{2} \quad -3 \quad \frac{7}{4} \quad -0.5 \quad \frac{23}{12}$$

① -4.5 ② -3.5

③ -2.5 ④ -1.5

08 상우는 사과와 감을 사려고 한다. 사과는 하나에 700원, 감은 400원일 때 10,000원을 가지고 과일을 총 20개 사려면 감은 최소 몇 개를 사야 하는가?

① 10개   ② 12개

③ 14개   ④ 16개

09 S대학교 논술시험 응시생은 총 200명이었고, 전체 논술 평균점수는 45점이었다. 합격자 평균점수는 90점이고, 불합격자 평균점수는 40점일 때, 합격률은?

① 10%   ② 20%

③ 30%   ④ 40%

10 다음은 주요 선진국과 BRICs의 고령화율에 대한 표이다. 이를 보고 2040년의 고령화율이 2010년 대비 2배 이상이 되는 나라를 모두 고르면?

〈주요 선진국과 BRICs 고령화율〉

(단위 : %)

구분	한국	미국	프랑스	영국	독일	일본	브라질	러시아	인도	중국
1990년	5.1	12.5	14.1	15.7	15.0	11.9	4.5	10.2	3.9	5.8
2000년	7.2	12.4	16.0	15.8	16.3	17.2	5.5	12.4	4.4	6.9
2010년	11.0	13.1	16.8	16.6	20.8	23.0	7.0	13.1	5.1	8.4
2020년	15.7	16.6	20.3	18.9	23.1	28.6	9.5	14.8	6.3	11.7
2030년	24.3	20.1	23.2	21.7	28.2	30.7	13.6	18.1	8.2	16.2
2040년	33.0	21.2	25.4	24.0	31.8	34.5	17.6	18.3	10.2	22.1
2010년 대비 2040년	㉠	㉡	1.5	1.4	1.5	㉢	㉣	1.4	㉤	2.6

※ BRICs : 브라질(Brazil), 러시아(Russia), 인도(India), 중국(China), 남아프리카 공화국(South Africa) 5개국의 머릿글자를 따서 부르는 명칭

㉠ 한국 ㉡ 미국
㉢ 일본 ㉣ 브라질
㉤ 인도

① ㉠, ㉡, ㉢ ② ㉠, ㉣, ㉤
③ ㉡, ㉢, ㉣ ④ ㉡, ㉣, ㉤

11 다음은 산업통상자원부에서 발표한 우표 발행 현황에 대한 현황이다. 이에 대한 설명으로 적절한 것은?

〈우표 발행 현황〉

(단위 : 천 장)

구분	2017년	2018년	2019년	2020년	2021년
보통우표	163,000	164,000	69,000	111,000	105,200
기념우표	47,180	58,050	43,900	35,560	33,630
나만의 우표	7,700	2,368	1,000	2,380	1,908
합계	217,880	224,418	113,900	148,940	140,738

① 기념우표 발행 수효가 나만의 우표 발행 수효와 등락폭을 같이 한다는 점을 보면 국가적 기념업적은 개인의 기념사안과 일치한다고 볼 수 있다.
② 모든 종류의 우표 발행 수가 가장 낮은 연도는 2019년이다.
③ 보통우표와 기념우표 발행 수가 가장 큰 차이를 보이는 해는 2017년이다.
④ 2019년 전체 발행 수에 비해 나만의 우표가 차지하고 있는 비율은 1% 이상이다.

12 다음 제시된 명제가 모두 참일 때 항상 참인 것은?

- 어떤 남자는 경제학을 좋아한다.
- 경제학을 좋아하는 모든 남자는 국문학을 좋아한다.
- 국문학을 좋아하는 모든 남자는 영문학을 좋아한다.

---

① 경제학을 좋아하는 어떤 남자는 국문학을 싫어한다.
② 영문학을 좋아하는 사람은 모두 남자이다.
③ 어떤 남자는 영문학을 좋아한다.
④ 국문학을 좋아하는 모든 남자는 경제학을 좋아한다.

13 다음 제시된 명제가 모두 참일 때 참이 아닌 것은?

- 비가 많이 내리면 습도가 높아진다.
- 겨울보다 여름에 비가 더 많이 내린다.
- 습도가 높으면 먼지가 잘 나지 않는다.
- 습도가 높으면 정전기가 잘 일어나지 않는다.

---

① 겨울은 여름보다 습도가 낮다.
② 먼지는 여름이 겨울보다 잘 난다.
③ 여름에는 겨울보다 정전기가 잘 일어나지 않는다.
④ 비가 많이 오면 정전기가 잘 일어나지 않는다.

14 S사에서는 자사 온라인 쇼핑몰에서 제품을 구매하는 경우 구매 금액 1만 원당 이벤트에 참여할 수 있는 응모권 1장을 준다. 응모권이 많을수록 이벤트에 당첨될 확률이 높다고 할 때, 다음 중 참이 아닌 것은?

- A는 S회사의 온라인 쇼핑몰에서 85,000원을 결제하였다.
- A는 B보다 응모권을 2장 더 받았다.
- C는 B보다 응모권을 더 많이 받았으나, A보다는 적게 받았다.
- D는 S회사의 오프라인 매장에서 40,000원을 결제하였다.

① A의 이벤트 당첨 확률이 가장 높다.
② D는 이벤트에 응모할 수 없다.
③ B의 구매 금액은 6만 원 이상 7만 원 미만이다.
④ C의 응모권 개수는 정확히 알 수 없다.

15 퇴근 후 김대리, 박주임, 이과장은 각각 커피숍, 호프집, 극장 중 서로 다른 곳에 갔다. 세 사람 중 한 사람의 말만 참일 때, 세 사람이 간 곳을 바르게 짝지은 것은?

- 김대리 : 나는 호프집에 갔다.
- 박주임 : 나는 호프집에 가지 않았다.
- 이과장 : 나는 극장에 가지 않았다.

	커피숍	호프집	극장
①	김대리	박주임	이과장
②	이과장	박주임	김대리
③	김대리	이과장	박주임
④	이과장	김대리	박주임

01 함수를 〈조건〉과 같이 정의할 때, 다음 〈보기〉에서 '번호'가 홀수인 품목은 '30% 할인', 짝수인 품목은 '20% 할인'을 하려고 한다. [D2:D7]에 이를 표시하려 할 때, [D2]에 들어갈 수식으로 옳은 것은?

보기

	A	B	C	D
1	번호	품명	단가	할인
2	1	복숭아	₩800	
3	2	토마토	₩400	
4	3	자몽	₩1,200	
5	4	라임	₩700	
6	5	사과	₩750	
7	6	레몬	₩400	

조건

- △(범위1, 조건, 범위2) : 범위1에서 조건을 충족하는 셀과 같은 행에 있는 범위2 셀의 평균을 구하는 함수
- ▲(조건, 인수1, 인수2) : 조건이 참이면 인수1, 그 외에는 인수2를 반환하는 함수
- ■(셀1) : 셀1이 홀수이면 참을 반환하는 함수
- ♡(셀1) : 셀1이 짝수이면 참을 반환하는 함수
- ♧(셀1, x) : 셀1을 x로 나눈 나머지를 반환하는 함수

① = ▲(■(A2), "30% 할인", "20% 할인")

② = ▲(♡(A2), "30% 할인", "20% 할인")

③ = △(B2:B7, "복숭아", C2:C7)

④ = ▲(■(A2), "20% 할인", "30% 할인")

02 다음 〈보기〉는 한 전자제품 가게의 고객클레임을 정리한 표이다. 직원인 우진씨는 클레임 사유 중 '지연'이 원인이 된 경우가 몇 건인지 알고 싶다. 함수를 〈조건〉과 같이 정의할 때, 우진씨가 사용할 수식으로 옳은 것은?

보기

	A	B	C
1	고객명	성별	클레임 사유
2	권사랑	여	약속 불이행
3	강민석	남	약속 불이행
4	이정아	여	A/S 미흡
5	최우진	남	교환 지연
6	왕석진	남	배송 지연
7	이봄	여	반품 지연 및 불친절

조건

- □(범위1, 조건1, ⋯) : 범위에서 조건을 충족하는 셀의 개수를 세는 함수
- ○(셀1, x) : 셀1 안의 문자열을 오른쪽으로부터 x만큼 문자를 반환하는 함수
- ♤(조건, 인수1, 인수2) : 조건이 참이면 인수1, 그 외에는 인수2를 반환하는 함수
- ◇(조건, 인수1, 인수2) : 조건이 참이면 인수2, 그 외에는 인수1을 반환하는 함수

① = □(C2:C7, "*지연*")

② = □(C2:C7, "지연*")

③ = ○(C2, 2)

④ = ♤(○(C2, 2)="지연", "+1", " ")

03 다음 〈보기〉는 한 과일가게의 제품배송현황에 관한 표이다. 10월 영업을 마친 과일가게는 '배송현황' 열에 11월 전의 목록은 '완료'로, 11월 목록은 공백으로 표시하고 싶다. 함수를 〈조건〉과 같이 정의할 때, 사용할 수식으로 옳은 것은?

보기

	A	B	C	D
1	일자	제품	수량	배송현황
2	2021-09-21	복숭아(3개입)	4	완료
3	2021-10-22	딸기(1박스)	7	완료
4	2021-10-30	사과(7개입)	2	완료
5	2021-11-01	바나나(1묶음)	6	
6	2021-11-03	자몽(8개입)	4	
7	2021-11-11	라임(3개입)	8	

조건

- △(범위1,조건,범위2) : 범위1에서 조건을 충족하는 셀과 같은 행에 있는 범위2 셀의 평균을 구하는 함수
- ▲(조건,인수1,인수2) : 조건이 참이면 인수1, 그 외에는 인수2를 반환하는 함수
- ♤(셀1) : 셀1의 날짯값 중 '일(日)'을 반환하는 함수
- ■(셀1) : 셀1의 날짯값 중 '년(年)'을 반환하는 함수
- ♡(셀1) : 셀1의 날짯값 중 '월(月)'을 반환하는 함수

① = △(A2:A7, "> 2021-10-30", C2:C7)

② = ▲(♡(A2) > 11, "완료", " ")

③ = ▲(♡(A2) < 11, "완료", " ")

④ = ▲(■(A2) < 11, "완료", " ")

04 다음 〈보기〉는 우철이가 만든 스터디모임 회원들의 모의평가 성적이다. 함수를 〈조건〉과 같이 정의할 때, 〈보기〉에 대한 설명으로 옳지 않은 것은?

◢	A	B	C	D	E	F
1	이름	국어	수학	영어	평균	−
2	심우철	87	87	90	88	
3	박혜린	92	73	92	85.66667	
4	김은혜	76	92	85	84.33333	
5	이철승	89	95	92	92	
6	윤무혁	95	72	88	85	

조건

- ■(셀1, 셀2, …) : 셀의 평균을 구하는 함수
- □(셀1, 범위, 정렬 기준) : 정렬 기준으로 범위를 정렬했을 때, 셀1이 몇 위를 차지하는지 구하는 함수(정렬 기준 : 오름차순 − 1, 내림차순 − 0 또는 생략)
- △(셀1, x) : 셀1을 x자리에서 반올림하는 함수
- ▽(셀1, x) : 셀1을 x자리에서 내림하는 함수

① 회원들의 전체 평균을 구하는 수식은 = ■(B2:D6)이다.

② 혜린의 평균을 소수점 셋째 자리에서 반올림하여 표시하는 수식은 = △(E3, 3)이다.

③ [F2:F6]에 평균이 높은 순으로 순위를 표시하려면 [F2]에 = □(E2, $E$2:$E$6, 1)를 입력하고 [F6]까지 드래그하면 된다.

④ 은혜의 평균을 소수점 둘째 자리에서 내림하여 표시하는 수식은 = ▽(E4, 2)이다.

05 다음 〈보기〉는 이번 주 기온에 대한 정보이다. 함수를 〈조건〉과 같이 정의할 때, 일교차가 가장 큰 값을 구하는 수식으로 옳은 것은?

보기

	A	B	C
1	요일	최고기온	최저기온
2	월	12	1
3	화	11	2
4	수	7	3
5	목	9	2
6	금	6	1
7	토	10	3
8	일	9	2

조건

- �(범위1, 조건, 범위2) : 범위1에서 조건을 충족하는 셀과 같은 행에 있는 범위2 셀의 합을 구하는 함수
- ○(셀1, 셀2) : 셀1과 셀2의 차를 구하는 함수
- ▲(범위) : 범위에서 가장 큰 값을 구하는 함수
- ☽(범위) : 범위에서 가장 작은 값을 구하는 함수
- ♡(셀1, 셀2, …) : 셀의 합을 구하는 함수

① = ☽(A2:A8, "월", C2:C8)

② = ○(B2, C2)

③ = ♡(B2, C2)

④ = ▲(B2:B8 − C2:C8)

06 S학원 고등반의 등원 시간은 18시 정각이다. 학생들은 등원하면 출석 리더기에 학생증을 태그해야 하며, 이를 통해 출석이 인증된다. S학원의 출결 시스템의 순서도가 다음과 같을 때, 하원, 지은, 정석의 출결 상태가 바르게 짝지어진 것은?

〈순서도 기호〉

기호	설명	기호	설명
	시작과 끝을 나타낸다.		어느 것을 택할 것인지를 판단한다.
	데이터를 입력하거나 계산하는 등의 처리를 한다.		선택한 값을 인쇄한다.

〈순서도〉

보기

구분	태그 시간	지각 사유	결석 사유
하원	18:03	×	×
지은	18:13	○	○
정석	18:21	×	×

	하원	지은	정석
①	경고&출석	출석 인정	결석
②	경고&출석	출석 인정	출석 인정
③	출석	출석 인정	결석
④	출석	결석	출석 인정

07 1차 필기에서 90점 이상 맞으면 2차 필기가 면제되고 바로 실기를 보는 자격증 시험이 있다. 자격증 시험의 2차 필기 응시자 수와 실기 응시자 수를 구하는 순서도가 다음과 같을 때, ⓐ, ⓑ에 들어갈 내용끼리 바르게 짝지어진 것은?

〈순서도 기호〉			
기호	설명	기호	설명
	시작과 끝을 나타낸다.		어느 것을 택할 것인지를 판단한다.
	데이터를 입력하거나 계산하는 등의 처리를 한다.		선택한 값을 인쇄한다.
←	각종 기호의 처리 흐름을 연결한다.	$i=$초깃값, 최종값, 증가치	i가 초깃값부터 최종값까지 증가치만큼 증가하며, 기호 안의 명령문을 반복해서 수행한다.

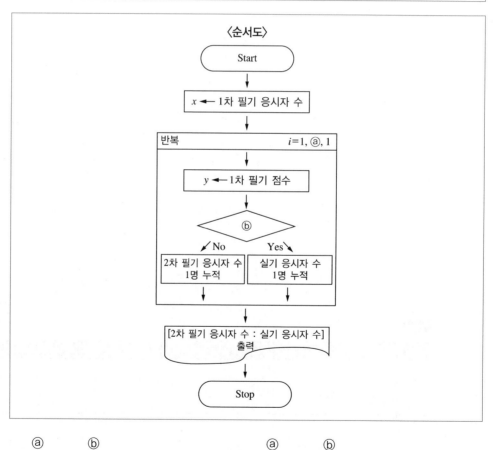

〈순서도〉

Start

$x \leftarrow$ 1차 필기 응시자 수

반복 $i=1, ⓐ, 1$

$y \leftarrow$ 1차 필기 점수

ⓑ

No / Yes

2차 필기 응시자 수 1명 누적   실기 응시자 수 1명 누적

[2차 필기 응시자 수 : 실기 응시자 수] 출력

Stop

	ⓐ	ⓑ			ⓐ	ⓑ
①	x	$y=90$		②	x	$y \geq 90$
③	x	$x \leq 90$		④	y	$y \geq 90$

08 한영이는 독후감 숙제용 책을 빌리러 도서관에 왔다. 숙제는 '2022년 초등학생이 꼭 읽어야 할 도서 100' 중 1권을 골라 감상문을 작성해 제출하는 것이다. 관련 순서도가 다음과 같을 때, 한영이는 최소 몇 분간 도서관에 머물러야 하는가?(단, 도서관에는 '2022년 초등학생이 꼭 읽어야 할 도서 100'이 모두 구비되어 있으며, 한영이가 찾는 도서는 '대출 가능' 상태이다)

〈순서도 기호〉

기호	설명	기호	설명
(시작/끝 기호)	시작과 끝을 나타낸다.	(판단 기호)	어느 것을 택할 것인지를 판단한다.
(처리 기호)	데이터를 입력하거나 계산하는 등의 처리를 한다.	( )	데이터를 처리하는 데에 걸리는 시간을 나타낸다.

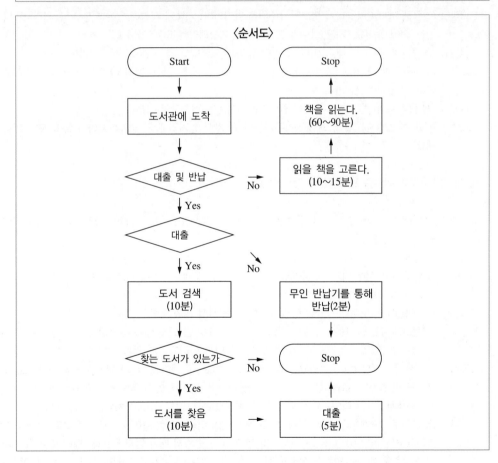

① 2분 ② 10분
③ 25분 ④ 70분

※ 다음 시나리오를 읽고 이어지는 물음에 답하시오. [9~11]

상황 : S은행 내부
고객들이 너무 많아 어수선하다. 고객들의 잡담 소리에 직원들의 소리는 파묻히고 있다.

A사원 : (띵동 소리와 함께) 60번 고객님! 60번 고객님? (주변을 둘러보며) 60번 고객님 안 계실까요? (띵동 소리가 다시 난다) 61번 고객님, 2번 창구에서 도와드리겠습니다.

P고객이 2번 창구로 부리나케 온다.

A사원 : (상냥하게) 안녕하세요. 61번 고객님이신가요?
P고객 : (주저하며) 네……. 네. 근데 제가 번호표를 잃어버렸나보네요……. 안 보이네.
A사원 : (난처해하며) 아, 그럼 다시 뽑으셔야 하는데…….
P고객 : (황당해하며) 아니, 다시 뽑으면, (주위를 가리키며) 저렇게 사람이 많은데 맨 뒤로 가라고? 나 한 시간 전에 왔어요. 지금 뽑으면 또 한 시간 기다려야 된다는 거예요?
A사원 : (체념하며) 아…… 네. 고객님 이번만 넘어가 드립니다. 다음엔 꼭 부탁드려요.
P고객 : (고마워하며) 아이고. 아가씨가 참 착하지 그래. (서류를 밀며) 저기 나 이거 적금 좀 해약해줘요. 급하게 쓸데가 생겨가지고.
A사원 : (서류를 보며) 음, 그럼 최저이율이 적용되시는데 괜찮으실까요?
P고객 : 어쩔 수 없지 뭐. 빨리 해줘요~ 주차장이 꽉 차서 길거리에 차 정차해놓아서 빨리 빼야 해서 그래요.

A사원이 P고객의 업무를 보고 있다. 갑자기 Q고객이 다가온다.

Q고객 : (의아해하며) 아니, 지금 61번 차례 아닌가요? (2번 창구 위 전광판을 가리키며) 지금 61이라고 표시되어 있는데?
A사원 : (당황하며) 네. 지금 61번 고객님 차례라 업무 중인데, 무슨 일이실까요?
Q고객 : (황당해하며) 네? 내가 61번인데, 무슨 말 하시는 거예요. (번호표를 보여주며) 이것 봐요. 내가 61번이라니까?
A사원 : (P고객을 바라보며) 고객님, 아까 61번이라 하시지 않았어요?
P고객 : (뻔뻔하게) 아, 아. 내가 착각했나 보네. 61번 고객이 안 와서 내가 62번이거든. 그래서 왔지. 이미 내 업무 보고 있으니, 저 아줌마는 늦게 왔으니까 나하고 그 다음에 해줘. 알겠죠?
Q고객 : (P고객의 어깨를 치며) 이봐요. 지금 뭐라고 했어요? 아줌마요? 내가 어딜 봐서 아줌마예요. 아직 결혼도 안 했는데. (화를 낸다) 아니 이 아줌마가 진짜! 아줌마 너무 뻔뻔한 거 아니예요? 비키시라고요. 새치기하면 다인가요? (다 들리게 혼잣말로) 나이를 어디로 처먹은 거야 정말.
P고객 : (일어서며 Q고객을 밀친다) 아니, 내 눈엔 당신이 아줌마처럼 보이는데 뭐가 잘못되었는데? 아니, 그리고 61번이면 61번 부르자마자 와야 당신이 안 와서 내가 먼저 왔는데. 빨리 오지 그랬어요? 뒤에 사람은 생각도 안하나 정말? 당신 같은 사람 때문에 시간이 지체되는 거야. 알긴 알아? 싸가지 보니까 뭘 알겠어. 어휴.
A사원 : (두 사람을 말리며) 아, 저 고객님. 죄송합니다. 제가 확인을 제대로 했어야 했는데, 죄송합니다. 두 분 이렇게 싸우시지 마시…….

어떤 할머니가 2번 창구로 번호표를 가지고 다가와 멀뚱멀뚱하게 서 계신다.

A사원 : (할머니를 발견하고) 저, 고객님, 무슨 일이신가요?

할머니 : 아, 저……. 내가 화장실을 갔다 왔는데 사람이 너무 많아서…… 한참을 기다렸다가 갔다 왔는데, 내가 허리도 아프고 다리도 아파서…… 오래 걸렸나보네…… (번호표를 내밀며) 60번은 지났는가 그래? 어쩌지…….

2번 창구의 소란에 B사원이 다가온다.

B사원 : A사원, 무슨 일 있어요?

A사원 : (난처해하며) 아……. 그게…….

09 위 상황에서 가장 효율적인 고객 업무 처리순서는?

① 60번(할머니) − 61번(Q고객) − 62번(P고객)

② 61번(Q고객) − 60번(할머니) − 62번(P고객)

③ 62번(P고객) − 60번(할머니) − 61번(Q고객)

④ 62번(P고객) − 61번(Q고객) − 60번(할머니)

10 위 상황에서 A사원이 가장 먼저 했어야 할 대처는?

① P고객에게 단호하게 주의를 드리고 순서를 기다리라고 한다.

② Q고객에게 P고객의 업무를 마저 끝내고 해드리겠다고 양해를 구한다.

③ 자신은 이미 진행 중인 P고객의 업무를 하고, B사원에게 Q고객의 업무를 부탁한다.

④ 할머니께 번호가 지났으니 다시 번호표를 뽑아야 한다고 안내한다.

11 이러한 상황이 재발하지 않기 위해서 S은행에서 진행해야 할 프로세스는?

① 반드시 번호표를 확인하며, 번호표가 없거나 이미 순서가 지난 번호표를 소지한 고객의 업무는 진행하지 않는다.

② 은행 직원 목소리가 아닌 전체 방송을 통해 번호를 호명하여, 은행 내부를 포함한 화장실까지도 번호 안내가 가능하도록 한다.

③ 보조창구를 배치해서 순서가 지난 번호표를 소지한 고객들의 업무를 처리하도록 한다.

④ 번호표 제도를 없애고, 출입한 순서대로 좌석에 앉도록 좌석의 순서를 배치한다.

정답 및 해설 p.018

※ 2020년에는 NCS 직업기초능력평가만 출제되었습니다.

01 다음 중 '다른 사람의 위대함을 보고 자신의 미흡함을 부끄러워함'이라는 뜻의 사자성어는?

① 만시지탄(晩時之歎)

② 풍수지탄(風樹之歎)

③ 망양지탄(望洋之歎)

④ 맥수지탄(麥秀之歎)

02 다음 중 외래어 표기법으로 적절하지 않은 것은?

① sickness → 식니스

② bookend → 북엔드

③ leadership → 리더십

④ lobster → 로브스터

※ 다음 글을 읽고 이어지는 질문에 답하시오. [3~4]

기존의 경제 이론에 의하면 같은 양의 노동과 자본을 투입하고, 같은 생산 기술을 사용하는 두 기업의 생산량은 똑같아야 한다. 다시 말해서 두 기업이 동일한 생산 기술을 채택하고 있는 한, 생산 요소에서 나오는 생산성은 서로 다를 수 없다는 것이다. 그러나 실제 현실에서는 생산 기술 등의 외형적 조건에는 아무런 차이가 없는 기업들 간에도 막상 생산성에서는 큰 차이를 보이는 경우가 흔하다. 즉, 기존의 이론으로는 설명할 수 없는 이유로 한 기업이 다른 기업보다 더 생산적 혹은 더 효율적이 되는 현상을 종종 발견하게 된다.

(가) 경제학에서 생산 과정이 효율적이라고 할 때는 대개 노동과 자본 같은 생산 요소가 적절한 비율로 결합되어 투입된 상태를 의미한다. 경제학을 공부하는 사람들이 효율성이라는 말을 쓸 때는 대개 이처럼 교과서적으로 정의된 개념을 염두에 둔다. 그런데 문제는 반드시 이 효율성의 조건을 충족시키는 것만이 최대한의 효율성을 도출해 내는 것은 아니라는 데 있다.

(나) 한 기업 내의 생산 과정을 자세히 들여다보면, 이처럼 겉으로는 잘 드러나지 않지만 실제로 생산성에 중요한 영향을 미치고 있는 요인들이 구석구석에 존재하고 있음을 발견하게 된다. 기업이 치열한 경쟁에서 살아남기 위해서는 구석구석을 뒤져 이 덤의 효율성까지 최대한으로 활용하지 않으면 안 된다. 따라서 훌륭한 경영자란 근로자들로 하여금 신바람이 나서 일할 수 있게 해 줌으로써 X-효율성을 극대화할 수 있는 사람이라고 할 수 있다.

(다) 이 사례에서 보는 바와 같이 전통적인 이론에서 규정하고 있는 효율성의 개념과는 다른 성격의 효율성이 현실의 경제에 엄연히 존재하고 있는데, 이를 흔히 'X-효율성(X-efficiency)'이라고 부른다. 기존의 전통적인 이론에서 규정하는 효율성이 근로자들이 열성적으로 일해 생긴 효율성이라면, 이는 어떤 의미에서 보면 덤(Extra)으로 존재하는 효율성이라고 할 수 있다.

(라) 같은 산업 내에 규모가 같은 A와 B 두 기업이 있다고 하자. 이 두 기업은 생산 과정에 노동과 자본이 2 : 1의 비율로 투입되는 것이 효율적이라는 사실을 알고 이 비율을 충실히 지키고 있다. 그런데 어떤 외부 인사가 두 기업을 돌아본 결과, A기업에서는 모두가 신바람이 나서 일하는 반면에 B기업에서는 전부 퉁퉁 부은 얼굴로 마지못해 일에 매달려 있는 것을 발견하였다. 상식적으로 판단해 볼 때, 이 두 기업 중 어느 쪽의 생산성이 더 높을 것인지는 너무나도 분명하다. 그러므로 B기업은 교과서적인 의미의 효율성을 위한 조건은 충족시켰지만, 최대한의 효율성을 달성하는 데는 실패한 셈이다.

03 (가) ~ (라) 문단을 논리적 순서대로 바르게 나열한 것은?

① (가) – (다) – (라) – (나)   ② (가) – (라) – (다) – (나)

③ (나) – (다) – (라) – (가)   ④ (나) – (가) – (라) – (다)

04 다음 중 윗글의 내용으로 가장 적절한 것은?

① 경제 이론과 달리 현실에서는 생산 요소와 생산 기술이 동일한 기업 간의 생산성 차이가 드물게 나타난다.

② 기업의 생산 과정에 적절한 비율의 노동과 자본이 투입된다면 최대의 효율성을 도출할 수 있다.

③ 전통적 이론에서 규정한 효율성은 실제 현실에서 근로자들의 열성적 노동에 의해 X-효율성으로 표출된다.

④ 기업의 생산 과정에는 겉으로 드러나지 않지만, 실제 생산성에 중요한 영향을 미치는 요인이 존재한다.

신용 상태가 우수한 개인이나 기업이 사용하는 새로운 형태의 화폐 신용카드는 자신의 경제 능력을 초과하는 무분별한 소비로 인해 파산이나 사기 등의 범죄를 낳는 불씨가 되기도 한다. 카드빚을 갚기 위해 저질러지는 각종 범죄로 인해 신용카드의 무분별한 사용은 단순한 개인의 빚 차원을 넘어 사회 문제로까지 대두되고 있다.

해가 지날수록 신용카드 발행 수는 늘어나고 있으며, 신용카드 사용이 활성화됨에 따라 우리 사회에는 많은 변화가 일어나고 있다. 긍정적인 면을 보면 사람들 간의 거래가 투명하게 노출됨으로써 신용 사회를 정착시키는 데 크게 일조하였다. 세원(稅源) 노출을 통한 세수(稅收) 확대와 더불어 과거에는 드러나지 않았던 음성적인 거래가 세수로 잡히는 결과를 낳은 것이다. 또 국내 소비를 늘려 경기 활성화에 기여하기도 하였다. 그러나 신용카드 사용이 보편화되면서 신용불량자의 양산이라는 문제를 낳고 있다. 전체 신용불량자 가운데 44.5%에 해당하는 사람이 신용카드 불량자이며, 신용카드 관련 신용불량자는 꾸준히 늘고 있는 추세이다. 또한 신용카드 회사 간의 치열한 경쟁은 무심사 카드 발급과 미성년자 카드 발급으로 이어져 더 큰 문제가 되고 있다.

이런 부정적인 문제가 발생하는 이유를 경제학적 관점에서 살펴보면, 첫 번째는 ⊙ 정보의 비대칭성으로 설명할 수 있다. 신용카드를 신규 발급할 때 신용카드 회사는 가입 희망자의 신용 상태를 정확히 알지 못하지만, 가입 희망자는 자신의 경제력과 신용을 가장 잘 알고 있으며, 대부분 자신이 실제보다 더 신용이 있는 사람이라고 거짓말을 하는 경향을 보인다. 그러므로 신용카드 회사는 신용카드 가입자가 신용을 지킬 수 있는 사람인가에 대한 정보를 알아내려는 노력을 철저히 해야 한다. 그러나 신용카드 회원 수를 늘리려는 신용카드 회사 간의 과당경쟁 분위기 속에서 이러한 기본적인 노력이 제대로 이루어지지 않고 있다. 신용카드를 한 장 발행할 때 드는 비용과 그것으로 인해 얻는 수입을 비교했을 때, 후자가 더 많기 때문이다.

두 번째로는 가입자들의 무분별한 가입 행위를 지적할 수 있다. 대부분의 가입자는 미래 소득을 담보로 현재 소비 지출을 하려는 심리에서 신용카드를 사용하게 된다. 미래 소득이 확실하지 않다면 현재의 소비를 낮추어야 하는데, 그렇지 못한 사람은 결국 빚을 지게 된다.

신용불량자의 양산은 신용카드 회사가 신용불량자가 될 소지가 있는 사람을 사전에 골라내는 제도를 마련했다면 막을 수 있었을 것이다. 또한 신용카드의 무분별한 발급을 정부가 규제했더라면, 또 개인도 자신의 예산 범위 내에서 합리적으로 소비했더라면 신용불량자의 수를 줄일 수 있었을 것이다. 어느 경제학자는 "시장에서 합리적이고 이기적인 인간의 행동만이 경제를 발전시킨다는 이전의 경제학은 일부만 옳다. 이제 중요한 것은 관습, 도덕, 협동심 같은 사회 구성원 간의 신뢰이다."라고 주장한 바 있다. 신용카드의 남발은 바로 사회의 신뢰를 깨는 일이므로 신용카드 회사뿐만 아니라 정부와 개인이 모두 적극적으로 막아야 한다.

05 윗글에 사용된 표현 방식으로 적절하지 않은 것은?

① 양면성을 지닌 대상의 부정적 측면을 강조한다.

② 권위 있는 학자의 주장을 인용하여 자신의 주장을 뒷받침한다.

③ 자신의 경험을 바탕으로 현상의 원인을 분석한다.

④ 현상의 문제점을 분석하고, 이에 대한 해결방안을 제시한다.

06 다음 중 밑줄 친 ㉠의 사례에 해당하는 것을 〈보기〉에서 모두 고르면?

> **보기**
> ㄱ. 메일함이 일방적으로 전송되는 상업 목적의 정크 메일로 가득 차 업무와 관련된 중요 메일을
> 받지 못하고 있다.
> ㄴ. 중고차 시장에서 소비자는 중고차의 성능에 대해 정확히 알 수 없으므로 가격에 비해 낮은 품질
> 의 중고차를 구매하게 된다.
> ㄷ. 고전소설 토끼전을 보면 용왕은 간을 육지에 두고 왔다는 토끼의 말을 믿고 토끼를 육지로 돌려
> 보낸다.
> ㄹ. 상품에 대한 지나친 설명은 오히려 구매자에게 부담이 될 수 있으며, 분석력 저하로 인해 구매
> 를 결정하지 못하는 결정장애를 유발하기도 한다.

① ㄱ, ㄷ ② ㄱ, ㄹ

③ ㄴ, ㄷ ④ ㄴ, ㄹ

※ 다음 글을 읽고 이어지는 질문에 답하시오. [7~8]

시장에서 소비자가 상품을 구매하는 것은 해당 재화를 통해 만족감을 얻기 위해서이다. 이 만족감은 소비자가 해당 상품에 부여한 가치이며, 이를 위해 소비자는 일정한 금액을 지불할 용의가 있다. 그런데 소비자와 생산자의 수요와 공급에 의해 결정된 시장 가격(균형 가격)은 일반적으로 소비자가 지불할 용의가 있는 금액과 차이가 있다. 소비자가 만족감을 얻기 위해 해당 상품에 대해 지불할 용의가 있는 금액에서 실제로 지불한 가격을 빼면 그 구매에서 소비자가 얻는 이득이 되는데 이를 소비자잉여라고 한다.

예를 들어 A라는 장난감을 구매하기 위해 갑, 을, 병, 정 네 사람이 시장에 갔다고 하자. 장난감을 구매하는 데 갑은 1만 원, 을은 8천 원, 병은 7천 원, 정은 5천 원을 지불할 용의가 있다. 그런데 장난감의 시장 가격이 7천 원일 경우 소비자잉여는 어떻게 될까?

갑, 을, 병은 장난감의 시장 가격이 본인들이 지불할 용의가 있는 금액보다 같거나 낮기 때문에 장난감을 구매할 것이고, 정은 구매를 포기할 것이다. 이때 갑은 3천 원의 소비자잉여가 발생하고, 을은 1천 원의 소비자잉여가 발생한다. 그리고 병은 지불할 용의가 있는 금액과 장난감의 시장 가격이 같기 때문에 소비자잉여는 발생하지 않는다. 따라서 소비자잉여의 합은 4천 원이 되는 것이다.

소비자잉여와 대응되는 개념으로 생산자잉여가 있다. 생산자잉여는 생산자가 상품을 판매하고 실제로 받은 금액 중 최소한 받아야 하겠다고 생각하는 금액을 초과하는 부분을 뜻한다. 즉, 생산자잉여는 생산자가 시장에서 실제로 받은 금액에서 생산자가 최소한 받아야 하겠다고 생각하는 금액을 뺀 것과 같다.

소비자잉여와 생산자잉여를 합친 것을 총잉여라고 한다. 그런데 소비자잉여가 발생하는 과정에서 소비자가 실제로 지불한 금액과 생산자잉여가 발생하는 과정에서 생산자가 실제로 받은 금액은 동일하기 때문에 총잉여는 소비자가 부여한 가치에서 생산자가 최소한 받아야 하겠다고 생각하는 금액을 뺀 것과 같다.

07 윗글의 내용을 참고하여 〈보기〉를 정리할 때 가장 적절한 것은?

> **보기**
> • 최대 지불 용의 금액 : WTP(Willingness To Pay)
> • 최소 판매 용의 금액 : WTS(Willingess To Sell)
> • 실제 지불 금액 : P(Price)
> • 소비자잉여 : CS(Consumer's Surplus)
> • 생산자잉여 : PS(Producer's Surplus)
> • 총잉여 : TS(Total Surplus)

① CS＝WTP－P   ② PS＝WTS－P

③ TS＝CS－PS   ④ TS＝WTS－WTP

08 다음 중 A장난감의 시장 가격이 5천 원으로 하락할 경우 소비자잉여의 합은?

① 0원   ② 5천 원

③ 8천 원   ④ 1만 원

09 다음 제시된 명제가 모두 참일 때, 참이 아닌 명제는?

> • 적극적인 사람은 활동량이 많다.
> • 잘 다치지 않는 사람은 활동량이 많지 않다.
> • 활동량이 많으면 면역력이 강화된다.
> • 적극적이지 않은 사람은 영양제를 챙겨먹는다.

① 적극적인 사람은 잘 다친다.
② 적극적인 사람은 면역력이 강화된다.
③ 잘 다치지 않는 사람은 영양제를 챙겨먹는다.
④ 영양제를 챙겨먹으면 면역력이 강화된다.

PART 2

기출복원문제

10 S사의 영업1팀은 강팀장, 김대리, 이대리, 박사원, 유사원으로 이루어져 있었으나 최근 인사이동으로 인해 팀원 구성에 변화가 일어났고, 자리를 새롭게 배치하려고 한다. 주어진 〈조건〉을 토대로 배치할 때, 다음 중 항상 참인 것은?

> **조건**
> • 영업1팀의 김대리는 영업2팀의 팀장으로 승진하였다.
> • 이번 달 영업1팀에 김사원과 이사원이 새로 입사하였다.
> • 같은 팀의 자리는 일렬로 위치해 있으며, 영업1팀은 영업2팀과 마주하고 있다.
> • 자리의 가장 안쪽 옆은 벽이며, 반대편 끝자리의 옆은 복도이다.
> • 각 팀의 팀장은 가장 안쪽인 왼쪽 끝에 앉는다.
> • 이대리는 영업2팀 김팀장의 대각선으로 가장 가까운 자리에 앉는다.
> • 박사원의 양옆은 신입사원이 앉는다.
> • 김사원의 자리는 이사원의 자리보다 왼쪽에 있다.

① 유사원과 이대리는 서로 인접한다.
② 박사원의 자리는 유사원의 자리보다 왼쪽에 있다.
③ 이사원의 양옆 중 한쪽은 복도이다.
④ 이대리는 강팀장과 서로 인접한다.

11 S사의 임직원들은 출장지에서 묵을 방을 배정받고자 한다. 출장 인원은 대표를 포함한 10명이며, 그중 6명은 숙소 배정표와 같이 미리 배정되었다. 생산팀 장과장, 인사팀 유과장, 총무팀 박부장, 대표 4명이 다음 〈조건〉에 따라 방을 배정받아야 할 때, 항상 참이 아닌 것은?

> **조건**
> • 같은 직급은 옆방으로 배정하지 않는다.
> • 마주보는 방은 같은 부서 임직원이 배정받을 수 없다.
> • 대표의 옆방은 부장만 배정받을 수 있다.
> • 빈방은 나란히 있거나 마주보지 않는다.

〈숙소 배정표〉

101호 인사팀 최부장	102호	103호 생산팀 강차장	104호	105호	106호 생산팀 이사원

복도

112호 관리팀 김부장	111호	110호	109호 총무팀 이대리	108호 인사팀 한사원	107호

① 인사팀 유과장은 105호에 배정받을 수 없다.
② 104호는 아무도 배정받지 않을 수 있다.
③ 111호에는 생산팀 장과장이 묵는다.
④ 총무팀 박부장은 110호에 배정받는다.

12 귀하의 회사에서 한 제품을 개발하여 중국시장에 진출하고자 한다. 귀하의 상사가 3C 분석 결과를 건네며, 사업 계획에 반영하고 향후 해결해야 할 회사의 전략 과제가 무엇인지 정리하여 보고하라는 지시를 내렸다. 다음 중 회사에서 해결해야 할 전략 과제로 적절하지 않은 것은?

〈3C 분석 결과〉

Customer	Competitor	Company
• 전반적인 중국시장은 매년 10% 성장 • 중국시장 내 제품의 규모는 급성장 중임 • 20 ~ 30대 젊은 층이 중심 • 온라인 구매가 약 80% 이상 • 인간공학 지향	• 중국기업들의 압도적인 시장점유 • 중국기업들 간의 치열한 가격경쟁 • A/S 및 사후관리 취약 • 생산 및 유통망 노하우 보유	• 국내시장 점유율 1위 • A/S 등 고객서비스 부문 우수 • 해외 판매망 취약 • 온라인 구매시스템 미흡(보안, 편의 등) • 높은 생산원가 구조 • 높은 기술개발력

① 중국시장의 판매유통망 구축
② 온라인 구매시스템 강화
③ 고객서비스 부문 강화
④ 원가 절감을 통한 가격 경쟁력 강화

13 다음은 미용실에 관한 SWOT 분석 결과이다. 이를 보고 적절한 대응 방안을 고르면?

〈SWOT 분석 결과〉

S(강점)	W(약점)
• 뛰어난 실력으로 미용대회에서 여러 번 우승한 경험이 있다. • 인건비가 들지 않아 비교적 저렴한 가격에 서비스를 제공한다.	• 한 명이 운영하는 가게라 동시에 많은 손님을 받을 수 없다. • 홍보가 미흡하다.
O(기회)	**T(위협)**
• 바로 옆에 유명한 프랜차이즈 레스토랑이 생겼다. • 미용실을 위한 소셜 네트워크 예약 서비스가 등장했다.	• 소셜 커머스를 활용하여 주변 미용실들이 열띤 가격경쟁을 펼치고 있다. • 대규모 프랜차이즈 미용실들이 잇따라 등장하고 있다.

① ST전략 : 여러 번 대회에서 우승한 경험을 가지고 가맹점을 낸다.

② WT전략 : 여러 명의 직원을 고용해 오히려 가격을 올리는 고급화 전략을 펼친다.

③ SO전략 : 소셜 네트워크 예약 서비스를 이용해 방문한 사람들에게만 저렴한 가격에 서비스를 제공한다.

④ WO전략 : 유명한 프랜차이즈 레스토랑과 연계하여 홍보물을 비치한다.

14 A빵집과 B빵집은 서로 마주보고 있는 경쟁업체이다. 인근상권에는 두 업체만 있으며, 각 매장에 하루 평균 100명의 고객이 방문한다. 고객은 가격변동에 따른 다른 매장으로의 이동은 있으나 이탈은 없다. 두 빵집이 서로 협상할 수 없는 조건이라면, 다음 중 적절하지 않은 것은?

〈A빵집 및 B빵집 고객 방문 추이〉

B빵집 \ A빵집	인상	유지	인하
인상	(20%, 20%)	(30%, −20%)	(45%, −70%)
유지	(−20%, 30%)	(0%, 0%)	(10%, −30%)
인하	(−70%, 45%)	(−30%, 10%)	(−20%, −20%)

※ 괄호 안의 숫자는 A빵집과 B빵집의 매출증가율을 의미한다. (A빵집 매출증가율, B빵집 매출증가율)
※ 가격의 인상폭과 인하폭은 동일하다.

① A빵집과 B빵집 모두 가격을 유지할 가능성이 높다.

② A빵집이 가격을 인상할 때, B빵집이 가격을 유지한다면 A빵집은 손해를 입게 된다.

③ A빵집이 가격을 인상할 때, B빵집은 가격을 유지하는 것보다 인하하는 것이 더 큰 이익을 얻을 수 있다.

④ A빵집이 가격을 유지할 때, B빵집이 가격을 인상한다면 B빵집은 손해를 입게 된다.

15 다음은 S기업의 경영상황에 대한 설명이다. 이러한 상황적 특성을 고려할 때, S기업에게 가장 효과적인 마케팅 기법은?

> 화장품 제조업체인 S기업은 최근 5년간 자사 이용고객 중 일부 계층에 매출이 집중된 것을 확인하였다. 20 ~ 50대에 이르는 남성 및 여성 고객층 중 30대 여성이 발생시키는 매출이 전체 매출의 55%를 차지한다는 것이 소비 데이터 분석결과 밝혀진 것이다. S기업은 이를 토대로 영업이익을 극대화하기 위한 마케팅 전략을 구상 중에 있다.

① 코즈 마케팅　　　　　　　　② 퍼포먼스 마케팅
③ 니치 마케팅　　　　　　　　④ DB 마케팅

16 매일 하루에 한 번 어항에 자동으로 먹이를 주는 기계가 다음 〈조건〉에 따라 먹이를 준다. 당일에 줄 먹이의 무게가 0이 되는 날은 먹이를 준 지 13일 차였을 때, 12일 차까지 준 먹이의 무게의 합은?(단, m은 자연수이고, 1일 차는 홀수일이다)

> **조건**
> ㉠ 첫날 어항에 준 먹이의 무게는 $3m$kg이다.
> ㉡ 당일에 줄 먹이의 무게는 전날이 홀수일인 경우, 전날 먹이의 무게에 1kg을 더한다.
> ㉢ 당일에 줄 먹이의 무게는 전날이 짝수일인 경우, 전날 먹이의 무게에서 2kg을 뺀다.

① 46kg　　　　　　　　　　② 47kg
③ 48kg　　　　　　　　　　④ 49kg

17 영희는 땅따먹기 놀이에서 다음과 같이 삼각형 모양의 땅을 만들었다. 영희의 땅 모양이 다음과 같으며, 넓이가 $3\sqrt{2}\,\text{cm}^2$일 때, 각도 θ의 크기는?

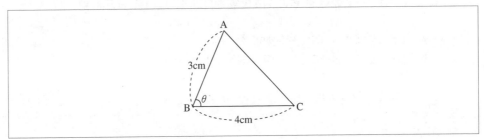

① $\dfrac{\pi}{6}$

② 1

③ $\dfrac{\pi}{4}$

④ $\dfrac{2\pi}{3}$

18 a, b, c가 1보다 큰 세 실수일 때, $\log_a c : \log_b c = 4 : 1$이다. $\log_a b$의 값은?

① 1

② $\dfrac{3}{2}$

③ 2

④ 4

19 백화점에서 함께 쇼핑을 한 A ~ D 네 명은 일정 금액 이상 구매 시 추첨을 통해 경품을 제공하는 백화점 이벤트에 응모하였다. 얼마 후 당첨자가 발표되었고, A ~ D 중 한 명이 1등에 당첨되었다. 다음 A ~ D의 대화에서 한 명이 거짓말을 한다고 할 때, 1등 당첨자는?

> A : C는 1등이 아닌 3등에 당첨됐어.
> B : D가 1등에 당첨됐고, 나는 2등에 당첨됐어.
> C : A가 1등에 당첨됐어.
> D : C의 말은 거짓이야.

① A   ② B

③ C   ④ D

20 6개 축구팀의 경기 대진표가 다음과 같을 때, 토너먼트 경기가 가능한 방법은 총 몇 가지인가?

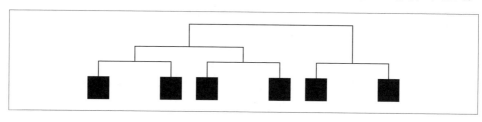

① 16가지   ② 36가지

③ 45가지   ④ 52가지

21 철수는 이달 초 가격이 30만 원인 에어프라이어를 할부로 구매하였다. 이달 말부터 매달 일정한 금액을 12개월에 걸쳐 갚는다면 매달 얼마씩 갚아야 하는가?(단, $1.015^{12} = 1.2$, 월이율은 1.5%, 1개월마다 복리로 계산한다)

① 18,000원   ② 20,000원

③ 25,000원   ④ 27,000원

22 다음 요금표를 기준으로 한 달에 400kWh를 사용했을 때의 전기요금은?

〈주택용 전력(저압) 전기요금표〉

기본요금(원/호)		전력량요금(원/kWh)	
200kWh 이하 사용	910	처음 200kWh까지	93.3
201~400kWh 사용	1,600	다음 200kWh까지	187.9

※ 부가가치세는 총요금의 10%이다.
※ 국고금단수법에 의해 총합에서 10원 미만은 절사한다.

① 39,830원
② 56,970원
③ 57,660원
④ 63,620원

23 귀하는 국내 S은행 영업점에서 외환업무 전문상담원으로 근무하고 있다. 다음 2019년 1월 10일자로 고시된 환율표를 보고 귀하가 이해한 내용으로 적절하지 않은 것은?

〈환율 전광판〉

(단위 : KRW)

구분	매매기준율	현찰		송금	
		사실 때	파실 때	보내실 때	받으실 때
USD	1,191.70	1,212.55	1,170.85	1,203.30	1,180.10
JPY100	1,052.00	1,070.41	1,033.59	1,062.30	1,041.70
EUR	1,344.71	1,362.18	1,317.96	1,358.15	1,331.27
CNY	182.10	194.84	173.00	183.92	180.28

※ 환전수수료 등 기타비용은 발생하지 않는다고 가정한다.

① 전신환율과 현찰환율 등 거래 환율을 정하는 데 중심이 되는 환율은 매매기준율이다.
② 고객이 은행에서 외화를 원화로 교환할 때에는 전광판의 '파실 때' 환율이 적용된다.
③ 고객이 여행비를 마련하기 위해 달러가 필요하다면, 1달러당 1,212.55원으로 은행에서 환전할 수 있다.
④ 고객이 보유하고 있는 위안화 ¥3,500을 은행에서 엔화로 환전하면, 약 ¥565.67을 받을 수 있다.

01 | NCS 직업기초능력평가

01 다음 글의 빈칸 ㉠, ㉡에 들어갈 접속어가 바르게 짝지어진 것은?

> 일반적으로 공황발작이란 극심한 불안을 말한다. 사람은 누구나 생명의 위협을 느끼거나 매우 놀라는 위기상황에서 극심한 불안을 느끼며, 이는 정상적인 생리 반응이다. ___㉠___ 공황장애에서의 공황발작은 아무런 이유 없이 아무 때나 예기치 못하게 반복적으로 발생한다. 공황발작이 발생하게 되면 심장이 두근거리기도 하고 가슴이 답답하고 아플 수도 있으며, 숨쉬기 어렵거나 숨이 막힐 것 같은 기분이 들 수 있다. 또, 구역질이 나거나 복통이 있을 수도 있고, 두통이나 어지러움이 느껴져 기절할 것 같은 느낌이 들고 땀이 나면서 온몸에 힘이 빠지거나 손발이 저릿할 수도 있다. 이러한 여러 가지 증상들이 모두 다 나타날 수도 있고, 이 중에 몇 가지만 나타날 수도 있는데, 특징적으로 이러다 미쳐버릴 것 같거나, 이러다 죽을지도 모른다는 공포감을 느끼게 된다. 특별한 위기상황이나 스트레스 상황이 아닌데도 길을 걷다가, 앉아서 수업을 듣다가, 자려고 누웠다가 공황발작이 발생할 수도 있다. ___㉡___ 예기치 못하게 공황발작이 나타나게 되면 다음에 또다시 발작이 생길까 걱정하며 본인 나름의 발작 이유나 결과에 대해 생각하며 행동의 변화가 생기게 된다. 특히 언제 다시 발작이 생길지 몰라 불안해하며, 발작이 생기면 도움을 청할 수 있는 사람과 함께 있으려 한다든지, 혼자 외출을 못하고 집에만 있으려고 해 일상생활이 어려워지는 경우도 많다.

	㉠	㉡
①	그리고	하지만
②	그리고	이와 같이
③	그러나	하지만
④	그러나	이와 같이

02 다음 글의 중심내용으로 가장 적절한 것은?

> 베블런에 의하면 사치품 사용 금기는 전근대적 계급에 기원을 두고 있다. 즉, 사치품 소비는 상류층의 지위를 드러내는 과시소비이기 때문에 피지배계층이 사치품을 소비하는 것은 상류층의 안락감이나 쾌감을 손상한다는 것이다. 따라서 상류층은 사치품을 사회적 지위 및 위계질서를 나타내는 기호(記號)로 간주하여 피지배계층의 사치품 소비를 금지했다. 또한 베블런은 사치품의 가격 상승에도 그 수요가 줄지 않고 오히려 증가하는 이유가 사치품의 소비를 통하여 사회적 지위를 과시하려는 상류층의 소비행태 때문이라고 보았다.
>
> 그러나 소득 수준이 높아지고 대량 생산에 의해 물자가 넘쳐흐르는 풍요로운 현대 대중사회에서 서민들은 과거 왕족들이 쓰던 물건들을 일상생활 속에서 쓰고 있고 유명한 배우가 쓰는 사치품도 쓸 수 있다. 모든 사람들이 명품을 살 수 있는 돈을 갖고 있을 때 명품의 사용은 더 이상 상류층을 표시하는 기호가 될 수 없다. 따라서 새로운 사회의 도래는 베블런의 과시소비이론으로 설명하기 어려운 소비행태를 가져왔다. 이때 상류층이 서민들과 구별될 수 있는 방법은 오히려 아래로 내려가는 것이다. 현대의 상류층에게는 차이가 중요한 것이지 사물 그 자체가 중요한 것이 아니기 때문이다. 월급쟁이 직원이 고급 외제차를 타면 사장은 소형 국산차를 타는 것이 그 예이다.
>
> 이와 같이 현대의 상류층은 고급, 화려함, 낭비를 과시하기보다 서민들처럼 소박한 생활을 한다는 것을 과시한다. 이것은 두 가지 효과가 있다. 사치품을 소비하는 서민들과 구별된다는 점이 하나이고, 돈 많은 사람이 소박하고 겸손하기까지 하여 서민들에게 친근감을 준다는 점이 다른 하나이다. 그러나 그것은 극단적인 위세의 형태일 뿐이다. 뽐냄이 아니라 남의 눈에 띄지 않는 겸손한 태도와 검소함으로 자신을 한층 더 드러내는 것이다. 이런 행동들은 결국 한층 더 심한 과시이다. 소비하기를 거부하는 것이 소비 중에서도 최고의 소비가 된다. 다만 그들이 언제나 소형차를 타는 것은 아니다. 차별화해야 할 아래 계층이 없거나 경쟁 상대인 다른 상류층 사이에 있을 때 그들은 마음 놓고 경쟁적으로 고가품을 소비하며 자신을 마음껏 과시한다. 현대사회에서 소비하지 않기는 고도의 교묘한 소비이며, 그것은 상류층의 표시가 되었다. 그런 점에서 상류층을 따라 사치품을 소비하는 서민층은 순진하다고 하지 않을 수 없다.

① 현대의 상류층은 낭비를 지양하고 소박한 생활을 지향함으로써 서민들에게 친근감을 준다.

② 현대의 서민들은 상류층을 따라 겸손한 태도로 자신을 한층 더 드러내는 소비행태를 보인다.

③ 현대의 상류층은 그들이 접하는 계층과는 무관하게 절제를 통해 자신의 사회적 지위를 과시한다.

④ 현대의 상류층은 사치품을 소비하는 것뿐만 아니라 소비하지 않기를 통해서도 자신의 사회적 지위를 과시한다.

03 다음 글을 바탕으로 밑줄 친 ⊙과 같은 현상이 나타나게 된 이유로 적절하지 않은 것은?

고려와 조선은 국가적으로 금속화폐의 통용을 추진한 적이 있다. 화폐 주조권을 장악하여 세금을 효과적으로 징수하고 효율적으로 저장하려는 것이 그 목적이었다. 그러나 물품화폐에 익숙한 농민들은 금속화폐를 불편하게 여겼으므로 금속화폐의 유통 범위는 한정되고 끝내는 삼베를 비롯한 물품화폐에 압도당하고 말았다. ⊙ 조선 태종 때와 세종 때에도 동전의 유통을 시도하였지만 실패하였다. 조선 전기 은화(銀貨)는 서울을 중심으로 유통되었는데, 주로 왕실과 관청, 지배층과 상인, 역관(譯官) 등이 이용한 '돈'이었다. 그러나 은화(銀貨)는 고액화폐였다. 그 때문에 서민의 경제생활에서는 여전히 무명 옷감이 화폐의 기능을 담당하였다.

그러한 가운데서도 농업생산력의 발전과 인구의 증가, 17세기 이후 지방시장의 성장은 금속화폐 통용을 위한 여건이 마련되었음을 뜻하였다. 17세기 전반 이미 개성에서는 모든 거래가 동전으로 이루어지고 있었다. 이러한 여건 아래에서 1678년(숙종 4년)부터 강력한 통용책이 추진되면서 금속화폐가 널리 보급될 수 있었다. 동전인 상평통보 1개는 1푼(分)이었다. 10푼이 1전(錢), 10전이 1냥(兩), 10냥이 1관(貫)이다. 대원군이 집권할 때 주조된 당백전(當百錢)과 1883년 주조된 당오전(當五錢)은 1개가 각각 100푼과 5푼의 가치를 가지는 동전이었다. 동전 주조가 늘면서 그 유통 범위가 경기, 충청지방으로부터 점차 확산되어 18세기 초에는 전국에 미칠 정도였다. 동전을 시전(市廛)에 무이자로 대출하고, 관리의 녹봉을 동전으로 지급하고, 일부 세금을 동전으로 거두어들이는 등의 국가 정책도 동전의 통용을 촉진하였다. 화폐경제의 성장은 상업적 동기를 촉진시키고 경제생활, 나아가 사회생활에 변화를 주었다.

이러한 가운데 일부 위정자들은 화폐경제로 인한 부작용을 우려했는데 특히 농촌 고리대금업(高利貸金業)의 성행을 가장 심각한 문제로 생각했다. 그래서 동전의 폐지를 주장하는 이도 있었다. 1724년 등극한 영조는 이 주장을 받아들여 동전 주조를 정지하였다. 그런데 당시에 동전은 이미 일상생활로 퍼졌기 때문에 동전의 수요에 비해 공급이 부족한 현상이 일어나 동전주조의 정지는 화폐 유통질서와 상품경제에 타격을 가하였다. 돈이 매우 귀하여 농민과 상인의 교역에 불편을 가져다 준 것이다. 또한 소수의 부유한 상인이 동전을 집중적으로 소유하여 고리대금업(高利貸金業) 활동을 강화함에 따라서 오히려 농민 몰락이 조장되었다. 결국 영조 7년 이후 동전은 다시 주조되기 시작했다.

① 국가가 화폐수요량에 맞추어 원활하게 공급하지 못했기 때문이다.
② 화폐가 주로 일부계층 위주로 통용되었기 때문이다.
③ 백성들이 화폐보다 물품화폐를 선호했기 때문이다.
④ 화폐가 통용될 시장이 발달하지 않았기 때문이다.

04 진희가 자전거 뒷좌석에 동생을 태우고 10km/h의 속력으로 회사에 간다. 회사 가는 길에 있는 어린이집에 동생을 내려주고, 아까의 1.4배의 속력으로 회사에 가려고 한다. 진희의 집에서 회사까지의 거리는 12km이고, 진희가 8시에 집에서 나와 9시에 회사에 도착했다면, 진희가 어린이집에서 출발한 시간은?

① 8시 25분 ② 8시 30분
③ 8시 35분 ④ 8시 40분

05 S전자 매장의 TV와 냉장고의 판매 비율은 작년 3 : 2에서 올해 13 : 9로 변하였다. 올해 TV와 냉장고의 총판매량이 작년보다 10% 증가하였을 때, 냉장고의 판매량은 작년보다 몇 % 증가하였는가?

① 11.5% ② 12%
③ 12.5% ④ 13%

06 다음은 우리나라의 2018년 하반기 달러, 유로, 엔화의 월별 환율 변동을 나타낸 자료이다. 이에 대한 설명으로 옳은 것은?(단, 변화량은 절댓값으로 비교한다)

〈2018년 하반기 월별 환율 현황〉

구분	원/달러	원/유로	원/100엔
7월	1,205.0	1,300.5	1,034.0
8월	1,180.0	1,320.0	1,012.0
9월	1,112.0	1,350.0	1,048.0
10월	1,141.0	1,350.0	1,049.0
11월	1,142.0	1,400.0	1,060.0
12월	1,154.0	1,470.0	1,080.0

① 8 ~ 12월의 전월 대비 원/달러 변화량의 최댓값은 원/100엔 변화량의 최댓값보다 작다.
② 유로/달러의 경우 8월의 값이 12월의 값보다 크다.
③ 12월의 원/유로 환율은 7월 대비 18% 이상 증가하였다.
④ 8월부터 12월까지 원/달러와 원/100엔의 전월 대비 증감 추이는 동일하다.

Q1. S페이(앱카드) 설치 시 기존 S모바일카드는 어떻게 되는 건가요?

S페이는 기존의 S모바일카드의 앱카드 기능을 분리하여 새롭게 리뉴얼하여 제작되었습니다. S페이 이용 시 신규 설치 및 카드 등록이 필요합니다.

Q2. S페이(앱카드) 설치는 어떻게 하나요?

플레이스토어, 앱스토어에서 S페이, S카드 등으로 검색하여 다운로드 가능하며, 쇼핑몰 결제 시 S페이가 설치되어 있지 않다면 결제창 내에서 연동하여 설치가 가능합니다.

Q3. S페이(앱카드) 이용 가능 회원은 어떻게 되나요?

카드 소지자와 스마트폰 명의가 일치하는 회원만 이용이 가능합니다. 또한 S브랜드 개인 / 기업(지정자) / 가족카드 이용대상이며, 스마트폰 명의자 불일치, 기업(공용)카드, 기프트카드이용 회원은 사용할 수 없습니다.

Q4. S페이(앱카드)와 기존 USIM(유심) 모바일카드는 다른가요?

네, 다른 서비스입니다. S페이(앱카드)는 유심 카드와 달리 기존에 사용하던 플라스틱 카드를 등록하여 사용할 수 있습니다. 또한 휴대폰 기종이나 제조사, 통신사 등의 제한이 없어 아이폰 사용자도 이용할 수 있습니다. S페이(앱카드)는 S페이 앱을, 유심 카드는 S모바일카드 앱을 통해 결제하실 수 있습니다.

Q5. 타인 명의의 스마트폰에서는 가입이 안 되나요?

본인 명의의 스마트폰에서만 사용 가능합니다. 타인 명의 스마트폰, 법인명의 스마트폰은 안전한 거래를 위해 가입이 불가합니다.

Q6. 어떤 스마트폰에서 이용할 수 있나요?

IOS 8.0 이상 버전, 안드로이드 4.1 이상 OS가 탑재된 스마트폰에서 이용할 수 있습니다. 단, 3G / 4G 요금제 가입 없이 Wifi 환경에서 오프라인 결제는 불가합니다.

Q7. 등록 카드 수의 제한이 있나요?

카드 등록 수의 제한은 없습니다. 고객님이 소지하신 모든 S은행카드를 등록할 수 있습니다.

07 S페이(앱카드) 설치에 관한 대화 내용 중 적절하지 않은 것은?

① 난 기존에 S모바일카드를 사용했는데, S페이(앱카드)는 새롭게 리뉴얼하여 제작된 건가 봐! 다시 설치해서 카드를 등록해야겠어.

② 맞아. 설치 방법도 생각보다 까다롭지 않은데? 앱스토어에 들어가서 S페이를 검색하면 다운로드가 가능하네!

③ 그런데 리뉴얼했다고 하지만 휴대폰 기종이나 제조사, 통신사 등의 제한이 있는 건 여전히 불편해.

④ 그리고 타인 명의 스마트폰은 안 되고 본인 명의의 스마트폰에서만 사용 가능하니까 나같이 휴대폰 명의가 부모님으로 되어 있으면 가입할 수 없는 거네.

08 S은행 고객상담센터에서 근무하는 귀하는 S페이(앱카드)와 관련한 문의 전화를 받았다. 위의 자주 묻는 질문 내용을 바탕으로 고객의 문의에 답하려고 할 때 다음 중 적절한 것은?

> 고객 : 현재 S모바일카드를 사용하고 있습니다. 앞으로 결제를 S페이로 하려고 하는데 어떻게 해야 하나요?

① 플레이스토어나 앱스토어에서 다운받아 이용 가능하시지만 휴대폰 기종에 따라 제한이 있을 수도 있습니다.

② S페이는 S모바일카드와 분리되어 제작되었습니다. 따라서 S페이를 이용하시려면 신규 설치 후 카드 등록을 해주시면 됩니다.

③ 결제하실 때 S모바일페이로 연동하시면 따로 등록할 필요 없이 S페이로 결제하실 수 있습니다.

④ 보안을 위해 고객님이 소유하고 계신 S카드 중 주로 이용하시는 카드 한 장만 등록이 가능하니, 신중하게 선택하십시오.

S은행 콜센터에 근무 중인 귀하에게 B고객으로부터 예금 상품 해지 건이 접수되었다. 상담한 결과 B고객은 1년 전에 M예금에 가입하였으나 불가피한 사정으로 해당 예금 상품을 해지할 계획이며, 중도해지할 경우 만기 시 받을 수 있는 금액과 환급금의 차이가 얼마인지 문의하였다. 귀하가 B고객에게 안내할 금액은?(단, 두 금액 모두 세전 금액을 기준으로 한다)

〈B고객의 M예금 가입내역〉

- 가입 기간 : 5년
- 가입 금액 : 1백만 원
- 이자지급방식 : 만기일시지급, 단리식
- 기본금리 : 3.0%
- 우대금리 : 0.2%p(중도인출 및 해지 시에는 적용하지 않음)
- 중도해지이율(연 %, 세전)
  - 3개월 미만 : 0.2%
  - 6개월 미만 : 0.3%
  - 12개월 미만 : (기본금리)×10%
  - 18개월 미만 : (기본금리)×30%
  - 24개월 미만 : (기본금리)×40%
- 예금자 보호 여부 : 해당

---

① 103,000원

② 126,000원

③ 151,000원

④ 184,000원

10 A는 S은행의 직장인응원적금에 가입하고자 한다. A는 우대금리를 제외하고 기본금리로 단리식과 월 복리식 두 가지의 만기 시 이자액을 비교하고자 한다. 만기 시 A가 수령하는 이자액이 각각 바르게 연결된 것은?[단, $\left(1+\dfrac{0.02}{12}\right)^{13} \fallingdotseq 1.022$로 계산한다]

<직장인응원적금 상품정보>

- 상품명 : 직장인응원적금
- 가입자 : A(본인)
- 가입기간 : 12개월
- 가입금액 : 매월 초 100,000원 납입
- 적용금리 : 기본금리(연 2.0%)+우대금리(최대 연 1.2%p)
- 저축방법 : 정기적립식
- 이자지급방식 : 만기일시지급

	단리식	월 복리식
①	13,000원	18,000원
②	13,000원	20,000원
③	14,200원	18,000원
④	14,200원	20,000원

11 다음은 지역별 교통사고·화재·산업재해 현황에 대한 표이다. 이를 그래프로 나타낸 것으로 옳지 않은 것은?(단, 비중은 소수점 둘째 자리에서 반올림한다)

〈교통사고·화재·산업재해 건수〉

(단위 : 건)

구분	교통사고	화재	산업재해
서울	3,830	5,890	3,550
인천	4,120	4,420	5,210
경기	4,010	3,220	4,100
강원	1,100	3,870	1,870
대전	880	1,980	1,120
충청	1,240	1,290	2,880
경상	1,480	1,490	2,540
전라	2,180	2,280	2,920
광주	920	980	1,110
대구	1,380	1,490	2,210
울산	1,120	920	980
부산	3,190	2,090	3,120
제주	3,390	2,880	3,530
합계	28,840	32,800	35,140

〈교통사고·화재·산업재해 사망자 및 피해금액〉

(단위 : 명, 억 원)

구분	교통사고	화재	산업재해
사망자 수	12,250	21,220	29,340
피해액	1,290	6,490	1,890

※ 수도권은 서울·인천·경기 지역이다.

① 교통사고의 수도권 및 수도권 외 지역 발생건수

② 화재의 수도권 및 수도권 외 지역 발생건수

③ 산업재해의 수도권 및 수도권 외 지역 발생건수

④ 피해금액별 교통사고·화재·산업재해 비중

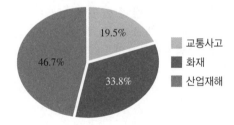

12 다음 제시된 명제가 모두 참일 때 항상 참인 것은?

- 아침에 시리얼을 먹는 사람은 두뇌 회전이 빠르다.
- 아침에 토스트를 먹는 사람은 피곤하다.
- 에너지가 많은 사람은 아침에 밥을 먹는다.
- 피곤하면 회사에 지각한다.
- 두뇌 회전이 빠르면 일 처리가 빠르다.

① 회사에 가장 일찍 오는 사람은 피곤하지 않다.
② 두뇌 회전이 느리면 아침에 시리얼을 먹는다.
③ 아침에 밥을 먹는 사람은 에너지가 많다.
④ 회사에 지각하지 않으면 아침에 토스트를 먹지 않는다.

13 S그룹 신입사원인 A ~ E 5명은 각각 영업팀, 기획팀, 홍보팀 중 한 곳에 속해있다. 각 팀은 모두 같은 날, 같은 시간에 회의가 있고, S그룹은 3층과 5층에 회의실이 2개씩 있어서 세 팀이 모두 한 층에서 회의를 할 수는 없다. A ~ E의 진술 중 2명은 참을 말하고 3명은 거짓을 말할 때, 〈보기〉에서 항상 참인 내용을 모두 고르면?

- A : 기획팀은 3층에서 회의를 한다.
- B : 영업팀은 5층에서 회의를 한다.
- C : 홍보팀은 5층에서 회의를 한다.
- D : 나는 3층에서 회의를 한다.
- E : 나는 3층에서 회의를 하지 않는다.

보기

㉠ 영업팀과 홍보팀이 같은 층에서 회의를 한다면 E는 기획팀이다.
㉡ 기획팀이 3층에서 회의를 한다면, D와 E는 같은 팀일 수 있다.
㉢ 두 팀이 5층에서 회의를 하는 경우가 3층에서 회의를 하는 경우보다 많다.

① ㉠   ② ㉡
③ ㉡, ㉢   ④ ㉠, ㉢

14 일남, 이남, 삼남, 사남, 오남 5형제가 둘러앉아 마피아 게임을 하고 있다. 이 중 1명은 경찰, 1명은 마피아이고, 나머지는 시민이다. 다음 5명의 진술 중 2명의 진술이 거짓일 때 항상 참인 것은? (단, 모든 사람은 진실 또는 거짓만 말한다)

일남 : 저는 시민입니다.
이남 : 저는 경찰이고, 오남이는 마피아예요.
삼남 : 일남이는 마피아예요.
사남 : 확실한 건 저는 경찰은 아니에요.
오남 : 사남이는 시민이 아니고, 저는 경찰이 아니에요.

① 일남이가 마피아, 삼남이가 경찰이다.
② 오남이가 마피아, 이남이가 경찰이다.
③ 이남이가 마피아, 사남이가 경찰이다.
④ 사남이가 마피아, 삼남이가 경찰이다.

15 A팀과 B팀은 보안등급 상에 해당하는 문서를 나누어 보관하고 있다. 두 팀이 보안을 위해 다음과 같은 규칙에 따라 각 팀의 비밀번호를 지정하였다고 할 때, A팀과 B팀에 들어갈 수 있는 암호배열로 가장 적절한 것은?

〈규칙〉

• 1 ~ 9까지의 숫자로 (한 자리 수)×(두 자리 수)=(세 자리 수)=(두 자리 수)×(한 자리 수) 형식의 비밀번호로 구성한다.
• 가운데에 들어갈 세 자리 수의 숫자는 156이며 숫자는 중복 사용할 수 없다. 즉, 각 팀의 비밀번호에 1, 5, 6이란 숫자가 들어가지 않는다.

① 39　　　　　　　　　　　　　　② 42
③ 43　　　　　　　　　　　　　　④ 47

16 김과장은 건강상의 이유로 간헐적 단식을 시작하기로 했다. 김과장이 선택한 간헐적 단식 방법은 월요일부터 일요일까지 일주일 중에 2일을 선택하여 아침 혹은 저녁 한 끼 식사만 하는 것이다. 김과장이 단식을 시작한 첫 주 월요일부터 일요일까지 한 끼만 먹은 요일과 이때 식사를 한 때는?

- 단식을 하는 날 전후로 각각 최소 2일간은 세 끼 식사를 한다.
- 단식을 하는 날 이외에는 항상 세 끼 식사를 한다.
- 2주 차 월요일에는 단식을 했다.
- 1주 차에 먹은 아침식사 횟수와 저녁식사 횟수가 같다.
- 1주 차 월요일, 수요일, 금요일은 조찬회의에 참석하여 아침식사를 했다.
- 1주 차 목요일은 업무약속이 있어서 점심식사를 했다.

① 월요일(아침), 목요일(저녁)
② 화요일(아침), 금요일(아침)
③ 화요일(저녁), 금요일(아침)
④ 화요일(저녁), 토요일(아침)

01 포트폴리오 분석방법 중 BCG 매트릭스에서 물음표(Question Mark)에 해당하는 사업부는?

① 높은 성장률 – 높은 시장점유율

② 높은 성장률 – 낮은 시장점유율

③ 낮은 성장률 – 높은 시장점유율

④ 낮은 성장률 – 낮은 시장점유율

02 다음 중 〈보기〉의 사례와 관련 있는 용어는?

> **보기**
>
> S온라인 서점에서 올해 매출을 분석해 본 결과 수익의 80%를 차지하는 것은 잘 나가는 베스트셀러 몇 권이 아니라 그 밖의 나머지 책들이었다. 이는 인터넷의 발달로 구매 방법 및 소비문화가 바뀌면서 나타난 현상으로 보인다. 오프라인 서점에서는 공간의 한정성으로 진열할 수 있는 책의 양에 한계가 있었고, 따라서 사람들의 눈에 띌 수 있게 배치할 수 있었던 것은 기존의 인기도서 몇 권뿐이었다. 하지만 온라인 서점의 경우 이러한 공간적 제한을 극복할 수 있었고, 사람들이 자신의 취향을 살려 어떠한 책이든 검색을 통해 접할 수 있게 됨으로써 수많은 '비주류 도서'들이 도서 매출액에 일조할 수 있게 된 것이다.

① 파킨슨 법칙

② 하인리히 법칙

③ 파레토 법칙

④ 롱테일 법칙

03 다음 기업의 재무제표 내용에 따라 기업의 부채비율, 총자산이익률(ROA), 총자본회전율을 바르게 짝지은 것은?

• 자산 : 140억 원	• 부채 : 60억 원
• 자본 : 80억 원	• 매출총액 : 168억 원
• 영업이익 : 40억 원	• 순이익 : 28억 원

	부채비율	ROA	총자본회전율
①	60%	15%	1.5
②	60%	15%	1.2
③	75%	20%	1.2
④	75%	20%	1.5

04 다음 중 빈칸에 들어갈 용어로 바르게 짝지어진 것은?

> - ___㉠___ : 수익이 주가지수나 주식가격의 변동에 연계해서 결정되는 은행판매예금
> - ___㉡___ : 특정 주권의 가격이나 주가지수의 수치에 연계한 증권으로 자산을 우량채권에 투자하여 원금을 보존하고 일부를 주가지수 옵션 등 금융파생 상품에 투자해 고수익을 노리는 금융상품
> - ___㉢___ : 투자 신탁 회사들이 ㉡의 상품을 펀드에 끼워 넣거나 원금을 보존하는 형태의 펀드를 만들어 판매하는 금융상품

	㉠	㉡	㉢
①	ELD	ELS	ELF
②	ELD	ELF	ELS
③	ELW	ELS	ETF
④	ELW	ETF	ELS

05 유동비율 120%, 유동부채 100억 원, 재고자산 40억 원일 때 당좌비율은?

① 70%
② 80%
③ 90%
④ 100%

06 다음 중 VaR(Value at Risk)에 대한 설명으로 적절하지 않은 것은?

① VaR은 리스크에 대한 구체적인 수치이다.
② 각 상품의 분산으로 인해 회사 전체 VaR은 각 상품의 개별 VaR의 합계액보다 크게 나타난다.
③ 다른 조건이 동일하면 99% 신뢰수준의 VaR이 95% 신뢰수준의 VaR보다 크다.
④ 1일 동안 VaR이 신뢰구간 95%에서 100억이라면 이 포트폴리오를 보유함으로써 향후 1일 동안에 100억 이상의 손실을 보게될 확률이 5%임을 의미한다.

07 경제활동인구가 1,800명이고 그중에서 실업자가 150명일 때 실업률은?(단, 소수점 둘째 자리에서 반올림한다)

① 8.1%

② 8.3%

③ 8.5%

④ 8.7%

08 다음 중 신용도가 낮아 발행자의 채무불이행으로 인한 위험부담 또한 큰 대신 높은 수익률을 제공하는 고수익·고위험의 채권형 펀드는?

① 하이일드 펀드

② 인덱스 펀드

③ 엄브렐러 펀드

④ 머니마켓 펀드

09 다음 중 허시와 블랜차드(P. Hersey & K. H. Blanchard)의 상황적 리더십 이론에 대한 설명으로 적절한 것은?

① 부하의 성과에 따른 리더의 보상에 초점을 맞춘다.

② 리더는 부하의 성숙도에 맞는 리더십을 행사함으로써 리더십 유효성을 높일 수 있다.

③ 리더가 부하를 섬기고 봉사함으로써 조직을 이끈다.

④ 리더십 유형은 지시형, 설득형, 거래형, 희생형의 4가지로 구분된다.

10 S기업의 손익계산서가 다음과 같을 때, 배당금액을 구하면?

손익계산서

2018년 1월 1일부터 12월 31일까지

매출액	?
매출원가	(380,000)
매출총이익	?
관리비	(30,000)
금융원가	(10,000)
법인세비용차감전순이익	?
법인세비용	(16,000)
당기순이익	?

- 기초 매출채권 ₩295,000, 기말 매출채권 ₩420,000
- 매출채권회전율 3회
- 배당성향 30%

① ₩135,050
③ ₩205,550

② ₩190,950
④ ₩287,950

11 다음은 자산의 일부를 채권으로 보유한 A의 실질화폐수요곡선이다. 점 a는 현재 이자율에서 A의 실질화폐수요를 나타내고 있다. A가 보유한 채권의 시장가격이 하락했을 때 실질화폐수요량의 이동은 어느 방향으로 이루어지는가?

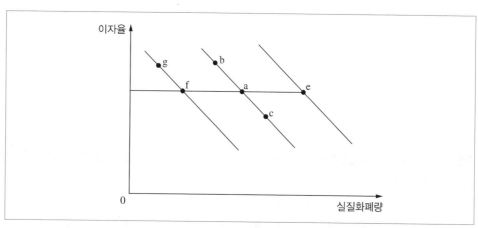

① f
③ e

② c
④ g

12 화폐유통속도가 일정하고, 통화량증가율, 실질경제성장률, 실질이자율이 각각 30%, 20%, 10%라고 가정했을 때, 화폐수량설과 피셔효과를 이용하여 도출한 내용으로 적절한 것은?

① 인플레이션율과 명목이자율은 모두 10%이다.
② 인플레이션율과 명목이자율은 모두 20%이다.
③ 인플레이션율은 10%이고, 명목이자율은 20%이다.
④ 인플레이션율은 10%이고, 명목이자율은 30%이다.

13 다음 중 재무구조가 부실해 회생할 가능성이 없음에도 정부 또는 채권단의 지원을 받아 간신히 파산을 면하고 있는 기업을 가리키는 말로, 좀비기업이라고도 불리는 용어는?

① 중소기업   ② 한계기업
③ 매판기업   ④ 블랙기업

14 다음 중 환율이 일정한 범위에서 변동할 경우에 미리 정한 환율에 따른 금액을 받고 팔 수 있도록 한 파생 금융 상품은?

① 통화옵션   ② 금리스왑
③ 키코   ④ 리비드

15 다음 중 정부의 통화 발행에 의한 물가상승의 영향으로 고정 수입·현금·고정이율채권 따위의 금전적 가치 하락이 세금과 같은 작용을 하거나, 인플레이션에 기인한 양도 소득세를 이르는 용어는?

① 가산세금   ② 올랑드세금
③ 스텔스세금   ④ 인플레이션세금

16 다음은 치킨, 햄버거, 맥주가 있는 시장에서 치킨의 공급량이 증가했을 때 햄버거와 맥주의 결과이다. 이를 보고 이해한 내용으로 적절하지 않은 것은?

〈공급량 증가에 따른 결과〉

구분	햄버거	맥주
수요	감소	증가
가격	하락	상승

① 지훈 : 치킨의 가격은 감소했을 거야.
② 소미 : 햄버거는 치킨의 대체재, 맥주는 치킨의 보완재에 해당돼.
③ 형섭 : 맥주의 거래량은 증가했을 거야.
④ 세정 : 치킨과 햄버거의 관계에서 교차탄력성은 0보다 커.

17 다음에서 설명하는 내용으로 적절하지 않은 것은?

옵션거래는 주식, 채권, 주가지수 등 특정 자산을 장래의 일정 시점에 미리 정한 가격으로 살 수 있는 권리와 팔 수 있는 권리를 매매하는 거래를 말한다. 시장에서 당일 형성된 가격으로 물건을 사고파는 현물거래나 미래의 가격을 매매하는 선물거래와는 달리 사고팔 수 있는 '권리'를 거래하는 것이 옵션거래의 특징이다.

① 콜옵션은 가격이 예상보다 올랐으면 권리를 행사하고 값이 떨어지면 포기하면 된다.
② 콜옵션은 매도자는 매수자가 옵션 권리를 행사하면 반드시 응해야 할 의무를 진다.
③ 풋옵션을 매수한 사람은 시장에서 해당 상품이 사전에 정한 가격보다 낮은 가격에서 거래될 경우, 비싼 값에 상품을 팔 수 없다.
④ 풋옵션은 해당 상품의 시장 가격이 사전에 정한 가격보다 높은 경우는 권리를 행사하지 않을 권리도 있다.

18 다음 중 현실 자산과 액면 가치가 연동되는 스테이블 코인(Stable Coin)으로 페이스북이 2020년 공개를 목표로 개발 중인 가상화폐는?

① 리브라   ② 블록체인

③ 캄테크   ④ 비트코인

19 다음 중 수요의 가격탄력성이 가장 높은 경우는?

① 대체재나 경쟁자가 거의 없을 때

② 구매자들이 높은 가격을 쉽게 지각하지 못할 때

③ 구매자들이 구매습관을 바꾸기 어려울 때

④ 구매자들이 대체품의 가격을 쉽게 비교할 수 있을 때

20 다음 중 수직적 통합의 후방통합(Backward Integration)에 대한 설명으로 가장 적절한 것은?

① 제조 기업이 원재료의 공급업자를 인수·합병하는 것을 말한다.

② 제조 기업이 제품의 유통을 담당하는 기업을 인수·합병하는 것을 말한다.

③ 기업이 같거나 비슷한 업종의 경쟁사를 인수하는 것을 말한다.

④ 기업이 기존 사업과 관련이 없는 신사업으로 진출하는 것을 말한다.

01 NCS 직업기초능력평가

01 다음 글에서 밑줄 친 ㉠~㉢의 수정 방안으로 적절하지 않은 것은?

> 동양의 산수화에는 자연의 다양한 모습을 대하는 화가의 개성 혹은 태도가 ㉠ 드러나 있는데, 이를 표현하는 기법 중의 하나가 준법이다. 준법(皴法)이란 점과 선의 특성을 활용하여 산, 바위, 토파(土坡) 등의 입체감, 양감, 질감, 명암 등을 나타내는 기법으로 산수화 중 특히 수묵화에서 발달하였다. 수묵화는 선의 예술이다. 수묵화에서는 먹(墨)만을 사용하기 때문에 대상의 다양한 모습이나 질감을 ㉡ 표현하는데 한계가 있다. ㉢ 거친 선, 부드러운 선, 곧은 선, 꺾은 선 등 다양한 선을 활용하여 대상에 대한 느낌, 분위기를 표현한다. 이 과정에서 선들이 지닌 특성과 효과 등이 점차 유형화되어 발전된 것이 준법이다.
>
> 준법 가운데 보편적으로 쓰이는 것에는 피마준, 수직준, 절대준, 미점준 등이 있다. 일정한 방향과 간격으로 선을 여러 개 그어 산의 등선을 표현하여 부드럽고 차분한 느낌을 주는 것이 피마준이다. 반면 수직준은 선을 위에서 아래로 죽죽 내려 그어 강하고 힘찬 느낌을 주어 뾰족한 바위산을 표현할 때 주로 사용한다. 절대준은 수평으로 선을 긋다가 수직으로 꺾어 내리는 것을 반복하여 마치 'ㄱ' 자 모양이 겹쳐진 듯 표현한 것이다. 이는 주로 모나고 거친 느낌을 주는 지층이나 바위산을 표현할 때 쓰인다. 미점준은 쌀알 같은 타원형의 작은 점을 연속적으로 ㉣ 찍혀 주로 비 온 뒤의 습한 느낌이나 수풀을 표현할 때 사용한다.
>
> 준법은 화가가 자연에 대해 인식하고, 인식의 결과를 표현하는 수단이다. 화가는 준법을 통해 단순히 대상의 외양뿐만 아니라 대상에 대한 자신의 느낌, 인식의 깊이까지 화폭에 그려내는 것이다.

① ㉠ : 문맥의 흐름을 고려하여 '들어나'로 고친다.

② ㉡ : 띄어쓰기가 올바르지 않으므로 '표현하는 데'로 고친다.

③ ㉢ : 문장을 자연스럽게 연결하기 위해 문장 앞에 '그래서'를 추가한다.

④ ㉣ : 목적어와 서술어의 호응 관계를 고려하여 '찍어'로 고친다.

02 다음은 남북한 교통 관련 법규체계를 비교한 표이다. 이에 대한 설명으로 적절한 것을 〈보기〉에서 모두 고르면?

〈남북한 교통 관련 법규체계〉

구분	교통 시설의 건설 관련 법규		교통수단의 운영 관련 법규	
도로 부문 관련 법규	도로 건설 관련 법규		도로 운영 관련 법규	
	남한	도로법, 고속국도법, 한국도로공사법, 유료도로법, 사도법	남한	도로법, 도로교통법, 교통안전법
	북한	도로법	북한	도로법, 도로교통법, 차량운수법
철도 부문 관련 법규	철도 건설 관련 법규		철도 운영 관련 법규	
	남한	철도건설법, 도시철도법	남한	철도안전법, 도시철도법, 항공·철도 사고조사에 관한 법률, 철도사업법, 한국철도공사법
	북한	철도법, 지하철도법	북한	철도법, 지하철도법, 철도차량법

보기

ㄱ. 남한의 도로 부문 관련 법규 개수는 북한의 도로 부문 관련 법규 개수의 2배 이상이다.

ㄴ. 표에 명시된 법규 중 남한과 북한이 동일한 명칭을 사용하는 교통 관련 법규는 총 3개이다.

ㄷ. 북한의 철도 부문 관련 법규 개수는 북한의 교통수단의 운영 관련 법규 개수와 같다.

ㄹ. 남한의 교통 관련 법규 개수는 총 10개 이상이다.

① ㄱ, ㄴ   ② ㄱ, ㄹ

③ ㄴ, ㄷ   ④ ㄴ, ㄹ

03 다음 중 각 문단의 중심 주제로 적절하지 않은 것은?

(가) 국민권익위원회가 주관하는 '2017년도 공공기관 청렴도 측정조사'에서 1등급 평가를 받아, 2년 연속 청렴도 최우수기관으로 선정되었다. 한국중부발전은 지난 3년 연속 권익위 주관 부패방지 시책평가 최우수기관에 선정됨은 물론, 청렴도 측정에서도 전년도에 이어 1등급 기관으로 재차 선정됨에 따라 명실공히 '청렴 생태계' 조성에 앞장서는 공기업으로 자리매김하였다.

(나) 보령화력 3호기가 2016년 9월 27일을 기준으로 세계 최초 6,000일 장기 무고장 운전을 달성하였다. 보령화력 3호기는 순수 국산 기술로 설계하고 건설한 한국형 50만 kW 표준 석탄화력 발전소의 효시로서 이 기술을 기반으로 국내에서 20기가 운영 중이며, 지금도 국가 전력산업의 근간을 이루고 있다. 역사적인 6,000일 무고장 운전 달성에는 정기적 교육훈련을 통한 발전 운전원의 높은 기술역량과 축적된 설비개선 노하우가 큰 역할을 하였다.

(다) 정부 연구개발 국책과제로 추진한 초초임계압 1,000MW급 실증사업을 완료하고, 발전소 국산화와 기술 자립, 해외시장 진출 기반을 마련하였다. 본 기술을 국내 최초로 신보령화력발전소에 적용하여 기존 국내 표준석탄화력 대비 에너지 효율을 높임으로써 연간 약 60만 톤의 온실가스 배출과 약 300억 원의 연료비를 절감하게 되었다. 신보령 건설 이후 발주된 1,000MW급 초초임계압 국내 후속 프로젝트 모두 신보령 모델을 채택함으로써 약 5조 원의 경제적 파급효과를 창출했으며, 본 기술을 바탕으로 향후 협력사와 해외 동반진출을 모색할 계획이다.

(라) 2016년 11월 인도네시아에서 국내 전력그룹사 최초의 해외 수력발전 사업인 왐푸 수력발전소를 준공하였다. 한국중부발전이 최대 주주(지분 46%)로서 건설관리, 운영 정비 등 본 사업 전반에 걸쳐 주도적 역할을 수행하였으며, 사업 전 과정에 국내 기업이 참여한 대표적인 동반진출 사례로 자리매김하였다. 당사는 약 2,000만 달러를 투자하여 향후 30년간 약 9,000만 달러의 지분투자 수익을 거둬들일 것으로 예상하며, 특히 UN으로부터 매년 24만 톤의 온실가스 저감효과를 인정받고 그에 상응하는 탄소배출권을 확보함으로써 향후 배출권거래제를 활용한 부가수익 창출도 기대하고 있다.

---

① (가) : 청렴도 평가 1등급 2년 연속 청렴도 최우수기관 달성
② (나) : 보령 3호기 6,000일 무고장 운전, 세계 최장 운전 기록 경신
③ (다) : 국내 최초 1,000MW급 초초임계압 기술의 적용
④ (라) : 인도네시아 왐푸 수력 준공 등 국내외 신사업으로 연간 순이익 377억 원 달성

04 다음 중 신문기사의 내용을 적절하게 이해하지 못한 사람은?

○○일보

○○일보 제1,358호	○○년 ○○월 ○일	안내전화 02-000-0000	www.sdxxx.com

거치기간 1년 못 넘기고, 초기부터 원금·이자 나눠 갚아야 …

주택담보대출을 받을 때보다 깐깐한 소득심사를 하는 가계부채 관리대책이 수도권부터 전면 시행된다. 비수도권은 3개월 후부터 적용할 방침이다.

새 여신심사 가이드라인은 상환능력 범위에서 처음부터 나눠 갚도록 유도하는 내용이 골자다. 지금까지는 돈 빌리는 사람이 금리를 '고정형 또는 변동형', 상환방식을 '거치형 또는 일시납입형' 등으로 고를 수 있었고, 이에 따라 대출금리가 결정됐다. 이 때문에 집값이 오를 줄 알고 주택을 담보로 돈을 빌린 뒤 이자만 내다가 만기에 원금을 한꺼번에 갚는 방식을 많이 택했다.

새 가이드라인은 집의 담보 가치나 소득에 비해 빌리는 돈이 많거나 소득 증빙을 제대로 못한 경우에는 대출 후 1년 이내부터 빚을 나눠 갚도록 하는 내용을 담고 있다. 집을 사면서 그 집을 담보로 돈을 빌리는 사람도 초기부터 빚을 나눠 갚도록 하는 원칙이 적용된 것이다. 물론 명확한 대출 상환계획이 있는 등 일부 예외에 해당하면 거치식 대출을 받을 수 있다. 아파트 중도금 대출 등 집단대출도 이번 가이드라인 적용에서 예외로 인정된다.

또한 변동금리 제한도 많아진다. 상승가능금리(스트레스금리)를 추가로 고려했을 때 일정 한도를 넘어서는 대출은 고정금리로 유도하거나 아예 대출한도를 넘지 못하게 한다.

어떤 형태의 대출이 가능할지를 알아보려면 은행영업점 창구나 온라인에서 상담을 받으면 된다.

은행권에서는 무작정 대출받기가 어려워지는 것은 아니라고 설명한다. 은행 관계자는 "변동과 고정의 금리 차가 거의 없어 대출 시 다소 불편할지는 몰라도 못 받는 경우는 거의 없을 것"이라며 "실수요자들이 대출받기 어려워지는 부작용은 발생하지 않을 것"이라고 설명했다. 그럼에도 새 여신심사 가이드라인 시행을 앞두고 주택담보대출 증가세는 확연히 둔화한 것으로 나타났다.

… 생략 …

---

① G과장 : 최근 저금리 기조로 인해서 가계부채가 상당히 많이 늘었다고 하던데, 새로운 여신심사 가이드라인을 적용하면 가계부채 감소에 도움이 되겠군요.

② K차장 : 말도 말게나. 주택담보대출을 받을 때 만기일시상환으로 설정하면 이자만 내면 되었는데 말이야.

③ Y과장 : 맞습니다. 담보 가치나 소득에 비해 많은 대출을 하거나 소득증빙을 제대로 못하면 1년 이내부터 원금을 상환해야 하니 대출을 받으려는 사람도 줄어들 것 같습니다.

④ Q대리 : 네, 이제는 주택담보대출을 신청할 때 까다로운 심사기준으로 인해서 대출받기가 어려워진다니 실수요자들이 피해를 입을까 걱정됩니다.

애덤 스미스의 '보이지 않는 손'이라는 가정은 시장에서 개인의 이익추구 활동을 제한하지 않는 것이 전체 이윤을 극대화하는 최선의 방책임을 보여주는 것으로 간주되었다. 그렇다면 다음의 경우는 어떠한가?

공동 소유의 목초지에 양을 치기에 알맞은 풀이 자라고 있다고 생각해 보자. 일정 넓이의 목초지에 방목할 수 있는 가축 두수에는 일정한 한계가 있기 마련이다. 즉, '수용 한계'가 존재하는 것이다. 그 목초지에 한 마리를 더 방목시킨다고 해서 다른 가축들이 갑자기 죽거나 병에 걸리는 것은 아니다. 하지만 목초지의 수용 한계를 넘어 양을 키울 경우, 목초가 줄어들어 그 목초지에서 양을 키워 얻을 수 있는 전체 생산량이 줄어든다. 나아가 수용 한계를 과도하게 초과할 정도로 사육 두수가 늘어날 경우 목초지 자체가 거의 황폐화된다.

예를 들어 수용 한계가 양 20마리인 공동 목초지에서 4명의 농부가 각각 5마리의 양을 키우고 있다고 해 보자. 그 목초지의 수용 한계에 이미 도달한 상태이지만, 그중 한 농부가 자신의 이익을 늘리고자 방목하는 양의 두수를 늘리려 한다. 그러면 5마리를 키우고 있는 농부들은 목초지의 수용 한계로 인하여 기존보다 이익이 줄어들지만, 두수를 늘린 농부의 경우 그의 이익이 기존보다 조금 늘어난다. 손실을 만회하기 위해 다른 농부들도 사육 두수를 늘리고자 할 것이다. 이러한 상황이 장기화될 경우 _____⊙_____ 이와 같이 애덤 스미스의 '보이지 않는 손'에 시장을 맡겨 둘 경우 _____ⓒ_____ 결과가 나타날 것이다.

① ⊙ : 농부들의 총이익은 기존보다 증가할 것이다.
　　ⓒ : 한 사회의 공공 영역이 확장되는
② ⊙ : 농부들의 총이익은 기존보다 감소할 것이다.
　　ⓒ : 한 사회의 전체 이윤이 감소하는
③ ⊙ : 농부들의 총이익은 기존보다 감소할 것이다.
　　ⓒ : 한 사회의 전체 이윤이 유지되는
④ ⊙ : 농부들의 총이익은 기존과 동일하게 될 것이다.
　　ⓒ : 한 사회의 전체 이윤이 유지되는

06

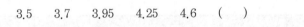

$$-6 \quad 50 \quad 18 \quad 10 \quad -54 \quad (\quad) \quad 162$$

① 2   ② −1

③ 32   ④ −18

07

$$3.5 \quad 3.7 \quad 3.95 \quad 4.25 \quad 4.6 \quad (\quad)$$

① 4.85   ② 5

③ 5.25   ④ 6

08

$$8 \quad 5 \quad 2 \quad 7 \quad (\quad) \quad 2 \quad 10 \quad 3 \quad 6$$

① 6   ② 5

③ 4   ④ 3

09 연봉 실수령액을 구하는 식이 다음과 같을 때, 연봉이 3,480만 원인 A씨의 실수령액은?(단, 십원 단위 미만은 절사한다)

- (연봉 실수령액)=(월 실수령액)×12
- (월 실수령액)=(월 급여)−(국민연금+건강보험료+고용보험료+장기요양보험료+소득세+지방세)
- (국민연금)=(월 급여)×4.5%
- (건강보험료)=(월 급여)×3.12%
- (고용보험료)=(월 급여)×0.65%
- (장기요양보험료)=(건강보험료)×7.38%
- (소득세)=68,000원
- (지방세)=(소득세)×10%

① 30,944,400원
② 31,078,000원
③ 31,203,200원
④ 32,150,800원

10 다음은 국가 및 연도별 주택용 전기요금과 월간 전기사용량에 대한 자료이다. 이에 대한 설명으로 적절하지 않은 것은?

〈국가 및 연도별 주택용 전기요금〉

(단위 : 원/kWh)

구분	2016년	2017년	2018년
한국	200	192	187
미국	138	132	128
프랑스	248	246	250
일본	268	278	277

〈국가 및 연도별 월간 주택용 전기사용량〉

(단위 : kWh/가구)

구분	2016년	2017년	2018년
한국	320	335	369
미국	364	378	397
프랑스	355	366	365
일본	362	341	357

※ (가구당 월간 전기요금)=(주택용 전기요금)×(월간 주택용 전기사용량)

① 2017년에 주택용 전기요금이 가장 높은 국가의 같은 해 월간 주택용 전기사용량은 두 번째로 적다.

② 2016 ~ 2018년 주택용 전기요금이 가장 낮은 국가의 주택용 월간 전기사용량은 네 국가 중 가장 많다.

③ 한국의 2016년 가구당 월간 전기요금이 2017년보다 높다.

④ 프랑스의 2017년 월간 주택용 전기사용량은 같은 해 일본의 월간 주택용 전기사용량의 5% 이상이다.

※ S기업은 정보보안을 위해 직원의 컴퓨터 암호를 아래와 같은 규칙으로 지정해두었다. 이를 보고 이어지는 질문에 답하시오. **[11~13]**

〈규칙〉

1. 비밀번호는 임의의 세 글자로 구성하며, 다음의 규칙에 따라 지정한다.
   • 자음
     – 국어사전 배열 순서에 따라 알파벳 소문자(a, b, c, …)로 치환하여 사용한다.
     – 쌍자음일 경우, 먼저 쓰인 순서대로 알파벳을 나열한다.
     – 받침으로 사용되는 자음의 경우 대문자로 구분한다.
   • 모음
     – 국어사전 배열 순서에 따라 숫자(1, 2, 3, …)로 치환하여 사용한다.
2. 비밀번호의 마지막 음절 뒤에 한 자리 숫자를 다음의 규칙에 따라 지정한다.
   • 각 음절에 사용된 모음에 해당하는 숫자를 모두 더한다.
   • 모음에 해당하는 숫자의 합이 두 자리 이상일 경우엔 각 자릿수를 다시 합하여 한 자릿수가 나올 때까지 더한다.
   • '–'을 사용하여 단어와 구별한다.

---

11 김사원 컴퓨터의 비밀번호는 '자전거'이다. 다음 중 이를 암호로 바르게 치환한 것은?

① m1m3ca5–9　　　　　　　② m1m5Ca5–2

③ n1n5ca3–9　　　　　　　④ m1m3Ca3–7

12 이대리 컴퓨터의 비밀번호는 '마늘쫑'이다. 다음 중 이를 암호로 바르게 치환한 것은?

① g1c19FN9L–2　　　　　　② g1C11fN3H–6

③ g1c16FN2N–1　　　　　　④ g1c19Fn9L–2

13 다음 중 조사원 컴퓨터의 암호 'e5Ah9Bl21–8'을 바르게 풀이한 것은?

① 매운탕　　　　　　　　　② 막둥이

③ 떡볶이　　　　　　　　　④ 떡붕어

14 A ~ D 네 사람이 빨간색, 파란색, 노란색, 초록색 4가지 색상의 모자, 티셔츠, 바지를 입고 있다. 다음 〈조건〉에 따를 때 항상 참인 것은?

> **조건**
> - 한 사람이 입고 있는 모자, 티셔츠, 바지의 색깔은 서로 겹치지 않는다.
> - 각각의 색깔과 의상은 한 벌씩밖에 없다.
> - A는 빨간색을 입지 않았다.
> - C는 초록색을 입지 않았다.
> - D는 노란색 티셔츠를 입었다.
> - C는 빨간색 바지를 입었다.

① A의 모자는 초록색이다.

② B의 바지는 초록색이다.

③ D의 바지는 노란색이다.

④ B의 모자와 D의 바지의 색상은 서로 같다.

15 A ~ E 다섯 명이 100m 달리기를 했다. 기록 측정 결과가 나오기 전에 그들끼리의 대화를 통해 순위를 예측해 보려고 한다. 그들의 대화는 다음과 같고, 이 중 한 사람이 거짓말을 하고 있다. 다음 중 A ~ E의 순위로 적절한 것은?

> A : 나는 1등이 아니고, 3등도 아니야.
> B : 나는 1등이 아니고, 2등도 아니야.
> C : 나는 3등이 아니고, 4등도 아니야.
> D : 나는 A와 B보다 늦게 들어왔어.
> E : 나는 C보다는 빠르게 들어왔지만, A보다는 늦게 들어왔어.

① C - A - E - B - D

② C - E - B - A - D

③ E - A - B - C - D

④ E - C - B - A - D

01 다음 중 세계적인 기술력으로 만든 상품임에도 불구하고 세계적인 표준은 무시하고 자국 시장만을 생각한 표준과 규격을 사용하여 국제적으로 고립되는 현상은?

① ADD 증후군
② 갈라파고스 증후군
③ 파랑새 증후군
④ 닌텐도 증후군

02 다음 중 복리를 전제로 하여 원금이 두 배가 되는 데 걸리는 시간을 계산하는 방법으로, 72를 연간 복리수익률로 나누면 원금이 두 배가 되는 기간과 같아진다는 법칙은?

① 70의 법칙
② 그레셤의 법칙
③ 파레토 법칙
④ 지브라의 법칙

03 다음 중 중국 기업과 사업 분야가 바르게 짝지어지지 않은 것은?

① ZTE – 전자제품 제조 및 판매
② 텐센트 – 인터넷 서비스 및 게임 서비스
③ 화웨이 – 인터넷 검색 엔진
④ 완다 그룹 – 미디어 및 관광 산업

04 다음 중 미국의 고전학자 폴 우드러프가 공동체 안에서의 보상과 분배 문제를 그리스 신화에 빗대어 명명한 것으로, 요즘 기업에 만연하는 성과주의의 폐해를 언급할 때 등장하는 용어는?

① 아이아스의 딜레마
② 트롤리 딜레마
③ 유동성 딜레마
④ 트리핀 딜레마

05 다음 중 애플리케이션, SNS 등 디지털 플랫폼에서 노동력이 거래되는 근로 형태는?

① 그림자 노동
② 플랫폼 노동
③ 워크셰어링
④ 네트워크 노동

06 다음은 콜금리 변화 추이에 대한 그래프이다. (가) ~ (다)에서 나타날 수 있는 경제현상으로 적절한 것을 〈보기〉에서 모두 고르면?(단, 콜금리 이외 요인은 고려하지 않는다)

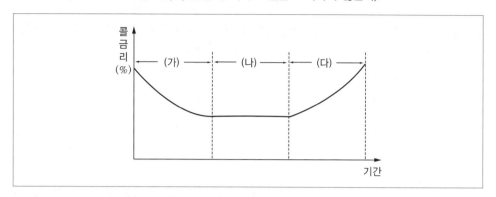

> **보기**
>
> ㄱ. (가)에서는 기업의 신규 투자가 점차 증가할 것이다.
> ㄴ. (나)에서는 경기가 위축되는 현상이 지속될 것이다.
> ㄷ. (다)에서는 시중 통화량이 점차 줄어들 것이다.
> ㄹ. (다)에서는 은행 대출 이율이 점차 낮아질 것이다.

① ㄱ, ㄴ   ② ㄱ, ㄷ
③ ㄴ, ㄷ   ④ ㄴ, ㄹ

07 다음 중 특정 주권의 가격이나 주가지수의 수치에 연계한 증권으로 자산을 우량채권에 투자하여 원금을 보존하고 일부를 주가지수 옵션 등 금융파생 상품에 투자해 고수익을 노리는 금융상품은?

① 주가지수연계펀드(ELF)   ② 주가연계증권(ELS)
③ 주가지수연동예금(ELD)   ④ 주식워런트증권(ELW)

08 다음 중 핀테크에 대한 설명으로 적절하지 않은 것은?

① 금융(Finance)과 기술(Technology)이 결합한 서비스를 가리키는 말이다.
② 새로운 IT기술의 등장을 그 배경으로 하고 있다.
③ 하드웨어, 앱 등을 기반으로 한 간편결제 서비스가 출시되고 있다.
④ 플랫폼과 관계없이 다양한 사업자들의 공정한 경쟁이 보장되고 있다.

09 다음 중 〈보기〉의 사례에 해당하는 영역을 찾아 바르게 짝지은 것은?

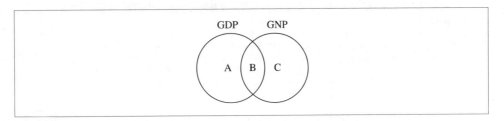

> **보기**
>
> ㄱ. 영국 시민권자인 민호는 우리나라 기업에 근무하며 300만 원의 월급을 받는다.
> ㄴ. 부산에 사는 지영이는 외국인을 대상으로 게스트하우스를 운영한다.
> ㄷ. 외국인 용병 니콜라이는 국내 야구 구단과 재계약을 맺었다.
> ㄹ. 성진이는 미국의 IT회사에 취직하여 지난달에 출국했다.

	A	B	C
①	ㄱ, ㄷ	ㄴ	ㄹ
②	ㄱ, ㄷ	ㄹ	ㄴ
③	ㄷ	ㄱ, ㄴ	ㄹ
④	ㄷ	ㄴ	ㄱ, ㄹ

10 다음 중 기관투자자들이 투자 기업의 의사결정에 적극 참여해 주주와 기업의 이익 추구, 성장, 투명한 경영 등을 이끌어 내는 것을 목적으로 2016년 국내에서 시행된 자율지침은?

① 출구전략
② 오퍼레이션 트위스트
③ 새도보팅
④ 스튜어드십코드

11 다음 중 단기투자에 대한 설명으로 옳지 않은 것은?

① 헤지펀드는 주가의 장·단기 실적을 두루 고려해 장·단기 모두에 투자하는 식으로 포트폴리오를 구성하여 위험은 분산시키고 수익률은 극대화한다.

② 헤지펀드는 조세회피 지역에 위장거점을 설치하고 파생금융상품을 교묘히 조합해 자금을 운영하는 투자 신탁으로 국제금융시장을 교란시키는 요인이 되기도 한다.

③ 스폿펀드는 3개월, 6개월 등 일정 기간 내에 정해 놓은 목표수익률이 달성되면 조기상환되는 상품이다.

④ 뮤추얼펀드가 소수의 고액투자자를 대상으로 하는 반면, 헤지펀드는 다수의 소액투자자를 대상으로 공개모집한다.

12 다음은 환율 추세에 대한 그래프이다. 이와 같은 추이가 계속된다고 할 때, 합리적인 경제 행위에 해당하는 것을 〈보기〉에서 모두 고르면?(단, 외화는 미 달러화이며, 환율 이외의 요인은 고려하지 않는다)

보기

ㄱ. 보유하고 있는 외화의 환전은 최대한 늦춘다.
ㄴ. 해외 송금을 하기 위한 환전은 최대한 늦춘다.
ㄷ. 해외 출장 후 남은 외화는 귀국 즉시 원화로 바꾼다.
ㄹ. 수입 대금을 지불하기 위한 환전은 가능한 일찍 한다.

① ㄱ, ㄴ   ② ㄱ, ㄹ
③ ㄴ, ㄷ   ④ ㄴ, ㄹ

13 다음은 지원이가 아르바이트를 한 내용이다. 이를 기업의 영업활동으로 가정할 때 기업 회계기준에 의하여 순이익을 계산한 것으로 옳은 것은?

여름방학 초부터 용돈을 마련하기 위해 가지고 있던 돈 6만 원과 부모님께 빌린 돈 4만 원을 자금으로 휴대 전화 고리 10만 원어치를 구매하여 판매를 시작하였다. 하루 동안 판매 활동과 직접적으로 관련된 내용을 노트에 적어 보았다.

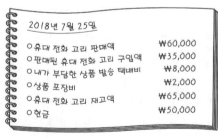

2018년 7월 25일
○ 휴대 전화 고리 판매액   ₩60,000
○ 판매된 휴대 전화 고리 구입액   ₩35,000
○ 내가 부담한 상품 발송 택배비   ₩8,000
○ 상품 포장비   ₩2,000
○ 휴대 전화 고리 재고액   ₩65,000
○ 현금   ₩50,000

① 10,000원   ② 15,000원
③ 20,000원   ④ 25,000원

14 다음 중 경영진 교체시기에 앞서 부실자산을 한 회계년도에 모두 반영함으로써 잠재부실이나 이익 규모를 있는 그대로 드러내는 회계기법은?

① 빅배스   ② 어닝서프라이즈

③ 윈도드레싱   ④ 분식회계

15 다음 중 경영전략과 경영조직에 대한 설명으로 적절한 것은?

① 포터의 가치사슬 모형에 의하면 마케팅, 재무관리, 생산관리, 인적자원관리는 본원적 활동이다.

② BCG 매트릭스에서는 시장의 성장률과 절대적 시장 점유율을 기준으로 사업을 평가한다.

③ 제조업체에서 부품의 안정적 확보를 위해 부품회사를 인수하는 것은 전방통합에 해당하며, 제품 판매를 위해 유통회사를 인수하는 것은 후방통합에 해당한다.

④ 기계적 조직은 유기적 조직에 비해 집권화 정도와 공식화 정도가 모두 강하다.

16 다음 중 경기불황이 심해짐에 따라 물가수준이 하락 시 경제주체들이 소유한 화폐의 실질가치가 증가하게 되어 소비 및 총수요가 증대되는 효과는?

① 롤링 효과   ② 피구 효과

③ 구글 효과   ④ 아마존 효과

17 다음 중 2014년 미국의 최대 전자상거래업체인 아마존에서 내놓은 음성인식 인공지능(AI)비서로 179달러짜리 원통형 스피커 '에코'를 사서 설치하면 목소리로 각종 가전기기나 난방, 조명 등을 작동할 수 있는 것은?

① 시리   ② 씽큐

③ 빅스비   ④ 알렉사

18 다음 중 한국은행의 정책을 관리하는 기구는?

① 중앙경제위원회   ② 국민경제자문회의

③ 금융통화위원회   ④ 정책금융공사

19 다음은 경제 지표 추이에 대한 그래프이다. 이와 같은 추이가 계속된다고 할 때, 나타날 수 있는 현상으로 적절한 것을 〈보기〉에서 모두 고르면?(단, 지표 외 다른 요인은 고려하지 않는다)

> **보기**
>
> ㄱ. KOSPI 지수 추이를 볼 때, 기업은 주식시장을 통한 자본 조달이 어려워질 것이다.
> ㄴ. 이자율 추이를 볼 때, 은행을 통한 기업의 대출 수요가 증가할 것이다.
> ㄷ. 환율 추이를 볼 때, 수출제품의 가격 경쟁력이 강화될 것이다.

① ㄱ   ② ㄴ

③ ㄱ, ㄷ   ④ ㄴ, ㄷ

정답 및 해설 p.042

01 NCS 직업기초능력평가

01 S기업에서는 단일제품을 주문받은 수량만 생산하여 판매한다. 법인세율이 20%의 단일세율일 때, 다음 자료에 따라 2018년도 공헌이익률을 구하면?

〈2018년도 회계 현황〉

(단위 : 원)

매출액	3,000,000	제품단위당 변동원가	800
총고정원가	275,000	세후이익	260,000

① 20%

② 25%

③ 30%

④ 35%

02 S기업은 문구류 제조 회사로 K볼펜, A만년필, P연필을 생산하고 있으며, 각각 전체 판매수량에서 20%, 20%, 60%를 차지한다. 고정원가가 7,300,000원이라고 할 때, 다음 자료를 참고하여 제품별 손익분기점 판매량을 구한 것은?

〈제품별 원가 현황〉

(단위 : 원)

구분	K볼펜	A만년필	P연필
제품단위당 판매가격	6,500	36,000	2,500
제품단위당 변동원가	2,000	10,000	500

	K볼펜	A만년필	P연필
①	100개	200개	600개
②	200개	100개	600개
③	200개	200개	600개
④	200개	200개	500개

03 연봉이 3,500만 원인 무역회사에 다니고 있는 갑은 샌드위치 가게를 창업하기로 결정하고, 창업계획서를 다음과 같이 작성해 보았다. 1년 동안의 수익을 비교해 볼 때, 무역회사를 다니는 것과 창업을 하는 것 중에 어떤 선택이 얼마나 더 이익인가?

■ 샌드위치 가게 창업계획
  • 식당 매장 임차비용 : 보증금 8천만 원, 월세 90만 원
  • 샌드위치 1개 판매가격 : 6,000원
  • 샌드위치 1개 판매비용 : 2,000원
  • 1일 평균 판매량 30개(월 28일 운영)
  • 갑이 S은행에 보유한 금액 : 5천만 원(S은행 정기예금 연이율 2.5%)
  • 갑은 S은행에 보유한 금액과 대출금을 보증금에 사용

■ 비고
  • 갑은 창업 시 3천만 원 대출(S은행 대출이자 연이율 4%)
  • 회사를 다닐 시 보유한 금액은 예금함

---

① 무역회사를 다니는 것이 977만 원 이익이다.
② 샌드위치 가게를 하는 것이 892만 원 이익이다.
③ 샌드위치 가게를 하는 것이 865만 원 이익이다.
④ 무역회사를 다니는 것이 793만 원 이익이다.

04 경현이는 반려동물로 고슴도치와 거북이를 한 마리씩 키우고 있다. 주말을 맞아 집에 놀러온 영수랑 고슴도치와 거북이를 경주시켜 결승점에 들어오는 시간을 맞히는 내기를 하였다. 영수는 거북이, 경현이는 고슴도치의 완주시간을 맞혔다고 할 때, 반려동물들이 경주한 거리는?

〈반려동물 완주 예상시간〉

구분	고슴도치	거북이
경현	30초	2분
영수	25초	2.5분

※ 고슴도치의 속력은 3m/분, 거북이는 고슴도치 속력의 $\frac{1}{5}$ 이다.

① 1.5m ② 1.7m
③ 1.9m ④ 2.1m

※ 다음과 같이 일정한 규칙으로 수를 나열할 때, 빈칸에 들어갈 알맞은 수를 고르시오. [5~13]

05

| | | -5 | 5 | 9 | -9 | -1 | ( ) | 13 | |

① 1   ② 2

③ -1   ④ -2

06

84   80   42   20   21   ( )   10.5   1.25

① 7   ② 6

③ 5   ④ 4

07

7   8   13   38   ( )   788

① 160   ② 161

③ 162   ④ 163

08

$\dfrac{14}{3}$ 12   34   ( )   298   892   2,674

① 90   ② 100

③ 110   ④ 120

09

57   45   36   ( )   18   9

① 30   ② 29

③ 28   ④ 27

10

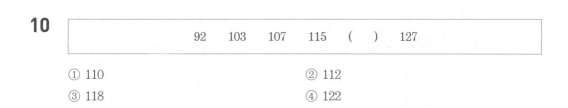

92   103   107   115   ( )   127

① 110   ② 112

③ 118   ④ 122

11

| 2 5 7 3 6 9 4 7 ( ) |

① 13   ② 28

③ 11   ④ 24

12

| 426   414   390   354   306   ( ) |

① 246   ② 256

③ 276   ④ 289

13

| 13   19   30   51   87   ( ) |

① 140   ② 143

③ 150   ④ 153

14 다음은 S은행에서 환율우대 50%를 기준으로 제시한 환율이다. K씨가 2주 전 엔화와 달러로 환전한 금액은 800,000엔과 7,000달러였고, 그때보다 환율이 올라 다시 원화로 환전했다. 2주 전 엔화 환율은 998원/100엔이었고, K씨가 오늘 엔화와 달러를 원화로 환전한 후 얻은 수익이 같다고 할 때, 2주 전 미국 USD 환율은?

〈통화별 환율 현황〉

(단위 : 원)

구분	매매기준율	현찰	
		팔 때	살 때
미국 USD	1,120.70	1,110.90	1,130.50
일본 JPY 100	1,012.88	1,004.02	1,021.74
유럽연합 EUR	1,271.66	1,259.01	1,284.31
중국 CNY	167.41	163.22	171.60

① 1,102.12원/달러   ② 1,104.02원/달러

③ 1,106.12원/달러   ④ 1,108.72원/달러

15 다음 글을 읽고 이해한 내용으로 적절하지 않은 것은?

> 2008년 서브프라임 모기지(Sub-prime Mortgage)로 인해 미국의 은행이 위기를 맞이하면서 금융위기가 전 세계로 확산되었고, 미국은 양적완화를 통해 경제를 회복하려 했다. 최근 미국의 GDP 성장률이 오르고 실업률 수준이 낮아지자 미국은 현재 출구전략을 추진 중에 있다. 그렇다면 여기서 양적완화와 출구전략은 무엇일까?
>
> 양적완화는 중앙은행이 정부의 국채나 다른 금융 자산 등을 매입하여 시장에 직접 유동성을 공급하는 정책을 말한다. 이는 중앙은행이 기준금리를 조절하여 간접적으로 유동성을 조절하던 기존 방식과 달리, 시장에 직접적으로 통화를 공급하여 시장의 통화량 자체를 늘림으로써 침체된 경기를 회복하고 경기를 부양시키려는 통화 정책이다.
>
> 간접적으로 통화량을 늘리는 기존의 방식으로는 금리 인하, 재할인율 인하, 지급준비율 인하 등의 방법이 있다. 재할인율 인하는 중앙은행이 시중은행에 빌려주는 자금의 금리를 낮춰 유동성을 조절하는 것이며, 지급준비율 인하는 예금은행이 중앙은행에 예치해야 하는 법정지급준비금의 비율을 낮춰 시장의 통화량을 늘리는 것이다.
>
> 이러한 방법으로도 효과를 기대할 수 없을 때 중앙은행은 시중에 있는 다양한 금융자산을 매입해 직접 돈을 시장에 공급하는 양적완화 정책을 시행할 수 있다. 중앙은행이 국채와 회사채 등을 매입하고, 그 매입에 사용된 돈을 직접적으로 시장에 흘러가게 만들어서 경기를 부양하는 것이다.
>
> 양적완화를 통해 어느 정도 경기가 회복되었다면 출구전략을 실행할 수 있다. 출구전략은 경기 부양을 위해 취하였던 각종 정책을 정상화하는 것을 말한다. 경기가 회복되는 과정에서 시장에 유동성이 과도하게 공급될 경우 물가가 높아지고 현금 가치가 하락하여 인플레이션과 같은 부작용을 초래할 수 있는데, 이때 출구전략을 활용하여 이러한 정책의 부작용을 최소화할 수 있다.
>
> 출구전략은 통화량 공급 정책을 반대로 실행하되 비교적 영향력이 적은 재할인율, 지급준비율을 먼저 인상하여 시장을 살핀 뒤에 기준금리를 인상해야 한다. 출구전략을 성급하게 추진하여 금리를 너무 빠르게 인상하면, 오히려 기업의 투자가 위축되고 소비가 억제되어 경기가 다시 위축될 수 있기 때문이다.

① 양적완화와 출구전략은 모두 시장경제를 안정시키기 위한 정책이다.

② 미국이 현재 출구전략을 추진하는 이유는 미국의 경기가 회복되었다고 생각하기 때문이다.

③ 한국은행이 시중은행에 대한 금리를 인상하면 금융기관의 매출 및 투자가 감소할 것이다.

④ 금리, 재할인율, 지급준비율은 통화량과 비례 관계라고 생각할 수 있다.

16 S사의 영업팀과 홍보팀에서 근무 중인 9명의 사원 A ~ I는 워크숍을 가려고 한다. 다음 〈조건〉에 따라 한 층당 4개의 객실로 이루어져 있는 호텔을 1층부터 3층까지 사용한다고 할 때, 항상 참인 것은?(단, 직원 한 명당 하나의 객실을 사용하며, 2층 이상인 객실의 경우 반드시 엘리베이터를 이용해야 한다)

조건

- 한 층에는 반드시 두 팀이 묵어야 한다.
- 202호는 현재 공사 중이라 사용할 수 없다.
- 영업팀 A사원은 홍보팀 B, E사원과 같은 층에 묵는다.
- 3층에는 영업팀 C, D, F사원이 묵는다.
- 홍보팀 G사원은 같은 팀 H사원의 바로 아래층 객실에 묵는다.
- I사원은 101호에 배정받았다.

---

① 영업팀은 총 5명의 직원이 워크숍에 참석했다.
② 홍보팀 G사원은 2층에 묵는다.
③ 영업팀 C사원의 객실 바로 아래층은 빈 객실이다.
④ 엘리베이터를 이용해야 하는 사람의 수는 영업팀보다 홍보팀이 더 많다.

01 다음 중 현재의 직장이 마음에 들지 않아 발생하는 실업은?

① 마찰적 실업   ② 계절적 실업

③ 구조적 실업   ④ 경기적 실업

02 다음 중 주택담보대출뿐만 아니라 신용대출, 자동차 할부금 등을 포함한 전체 대출금의 원금과 이자가 연간 총소득에서 차지하는 비율인 총부채원리금상환비율을 나타내는 약자는?

① DST   ② DSR

③ LTV   ④ DTI

03 다음 중 탄화수소가 풍부한 퇴적암에서 개발·생산되는 천연가스로, 기술 발달을 통해 신에너지원으로 급부상하고 있는 천연가스는?

① 셰일가스   ② 타이트가스

③ 메테인가스   ④ 수소

04 다음은 보스턴컨설팅그룹에서 개발한 BCG 매트릭스로, 상대적 시장점유율과 시장성장률을 기준으로 사업의 성격을 유형화하여 사업 포트폴리오를 분석하는 모형이다. 다음 중 (가)에 들어갈 용어로 적절한 것은?

① Star   ② Question Mark

③ Cash Cow   ④ Dog

05 다음 중 고도화된 알고리즘과 빅데이터를 활용하여 포트폴리오 관리를 수행하는 온라인 자산관리 서비스를 일컫는 말은?

① 프라이빗 뱅커   ② 로보어드바이저

③ 퀀트   ④ 펀드매니저

06 다음 중 상품에 대한 고객의 구매를 의도적으로 줄임으로써 적절한 수요를 창출하는 마케팅 전략은?

① 앰부시마케팅   ② 노이즈마케팅

③ 마이크로마케팅   ④ 디마케팅

07 다음 중 영화 아이언맨에 등장하는 아이언맨의 인공지능 비서 이름은?

① 스타크   ② 페퍼

③ 자비스   ④ 워 머신

08 다음 중 삼성에서 개발한 스마트폰 등에 탑재된 인공지능의 이름은?

① 시리   ② 코타나

③ 어시스턴트   ④ 빅스비

09 다음 중 고객 수요의 작은 변동이 제조업체에 전달되면서 정보가 왜곡되고 확대되는 현상을 나타내는 용어는?

① 승수효과

② 채찍효과

③ 구축효과

④ 분수효과

10 다음 중 적은 돈을 장기간 저축하는 습관의 중요성을 나타내는 말로, 하루에 4,000원을 30년간 꾸준히 저축하면 약 2억 원의 목돈을 만들 수 있다는 경제용어는?

① 카페라테 효과

② 아메리카노 효과

③ 핫초코 효과

④ 카페모카 효과

11 다음 중 주식편입비율을 70% 이상 유지하여 고수익을 추구하는 주식형 펀드는?

① 안정형 펀드

② 안정성장형 펀드

③ 성장형 펀드

④ 자산배분형 펀드

12 임대료가 저렴했던 구도심에 유동인구가 늘어나고 대규모 프랜차이즈점이 들어서면서 임대료가 상승하고, 그 결과 소규모 가게와 주민들이 임대료를 감당하지 못해 다른 곳으로 밀려나는 현상으로, 2000년대 이후 서울의 상수동, 경리단길 등에서 이 현상을 찾아볼 수 있다. 다음 중 이러한 현상을 나타내는 용어는?

① 도심재개발 　　　　　　　　② 교외화
③ 젠트리피케이션 　　　　　　　④ 투어리스티피케이션

13 다음 중 '자원의 저주'라고 불리기도 하며, 천연자원의 개발로 급성장한 국가가 자원수출에 따른 부작용으로 인해 경제가 침체되는 현상을 나타내는 용어는?

① 병목현상 　　　　　　　　　② 경제공황
③ 에콰도르병 　　　　　　　　④ 네덜란드병

14 다음 중 세계 각국의 국제 간 금융거래에서 기준금리로 활용되는 금리는?

① 리비드 　　　　　　　　　　② 코픽스
③ 콜금리 　　　　　　　　　　④ 리보금리

15 다음 중 브룸(Vroom)의 기대이론에 대한 설명으로 적절하지 않은 것은?

① 개인의 노력은 성과에 대한 기대에 의해 좌우된다.

② 다른 사람과 비교했을 때 노력과 그에 대한 보상이 공평해야 한다.

③ 개인의 동기화 정도는 기대, 수단, 유인가에 따라 결정된다.

④ 성과에 대한 신념이 없다면 더 이상 노력하지 않을 것이다.

16 다음 중 스마트폰 앱을 통해 소비자의 계좌에서 판매자의 계좌로 돈을 이체하는 방식으로 결제가 이루어지는 결제 시스템은?

① 실시간 계좌이체 ② 체크카드 결제

③ 폰뱅킹 ④ 앱투앱 결제

17 다음 중 빈칸에 들어갈 말로 적절한 것은?

> 1960년대 베트남전쟁이 일어났던 시기에 당시 베트남전쟁을 계속해야 한다고 주장했던 미국의 정치파를 동물에 빗대어 _____로 부르기 시작했고, 이는 전쟁 이후에도 미국에서 정치·외교적으로 급진적이고 강력한 세력을 나타내는 말로 쓰이고 있다.

① 올빼미파 ② 독수리파

③ 매파 ④ 비둘기파

18 다음 중 한 상품의 가격이 변화할 때 해당 상품에 대한 수요량이 어떻게 변화하는지를 나타내는 지표는?

① 대체탄력성   ② 공급탄력성

③ 소득탄력성   ④ 가격탄력성

19 다음 중 보험사가 가진 보험리스크, 금리리스크, 신용리스크 등 각종 위험을 정밀하게 측정해 이에 적합한 규모의 자기자본을 보유하도록 함으로써 보험회사의 재무건전성을 높이는 제도는?

① RAAS   ② RBC

③ ALM   ④ RADARS

20 다음 중 10cm 이내의 가까운 거리에서 다양한 무선 데이터를 주고받는 비접촉식 통신 기술은?

① WLAN   ② 블루투스

③ NFC   ④ MST

정답 및 해설 p.050

01 직무수행능력평가

01 다음 중 자본자산가격결정모형(CAPM)에 대한 설명으로 적절하지 않은 것은?

① 투자자들은 기대효용을 극대화하고자 하는 위험회피자이다.

② 투자자들의 투자기간은 1기간이다.

③ 투자자들은 투자대상의 미래수익률 확률분포에 대하여 동질적으로 예측한다.

④ 세금과 거래비용이 존재한다.

02 다음 중 포트폴리오의 구성자산 수를 증가시킴에 따라 제거할 수 없는 체계적 위험(Systematic Risk)에 해당되는 것은?

① 기업의 경영성과 위험

② 경영진의 교체 위험

③ 신제품 개발의 성패 위험

④ 국제 환율 위험

03 다음 중 최저임금제에 대한 설명으로 가장 적절한 것은?

① 최저임금제는 가격상한제의 한 예이다.

② 최저임금제와 노동시장에서의 실업률과는 관련성이 없다.

③ 최저임금이 높을수록 취업 준비생은 보호를 받을 수 있다.

④ 근로계약 중 최저임금에 미치지 못하는 금액을 임금으로 정하는 경우 무효가 된다.

04 다음은 재화의 특성에 따른 분류이다. 빈칸에 들어갈 재화에 대한 설명으로 옳지 않은 것은?

〈재화의 특성에 따른 분류〉

구분	경합성	비경합성
배제성	㉠	㉡
비배제성	㉢	㉣

① ㉠에 해당하는 재화는 일반적으로 기업이 생산한다.
② ㉡에 해당하는 재화는 공유지의 비극 현상이 나타나기 쉽다.
③ ㉢의 사례로는 혼잡한 무료 고속도로 등이 있다.
④ ㉣에 해당하는 재화는 무임승차 현상이 발생한다.

05 재산이 900만 원인 지혜는 500만 원의 손실을 볼 확률이 $\frac{3}{10}$ 이고, 손실을 보지 않을 확률이 $\frac{7}{10}$ 이다. 보험회사는 지혜가 일정 금액을 보험료로 지불하면 손실 발생 시 손실 전액을 보전해주는 상품을 판매하고 있다. 지혜의 효용함수가 $U(X) = \sqrt{X}$ 이고 기대효용을 극대화한다고 할 때, 지혜가 보험료로 지불할 용의가 있는 최대금액은?

① 21만 원
② 27만 원
③ 171만 원
④ 729만 원

06 다음 재무상태표를 바탕으로 계산한 경영비율 중 옳지 않은 것은?

재무상태표(2017년 12월 31일 현재)

유동자산	100억	부채	100억
현금	50억	유동부채	50억
매출채권	30억	비유동부채	50억
재고자산	20억		
비유동자산	100억	자본	100억
유형자산	60억	자본금	40억
무형자산	40억	자본잉여금	30억
		이익잉여금	30억
		(당기순이익 10억 포함)	
자산총계	200억	부채와 자본총계	200억

① 유동비율은 50%이다.
② 당좌비율은 160%이다.
③ 자기자본비율은 50%이다.
④ 총자산순이익률(ROA)은 5%이다.

07 다음 중 재무비율에 대한 설명으로 적절하지 않은 것은?

① 유동성 비율은 단기에 지급해야 할 기업의 채무를 갚을 수 있는 기업의 능력을 측정하는 것이다.

② 이자보상비율은 순이익을 이자비용으로 나누어 산출한다.

③ 재고자산회전율이 산업평균보다 높은 경우 재고부족으로 인한 기회비용이 나타난다.

④ 레버리지 비율을 통해 기업의 채무불이행 위험을 평가할 수 있다.

08 다음은 경제학에서 범하기 쉬운 오류를 나열한 것이다. 각각의 경우 어떠한 오류를 범했는가?

> ㉠ 우산 판매량이 증가하면 세탁소의 수입이 증가한다.
> ㉡ 개인이 부자가 되기 위해서는 저축을 많이 해야 하듯이, 이번 금융위기를 극복하기 위해서는 세계 각국의 경제주체들은 재정을 절약하여야 한다.

	㉠	㉡
①	인과의 오류	구성의 오류
②	인과의 오류	강조의 오류
③	구성의 오류	인과의 오류
④	구성의 오류	강조의 오류

09 다음은 통화량과 이자율의 관계를 설명한 내용이다. 빈칸 (가) ~ (다)에 들어갈 말을 바르게 짝지은 것은?

> 통화당국이 이자율을 조절하기 위해 통화량을 증가시키면 단기적으로 명목이자율은 하락하게 되는데 이를 ___(가)___ 효과라고 한다. 그러나 이자율 하락은 투자를 증가시키므로 국민소득이 증대되고 이는 화폐수요를 증가시켜 명목이자율은 다시 상승하게 되는데 이를 ___(나)___ 효과라고 부른다. 또한 통화량이 증가하여 기대인플레이션이율이 상승하고 물가가 상승하면 명목이자율이 상승하는데 이를 ___(다)___ 효과라고 한다.

① 유동성 – 소득 – 피셔　　　　② 유동성 – 피셔 – 소득

③ 소득 – 유동성 – 피셔　　　　④ 피셔 – 소득 – 유동성

10 다음 중 시장이자율과 채권가격에 대한 설명으로 적절한 것은?

① 다른 조건은 동일하다고 가정할 경우 표면이자율이 높을수록 이자율의 변동에 따른 채권가격의 변동률이 크다.

② 만기일 채권가격은 액면가와 항상 일치한다.

③ 채권가격은 시장이자율과 같은 방향으로 움직인다.

④ 만기가 정해진 상태에서 이자율 하락에 따른 채권가격 상승폭과 이자율 상승에 따른 채권가격 하락폭은 항상 동일하다.

11 다음 내용을 바탕으로 빈칸 안에 들어갈 용어를 바르게 짝지은 것은?

> 은행과 보험회사, 은행과 증권회사 등 업종이 다른 금융기관들끼리의 업무제휴가 활발히 이루어지는 현상은 ___㉠___ 때문이다. 반면, 은행 간의 합병은 규모가 커짐에 따라 평균 비용이 낮아지는 효과인 ___㉡___ 때문이다.

	㉠	㉡
①	범위의 경제	규모의 경제
②	규모의 경제	범위의 경제
③	규모의 경제	규모의 불경제
④	범위의 경제	네트워크 외부성

12 다음 빈칸에 들어갈 경제 용어를 바르게 짝지은 것은?

> 구매력평가이론(Purchasing Power Parity Theory)은 모든 나라의 통화 한 단위의 구매력이 같도록 환율이 결정되어야 한다는 것이다. 구매력평가이론에 따르면 양국통화의 ___㉠___ 은 양국의 ___㉡___ 에 의해 결정되며, 구매력평가이론이 성립하면 ___㉢___ 은 불변이다.

	㉠	㉡	㉢
①	실질환율	물가수준	명목환율
②	명목환율	경상수지	실질환율
③	실질환율	경상수지	명목환율
④	명목환율	물가수준	실질환율

13 다음 중 빠른 시대 변화에 대응하기 위해 비정규 프리랜서 근로 형태가 확산되는 경제 현상은?

① 긱 이코노미　　　　　　　　　② 핑크슬립

③ ASP　　　　　　　　　　　　　④ SaaS

14 다음 중 온디맨드 경제에 해당되지 않는 것은?

① 프리랜서　　　　　　　　　　② 카카오 택시

③ 에어비엔비　　　　　　　　　④ P2P 대출

15 다음 중 대출을 받으려는 사람의 소득 대비 전체 금융부채의 원리금 상환액 비율을 말하는 것으로, 연간 총부채 원리금 상환액을 연간 소득으로 나눠 산출하는 것은?

① DTI　　　　　　　　　　　　② LTV

③ DSR　　　　　　　　　　　　④ CDS

16 다음 중 시스템리스크 예방대책 마련, 파생금융상품 규제 강화, 금융소비자 보호장치 신설, 대형 금융회사들에 대한 각종 감독·규제책 신설을 골자로 한 법으로 시스템리스크 예방을 위해 시장의 금융안정감시위원회(FSOC)를 신설한 것은?

① 사베이즈 – 옥슬리법　　　　　② 글래스 – 스티걸법

③ 잡스법　　　　　　　　　　　④ 도드 – 프랭크법

교육은 우리 자신의 무지를 점차 발견해 가는 과정이다.

– 윌 듀란트 –

PART 3

주요 금융권 NCS
기출복원문제

ㅣ하나은행

01 다음 글의 주제로 가장 적절한 것은?

> 시중은행 대출 금리가 가파르게 증가하자 경매에 넘어간 부동산이 2010년대 하락장 수준으로 증가하고 있다. 이는 대출금리의 인상으로 인한 이자 부담 가중으로 주택담보대출을 상환하지 못하는 경우와 이로 인한 부동산 경기 침체로 집값이 하락해 세입자의 보증금을 상환하지 못하는 경우가 대부분이다.
>
> 법원에 따르면 임의경매가 신청된 부동산은 2014년 10월 이후 최대치를, 강제경매가 신청된 부동산은 2020년 3월 이후 가장 많은 수치를 보이고 있다. 특히 이들 대부분은 집값 급등 시기에 대출을 받아 내 집을 마련한 이른바 '영끌족'이다. 하지만 이들이 계속된 고금리에 이자를 부담하기 어려워 집을 처분하려고 해도, 부동산 경기 침체로 인해 집을 사려는 사람이 없어 처분조차 어려운 상황이다. 실제로 서울부동산정보광장에 따르면 지난 4월 3,000건을 상회하던 거래량이 지난달인 10월에는 1,923건으로 하락한 반면, 매물은 늘어나는데 거래가 줄면서 계속 매물이 쌓여 현재 매물은 올해 초 대비 50% 이상 증가했다.

① 대출금리 인상으로 무너지는 내 집 마련
② 대출금리 인상으로 집을 사지 못하는 사람들
③ 대출금리 인상으로 인해 늘어난 부동산 선택지
④ 대출금리 인상으로 활발해진 부동산 경매시장

02 다음 글의 내용으로 가장 적절한 것은?

중국에서는 기원전 7 ~ 8세기 이후 주나라에서부터 청동전이 유통되었다. 이후 진시황이 중국을 통일하면서 화폐를 통일해 가운데 네모난 구멍이 뚫린 원형 청동 엽전이 등장했고, 이후 중국 통화의 주축으로 자리 잡았다. 하지만 엽전은 가치가 낮고 금화와 은화는 아직 주조되지 않았기 때문에 고액 거래를 위해서는 지폐가 필요했다. 결국 11세기경 송나라에서 최초의 법정 지폐인 교자(交子)가 발행되었다. 13세기 원나라에서는 강력한 국가 권력을 통해 엽전을 억제하고 교초(交鈔)라는 지폐를 유일한 공식 통화로 삼아 재정 문제를 해결했다.

아시아와 유럽에서 지폐의 등장과 발달 과정은 달랐다. 우선 유럽에서는 금화가 비교적 자유롭게 사용되어 대중들 사이에서 널리 유통되었다. 반면에 아시아의 통치자들은 금의 아름다움과 금이 상징하는 권력을 즐겼다는 점에서는 서구인들과 같았지만, 비천한 사람들이 화폐로 사용하기에는 금이 너무 소중하다고 여겼다. 대중들 사이에서 유통되도록 금을 방출하면 권력이 약화된다고 본 것이다. 대신에 일찍부터 지폐가 널리 통용되었다.

마르코 폴로는 쿠빌라이 칸이 모든 거래를 지폐로 이루어지게 하는 것을 보고 깊은 인상을 받았다. 사실상 종잇조각에 불과한 지폐가 그렇게 널리 통용되었던 이유는 무엇 때문일까? 칸이 만든 지폐에 찍힌 그의 도장은 금이나 은과 같은 권위가 있었다. 이것은 지폐의 가치를 확립하고 유지하는 데 국가 권력이 핵심 요소라는 사실을 보여준다.

유럽의 지폐는 그 초기 형태가 민간에서 발행한 어음이었으나, 아시아의 지폐는 처음부터 국가가 발행권을 갖고 있었다. 금속 주화와는 달리 내재적 가치가 없는 지폐가 화폐로 받아들여지고 사용되기 위해서는 신뢰가 필수적이다. 중국은 강력한 왕권이 이 신뢰를 담보할 수 있었지만, 유럽에서 지폐가 사람들의 신뢰를 얻기까지는 그보다 오랜 시간과 성숙된 환경이 필요했다. 유럽의 왕들은 종이에 마음대로 숫자를 적어 놓고 화폐로 사용하라고 강제할 수 없었다. 그래서 서로 잘 아는 일부 동업자들끼리 신뢰를 바탕으로 자체 지폐를 만들어 사용해야 했다. 하지만 민간에서 발행한 지폐는 신뢰 확보가 쉽지 않아 주기적으로 금융 위기를 초래했다. 정부가 나서기까지는 오랜 시간이 걸렸고, 17 ~ 18세기에 지폐의 법정화와 중앙은행의 설립이 이루어졌다. 중앙은행은 금을 보관하고 이를 바탕으로 금 태환(兌換)을 보장하는 증서를 발행해 화폐로 사용하기 시작했고, 그것이 오늘날의 지폐로 이어졌다.

① 유럽에서 금화의 대중적 확산은 지폐가 널리 통용되는 결정적인 계기가 되었다.
② 유럽에서는 민간 거래의 신뢰를 기반으로 지폐가 중국에 비해 일찍부터 통용되었다.
③ 중국에서 청동으로 만든 최초의 화폐는 네모난 구멍이 뚫린 원형 엽전의 형태였다.
④ 중국에서 지폐 거래의 신뢰를 확보할 수 있었던 것은 강력한 국가 권력이 있었기 때문이다.

※ 다음 글의 내용으로 적절하지 않은 것을 고르시오. [3~4]

| 하나은행

03

많은 사람들은 소비에 대한 경제적 결정을 내리기 전에 가격과 품질을 고려한다. 하지만 이러한 결정은 때로 소비자가 인식하지 못한 다른 요소에 의해 영향을 받는다. 바로 마케팅과 광고의 효과이다. 광고는 제품이나 서비스에 대한 정보를 전달하는 데 사용되는 매개체로 소비자의 구매 결정에 큰 영향을 끼친다.

마케팅 회사들은 광고를 통해 제품을 매력적으로 보이도록 디자인하고, 여러 가지 특징들을 강조하여 소비자들이 해당 제품을 원하도록 만든다. 예를 들어 소비자가 직면한 문제에 대해 자사의 제품이 효과적인 해결책이라고 제시하거나, 유니크한 디자인, 고급 소재 등을 사용한다고 강조하는 것이다. 이렇게 광고는 소비자들에게 제품에 대한 긍정적인 이미지를 형성하게 하여 구매 욕구를 자극해 제품의 판매량을 증가시킨다.

그러므로 현명한 소비를 하기 위해서는 광고에 의해 형성된 이미지에 속지 않고, 실제 제품의 가치와 품질을 충분히 검토해야 한다. 소비를 함에 있어 광고에만 의존한다면 실제로는 자신에게 필요하지 않은 제품이나 서비스를 마치 꼭 필요한 것처럼 착각하여 제품이나 서비스를 구매하게 될 수도 있다. 따라서 경제적인 결정을 내리기 전에 광고 외에도 가격, 품질, 필요성 등 다양한 요소를 종합적으로 고려해야 한다.

① 판매자는 광고를 통해 자사 제품의 긍정적인 이미지를 만들어 낼 수 있다.
② 광고는 현명한 소비를 함에 있어서 전혀 도움이 되지 않는다.
③ 자신에게 꼭 필요한 물건인지 파악하는 것은 현명하게 소비하는 것이다.
④ 광고는 소비자의 구매 결정에 큰 영향을 미친다.

04

『논어』 가운데 해석상 가장 많은 논란을 일으킨 구절은 '극기복례(克己復禮)'이다. 이 구절을 달리 해석하는 A학파와 B학파는 문장의 구절을 구분하는 것부터 다른 견해를 가지고 있다. A학파는 '극기'와 '복례'를 하나의 독립된 구절로 구분한다. 그들에 따르면, '극'과 '복'은 서술어이고, '기'와 '예'는 목적어이다. 이에 반해 B학파는 '극'을 서술어로 보고, '기복례'는 목적어구로 본다. 두 학파가 동일한 구절을 이와 같이 서로 다르게 구분하는 이유는 '극'과 '기' 그리고 '예'에 대한 이해가 다르기 때문이다.

A학파는 천리(天理)가 선천적으로 마음에 내재해 있다는 심성론에 따라 이 구절을 해석한다. 그들은 '극'은 '싸워서 이기다.'로, '복'은 '회복하다.'로 이해한다. 그리고 '기'는 '몸으로 인한 개인적 욕망'으로 '예'는 '천리에 따라 행위하는 것'으로 규정한다. 따라서 '극기'는 '몸의 개인적 욕망을 극복하다.'로 해석하고, '복례'는 '천리에 따라 행위하는 본래 모습을 회복하다.'로 해석한다.

이와 달리 B학파는 심성론에 따라 해석하지 않고 예를 중심으로 해석한다. 이들은 '극'을 '능숙하다.'로, '기'는 '몸'으로 이해한다. 또 '복'을 '한 번 했던 동작을 거듭하여 실천하다.'로 풀이한다. 그리고 예에 대한 인식도 달라서 '예'를 천리가 아닌 '본받아야 할 행위'로 이해한다. 예를 들면, 제사에 참여하여 어른들의 행위를 모방하면서 자신의 역할을 수행하는 것이 이에 해당한다. 따라서 이들의 해석에 따르면, '기복례'는 '몸이 본받아야 할 행위를 거듭 실행함'이 되고, '극'과 연결하여 해석하면 '몸이 본받아야 할 행위를 거듭 실행하여 능숙하게 되다.'가 된다.

두 학파가 동일한 구절을 달리 해석하는 또 다른 이유는 그들이 지향하는 철학적 관심이 다르기 때문이다. A학파는 '극기'를 '사욕의 제거'로 해석하면서, 용례상으로나 구문론상으로 "왜 꼭 그렇게 해석해야만 하는가?"라는 질문에 답하는 대신 자신들의 철학적 체계에 따른 해석을 고수한다. 그들의 관심은 악의 문제를 어떻게 설명할 것인가라는 문제에 집중되고 있다. B학파는 '극기복례'에 사용된 문자 하나하나의 용례를 추적하여 A학파의 해석이 『논어』가 만들어졌을 당시의 유가 사상과 거리가 있다는 것을 밝히려 한다. 그들은 욕망의 제거가 아닌 '모범적 행위의 창안'이라는 맥락에서 유가의 정통성을 찾으려 한다.

① A학파는 '기'를 극복의 대상으로 삼고, 천리를 행위의 기준으로 삼을 것이다.
② A학파에 의하면 '예'의 실천은 태어날 때부터 마음에 갖추고 있는 원리에 따라 이루어질 것이다.
③ B학파는 마음의 본래 모습을 회복함으로써 악을 제거하려 할 것이다.
④ B학파는 '기'를 숙련 행위의 주체로 이해하며, 선인의 행위를 모범으로 삼을 것이다.

'GDP(국내총생산)'는 국민경제 전체의 생산 수준을 파악할 수 있는 지표로, 한 나라 안에서 일정 기간 새로 생산된 최종 생산물의 가치를 모두 합산한 것이다. GDP를 계산할 때는 총생산물의 가치에서 중간 생산물의 가치를 빼며, 그 결과는 최종 생산물 가치의 총합과 동일하다. 다만, GDP를 산출할 때는 그해에 새로 생산된 재화와 서비스 중 화폐로 매매된 것만 계산에 포함하고, 화폐로 매매되지 않은 것은 포함하지 않는다. 그런데 상품 판매 가격은 물가 변동에 따라 오르내리기 때문에 GDP를 집계 당시의 상품 판매 가격으로 산출하면 그 결과는 물가 변동의 영향을 그대로 받는다. 올해에 작년과 똑같은 수준으로 재화를 생산하고 판매했더라도 올해 물가 변동에 따라 상품 판매 가격이 크게 올랐다면 올해 GDP는 가격 상승분만큼 부풀려져 작년 GDP보다 커진다. 이런 까닭으로 올해 GDP가 작년 GDP보다 커졌다 하더라도 생산 수준이 작년보다 실질적으로 올랐다고 볼 수는 없다. 심지어 GDP가 작년보다 커졌더라도 실질적으로 생산 수준이 떨어졌을 수도 있다.

그래서 실질적인 생산 수준을 판단할 수 있는 GDP를 산출할 필요가 있다. 그렇게 하려면 먼저 어느 해를 기준 시점으로 정해 놓고, 산출하고자 하는 해의 가격을 기준 시점의 물가 수준으로 환산해 GDP를 산출하면 된다. 기준 시점의 물가 수준으로 환산해 산출한 GDP를 '실질 GDP'라고 하고, 기준 시점의 물가 수준으로 환산하지 않은 GDP를 실질 GDP와 구분하기 위해 '명목 GDP'라고 부르기도 한다. 예를 들어 기준 시점을 1995년으로 하여 2000년의 실질 GDP를 생각해 보자. 1995년에는 물가 수준이 100, 명목 GDP는 3천 원이었으며, 2000년 물가 수준은 200, 명목 GDP는 6천 원이라고 가정하자. 이 경우 명목 GDP는 3천 원에서 6천 원으로 늘었지만, 물가 수준 역시 두 배로 올랐으므로 결국 실질 GDP는 동일하다.

경제가 실질적으로 얼마나 성장했는지 알려면 실질 GDP의 추이를 보는 것이 효과적이므로 실질 GDP는 경제성장률을 나타내는 공식 경제지표로 활용되고 있다. 금년도의 경제성장률은 아래와 같은 식으로 산출할 수 있다.

$$[\text{경제성장률}(\%)] = \frac{(\text{금년도 실질 GDP}) - (\text{전년도 실질 GDP})}{(\text{전년도 실질 GDP})} \times 100$$

GDP만큼 중요한 경제지표에는 'GNI(국민총소득)'라는 것도 있다. GNI는 GDP에 외국과 거래하는 교역 조건의 변화로 생기는 실질적 무역 손익을 합산해 집계한다. 그렇다면 ㉠ GDP가 있는데도 GNI를 따로 만들어 쓰는 이유는 무엇일까? 만약 수입 상품 단가가 수출 상품 단가보다 올라 대외 교역 조건이 나빠지면 전보다 많은 재화를 생산·수출하고도 제품·부품 수입 비용이 증가하여 무역 손실이 발생할 수도 있다. 이때 GDP는 무역 손실에 따른 실질 소득의 감소를 제대로 반영하지 못하기 때문에 GNI가 필요한 것이다. 결국 GDP가 국민경제의 크기와 생산 능력을 나타내는 데 중점을 두는 지표라면, GNI는 국민경제의 소득 수준과 소비 능력을 나타내는 데 중점을 두는 지표라고 할 수 있다.

05 제시문의 내용으로 적절하지 않은 것은?

① GDP는 최종 생산물 가치의 총합으로 계산할 수 있다.

② 화폐로 매매되지 않은 것은 GDP 계산에 넣지 않는다.

③ 새로 생산된 재화와 서비스만이 GDP 계산의 대상이 된다.

④ GDP는 총생산물 가치에 중간 생산물 가치를 더하여 산출한다.

06 제시문의 밑줄 친 ㉠에 대한 대답으로 가장 적절한 것은?

① 생산한 재화의 총량을 정확히 측정하기 위해

② 생산한 재화의 수출량을 정확히 측정하기 위해

③ 국가 간의 물가 수준의 차이를 정확히 재기 위해

④ 무역 손익에 따른 실질 소득의 증감을 정확히 재기 위해

07 다음 문장을 읽고, 이어질 문단을 논리적 순서대로 바르게 나열한 것은?

> 케인스 학파에서는 시장에서 임금이나 물가 등의 가격 변수가 완전히 탄력적으로 작용하지는 않기 때문에 경기적 실업은 자연스럽게 해소될 수 없다고 주장한다.

> (가) 그래서 경기 침체에 의해 물가가 하락하더라도 화폐환상현상으로 인해 노동자들은 명목임금의 하락을 받아들이지 않게 되고, 결국 명목임금은 경기적 실업이 발생하기 이전의 수준과 비슷하게 유지된다. 이는 기업에서 노동의 수요량을 늘리지 못하는 결과로 이어지게 되고 실업은 지속된다. 따라서 케인스 학파에서는 정부가 정책을 통해 노동의 수요를 늘리는 등의 경기적 실업을 감소시킬 수 있는 적극적인 역할을 해야 한다고 주장한다.
>
> (나) 이에 대해 케인스 학파에서는 여러 가지 이유를 제시하는데 그중 하나가 화폐환상현상이다. 화폐환상현상이란 경기 침체로 인해 물가가 하락하고 이에 영향을 받아 명목임금이 하락하였을 때의 실질임금이 명목임금의 하락 이전과 동일하다는 것을 노동자가 인식하지 못하는 현상을 의미한다.
>
> (다) 즉, 명목임금이 변하지 않은 상태에서 경기 침체로 인한 물가 하락으로 실질임금이 상승하더라도, 고전학파에서 말하는 것처럼 명목임금이 탄력적으로 하락하는 현상은 일어나기 어렵다고 본 것이다.

① (가) - (나) - (다)
② (가) - (다) - (나)
③ (다) - (가) - (나)
④ (다) - (나) - (가)

08 A고객은 H은행 정기예금을 만기 납입했다. 정기예금의 조건이 다음과 같을 때, A고객이 만기 시 수령할 이자는 얼마인가?(단, 소수점 첫째 자리에서 반올림한다)

> ▲ 상품명 : H은행 정기예금
> ▲ 가입자 : 본인
> ▲ 계약기간 : 6개월
> ▲ 저축방법 : 거치식
> ▲ 저축금액 : 1,000만 원
> ▲ 이자지급방식 : 만기일시지급, 단리식
> ▲ 기본금리 : 연 0.1%
> ▲ 우대금리 : 최대 연 0.3%p
> ▲ 기타사항 : 우대금리를 최대로 받는다.

① 10,000원
② 15,000원
③ 18,000원
④ 20,000원

09 10명이 앉을 수 있는 원형 탁자에 국문학과 2명, 영문학과 2명, 수학과 2명, 전자과 2명, 회화과 2명이 앉고자 한다. 과가 같은 학생끼리 마주보도록 앉는 경우의 수는?

① 330가지
② 348가지
③ 366가지
④ 384가지

10 K씨는 저가항공을 이용하여 비수기에 제주도 출장을 가려고 한다. 1인 기준으로 작년에 비해 비행기 왕복 요금은 20% 내렸고, 1박 숙박비는 15% 올라서 올해의 비행기 왕복 요금과 1박 숙박비 합계는 작년보다 10% 증가한 금액인 308,000원이라고 한다. 이때, 1인 기준으로 올해의 비행기 왕복 요금은?

① 31,000원
② 32,000원
③ 33,000원
④ 34,000원

11 어떤 미생물이 다음과 같은 규칙으로 분열한다고 한다. 6월 7일에 미생물 3마리가 분열을 시작한다면, 이 미생물이 30억 마리가 되는 날은?

〈미생물 개체 수 변화〉

(단위 : 마리)

구분	6월 7일	6월 10일	6월 13일	6월 16일	6월 19일
개체 수	3	30	300	3,000	30,000

① 7월 1일
② 7월 4일
③ 7월 7일
④ 7월 10일

12 K씨는 올 겨울에 해외여행을 가고자 한다. 여행사에서 운영하는 여행패키지 A ~ F의 가격이 다음과 같을 때, 〈조건〉에 따라 가장 저렴하게 이용할 수 있는 여행패키지의 가격은?

〈여행패키지 상품별 비용〉

구분	출발일	도착일	가격	비고
A	12.30	1.7	1,800,000원	–
B	1.4	1.30	2,100,000원	M멤버십 보유 시 30% 할인 Z카드 이용 시 25% 할인
C	1.15	1.22	1,600,000원	Z카드 이용 시 20% 할인
D	1.10	1.20	1,750,000원	M멤버십 보유 시 20% 할인 Z카드 이용 시 10% 할인
E	1.25	2.2	1,500,000원	M멤버십 보유 시 20% 할인
F	1.4	1.9	1,500,000원	M멤버십 보유 시 5% 할인 Z카드 이용 시 10% 할인

※ 중·고등학생은 청소년으로, 만 5세 이상 및 초등학생은 어린이로 티켓 가격을 책정함

조건
- 출발일과 도착일 모두 1월 이내여야 한다.
- 여행 기간은 15일 이내여야 한다.
- K씨는 M멤버십을 보유하고 있다.
- K씨는 Z카드를 갖고 있지 않다.

① 1,500,000원   ② 1,487,500원

③ 1,400,000원   ④ 1,372,500원

13 김대리는 이번 휴가에 여행을 갈 장소를 고르고 있다. 각 관광 코스에 대한 정보가 다음과 같을 때, 〈조건〉에 따라 김대리가 선택하기에 가장 적절한 관광 코스는?

〈관광 코스별 정보〉

구분	A코스	B코스	C코스	D코스
기간	3박 4일	2박 3일	4박 5일	4박 5일
비용	245,000원	175,000원	401,000원	332,000원
경유지	3곳	2곳	5곳	5곳
참여인원	25명	18명	31명	28명
할인	K카드로 결제 시 5% 할인	–	I카드로 결제 시 귀가셔틀버스 무료 제공	I카드로 결제 시 10% 할인
비고	공항 내 수화물 보관서비스 제공	–	경유지별 수화물 운송서비스 제공	–

조건

• 휴가기간에 맞추어 4일 이상 관광하되 5일을 초과하지 않아야 한다.
• 비용은 결제금액이 30만 원을 초과하지 않아야 한다.
• 모든 비용은 I카드로 결제한다.
• 참여인원이 30명을 넘지 않는 코스를 선호한다.
• 되도록 경유지가 많은 코스를 고른다.

① A코스　　　　　　　　　　　　② B코스
③ C코스　　　　　　　　　　　　④ D코스

14 김대리는 현재 소비습관에 따른 혜택 금액이 가장 큰 신용카드를 새로 신청하고자 한다. 김대리의 결제부문별 결제정보 및 신용카드별 혜택이 다음과 같을 때, 김대리가 신청하기에 가장 적절한 신용카드는?

〈김대리 결제정보〉

구분	결제금액	비고
외식	540,000원	T사 페이 결제 350,000원
쇼핑	290,000원	N사 페이 결제 150,000원
공과금	150,000원	자동이체
문화생활	95,000원	-
유류비	135,000원	-
총결제액	1,210,000원	1개 신용카드로 전체 금액을 결제함

〈신용카드별 혜택〉

구분	A카드	B카드	C카드	D카드
할인 부문	외식	쇼핑	공과금	유류비
이용실적별 할인 혜택	-50만 원 이상 : 할인 부문 결제액의 10% 할인 -100만 원 이상 : 할인 부문 결제액의 15% 할인			총결제액의 3% 할인
추가 혜택정보	페이 결제분에 대한 할인은 미적용	N사 페이 결제 시 5% 추가 할인	자동이체 설정 시 3% 추가 할인	-
월간 할인한도	28,000원	25,000원	-	30,000원

※ 이용실적은 총결제액을 기준으로 산정함

① A카드

② B카드

③ C카드

④ D카드

15 A공사에 근무하는 김대리는 국내 자율주행자동차 산업에 대한 SWOT 분석 결과에 따라 국내 자율주행자동차 산업 발달을 위한 방안을 고안하는 중이다. 김대리가 SWOT 분석에 의한 경영전략에 따라 판단하였다고 할 때, SWOT 분석에 의한 경영전략에 맞춘 판단으로 적절하지 않은 것을 〈보기〉에서 모두 고르면?

〈국내 자율주행자동차 산업에 대한 SWOT 분석 결과〉

구분	분석 결과
강점(Strength)	• 민간 자율주행기술 R&D지원을 위한 대규모 예산 확보 • 국내외에서 우수한 평가를 받는 국내 자동차기업 존재
약점(Weakness)	• 국내 민간기업의 자율주행기술 투자 미비 • 기술적 안전성 확보 미비
기회(Opportunity)	• 국가의 지속적 자율주행자동차 R&D 지원법안 본회의 통과 • 완성도 있는 자율주행기술을 갖춘 외국 기업들의 등장
위협(Threat)	• 자율주행차에 대한 국민들의 심리적 거부감 • 자율주행차에 대한 국가의 과도한 규제

〈SWOT 분석에 의한 경영전략〉

• SO전략 : 기회를 이용해 강점을 활용하는 전략
• ST전략 : 강점을 활용하여 위협을 최소화하거나 극복하는 전략
• WO전략 : 기회를 활용하여 약점을 보완하는 전략
• WT전략 : 약점을 최소화하고 위협을 회피하는 전략

보기

ㄱ. 자율주행기술 수준이 우수한 외국 기업과의 기술이전협약을 통해 국내 우수 자동차기업들의 자율주행기술 연구 및 상용화 수준을 향상시키려는 전략은 SO전략에 해당한다.
ㄴ. 민간의 자율주행기술 R&D를 적극 지원하여 자율주행기술의 안전성을 높이려는 전략은 ST전략에 해당한다.
ㄷ. 자율주행자동차 R&D를 지원하는 법률을 토대로 국내 기업의 기술개발을 적극 지원하여 안전성을 확보하려는 전략은 WO전략에 해당한다.
ㄹ. 자율주행기술개발에 대한 국내기업의 투자가 부족하므로 국가기관이 주도하여 기술개발을 추진하는 전략은 WT전략에 해당한다.

① ㄱ, ㄴ
② ㄱ, ㄷ
③ ㄴ, ㄷ
④ ㄴ, ㄹ

16 올해 H은행에 입사한 신입사원 갑 ~ 기 6명에 대한 정보와 이들이 배치될 부서에 대한 정보가 다음과 같을 때, 각 부서에 배치될 신입사원이 잘못 짝지어진 것은?

- 신입사원들은 서로 다른 부서에 배치되며, 배치되지 않는 신입사원은 없다.
- 신입사원들의 정보가 부서별 요구사항을 충족할 시 해당 부서에 배치된다.
- 신입사원들에 대한 정보는 다음과 같다.

구분	전공	학위	인턴 경험	업무 역량		
				데이터분석	재무분석	제2외국어
갑	경영	학사	1회	×	×	○
을	인문	석사	–	○	×	×
병	공학	학사	1회	×	○	×
정	사회	학사	2회	×	○	○
무	공학	학사	–	○	×	×
기	경영	박사	–	×	○	×

- 부서별 신입사원 요구사항은 다음과 같다.

구분	요구사항
총무부	경영 전공자, 인턴 경험 보유
투자전략부	재무분석 가능, 석사 이상
인사부	인턴 등 조직 경험 1회 이상
대외협력부	제2외국어 가능자
품질관리부	석사 이상, 데이터분석 역량 보유
기술개발부	데이터분석 가능자

	부서	신입사원
①	투자전략부	기
②	대외협력부	갑
③	품질관리부	을
④	기술개발부	무

17 A ~ H 8명은 함께 여행을 가기로 하였다. 제시된 〈조건〉에 따라 호텔의 방을 배정받는다고 할 때, 다음 설명 중 옳지 않은 것은?

조건

- A ~ H는 모두 하나씩 서로 다른 방을 배정받는다.
- 방이 상하로 이웃하고 있다는 것은 단면도상 방들이 위아래로 붙어있는 것을 의미한다.
- A, C, G는 호텔의 왼쪽 방을 배정받는다.
- B는 F의 위층 방을 배정받는다.
- A는 다리를 다쳐 가장 낮은 층을 배정받는다.
- F는 호텔의 오른쪽 방을 배정받는다.
- D는 G와 같은 층의 방을 배정받는다.
- 객실 번호가 적혀 있지 않은 곳은 이미 예약이 되어 방 배정이 불가능한 방이다.

〈호텔 단면도〉

	왼쪽	가운데	오른쪽
5층	501		503
4층	401		
3층			303
2층		202	203
1층	101	102	

① B와 F가 배정받은 방은 서로 상하로 이웃하고 있다.

② E는 호텔의 가운데에 위치한 방을 배정받는다.

③ C는 4층에 위치한 방을 배정받는다.

④ E는 H보다 높은 층을 배정받는다.

18 H은행 인재연수부 김과장은 사내 연수 중 조별과제의 발표 일정을 수립하고자 한다. 다음 〈조건〉에 따라 각 조의 발표 날짜를 정한다고 할 때, B조가 발표할 날짜는?

> **조건**
> • 조별과제 발표를 수행할 조는 A조, B조, C조이다.
> • 조별과제의 발표는 연수 시간에 이루어지며, 연수는 매주 화요일부터 금요일까지 진행된다.
> • 달력에는 공휴일 및 창립기념일이 기록되어 있으며, 해당 일은 연수가 진행되지 않는다.
> • 각 조는 3일간 발표를 수행한다.
> • 조별 발표는 A조 → C조 → B조 순으로 진행되며, 각 조는 앞 순서 조의 마지막 발표일 이후, 가능한 한 가장 빠른 일자에 발표를 시작한다.
> • 특정 조의 발표가 끝난 날의 다음 날에는 어느 조도 발표를 할 수 없다.
> • 각 조의 발표는 3일간 연속하여 하는 것이 원칙이나, 마지막 날의 발표는 연속하지 않게 별도로 할 수 있다. 다만, 이 경우에도 가능한 한 가장 빠른 일자에 마지막 날의 발표를 하여야 한다.

〈5월 달력〉

일	월	화	수	목	금	토
	1	2	3	4	5 어린이날	6
7	8	9 A조 발표	10 A조 발표	11 A조 발표	12	13
14	15	16	17 창립기념일	18	19	20
21	22	23	24	25	26	27 석가탄신일
28	29 대체공휴일	30	31			

① 18 ~ 19, 22일   ② 22 ~ 24일

③ 24 ~ 26일   ④ 25 ~ 26, 30일

19 기태는 N은행의 적금 상품에 가입하여 2019년 1월 초부터 2022년 4월 초까지 매월 초에 일정한 금액을 적립한 후 2022년 4월 말에 2,211만 원을 지급받기로 하였다. 월이율 0.5%의 복리로 계산할 때, 매월 적립해야 하는 금액은?(단, $1.005^{40} = 1.22$로 계산한다)

① 35만 원

② 40만 원

③ 45만 원

④ 50만 원

⑤ 55만 원

20 어느 유료 주차장의 요금이 다음과 같을 때, 이 주차장에 주차를 하고 5,000원 이하의 주차 요금을 지불하려고 한다. 가능한 최대 주차 시간은?

- 30분 이내인 경우에는 기본요금 1,500원을 낸다.
- 30분을 초과한 경우에는 10분마다 500원이 추가 된다.

① 100분

② 110분

③ 120분

④ 130분

⑤ 140분

21 다음은 은행별 적금 보험 상품에 대한 안내이다. A은행에서 3년 말에 받는 적립금과 B은행에서 2년 말에 받는 적립금을 비교할 때 어떤 은행에서 얼마 더 많은 금액을 받을 수 있는가?(단, $1.001^{36} = 1.04$, $1.002^{24} = 1.05$로 계산한다)

〈A은행 및 B은행 적립금〉	
구분	상품
A은행	매월 초에 5만 원씩 월이율 0.1%의 복리로 3년 동안 적립
B은행	매월 초에 10만 원씩 월이율 0.2%의 복리로 2년 동안 적립

① A은행, 503,000원

② B은행, 503,000원

③ A은행, 403,000원

④ B은행, 403,000원

⑤ A은행, 303,000원

22 어느 학교 작년의 전체 학생 수는 2,000명이었다. 올해는 작년에 비하여 남학생은 5% 감소하고, 여학생은 5% 증가하여 전체적으로 14명이 줄었다. 이 학교의 작년 여학생 수는?

① 820명
② 830명
③ 840명
④ 850명
⑤ 860명

23 A ~ G 7명은 모두 사원, 대리, 과장, 차장, 팀장, 부부장, 부장 중 하나의 직급에 해당하며, 이 중 동일한 직급인 직원은 없다. A ~ G가 원형 테이블에 〈조건〉과 같이 앉아 있을 때, 다음 중 직급이 사원인 사람과 대리인 사람이 바르게 짝지어진 것은?

조건

- A의 왼쪽에는 부장이, 오른쪽에는 차장이 앉아 있다.
- E는 사원과 이웃하여 앉지 않았다.
- B는 부장과 이웃하여 앉아 있다.
- C의 직급은 차장이다.
- G는 차장과 과장 사이에 앉아 있다.
- D는 A와 이웃하여 앉아 있다.
- 사원은 부장, 대리와 이웃하여 앉아 있다.

	사원	대리
①	A	F
②	B	E
③	B	F
④	D	E
⑤	D	G

24 다음 중 짝지어진 단어 사이의 관계가 나머지와 다른 하나는?

① 밀집 – 산재 ② 좌시 – 방관

③ 훼방 – 협조 ④ 방만 – 절연

⑤ 옹색 – 윤택

25 다음 제시된 단어에서 공통으로 연상할 수 있는 단어는?

갤런, 배럴, 온스

① 무게 ② 부피

③ 온도 ④ 압력

⑤ 넓이

26 다음 빈칸에 들어갈 한자성어로 가장 적절한 것은?

최근 1명의 사망자와 1명의 부상자를 낸 ○○교 붕괴사고에 대한 뒤늦은 사태파악이 이루어지고 있다. 지반 약화 또는 불법·부실 시공이 있었는지 파악 중이지만, 30년도 더 된 자료와 당시 관계자의 진술을 확보하는 데 어려움을 겪는 것으로 알려졌다.
즉, 어떤 건물이든지 기초를 튼튼히 하기 위하여 지질을 검사하고, 지반부터 다져야 한다. 만약 _____한다면 오래가지 못할 것이며, 완성되기도 전에 무너질 수 있다.

① 혼정신성 ② 표리부동

③ 철저성침 ④ 격화소양

⑤ 사상누각

※ 다음은 NH진짜사나이(군간부)적금 상품 설명과 24개월 만기로 신청한 간부 A ~ D의 NH농협은행 금융거래 실적에 대한 자료이다. 이를 보고 이어지는 질문에 답하시오. **[27~28]**

〈NH진짜사나이(군간부)적금〉

상품특징 : 군간부 및 간부후보생 급여실적 및 교차거래에 따른 우대금리 제공 적립식 상품
가입대상 : 군간부(장교, 부사관, 군의관, 법무관 등) 및 간부후보생(사관생도 등)과 복무 중인 병역법 제5조
　　　　　제3항 나목의 보충역(사회복무요원 제외) 대상(1인 1계좌)
가입기간 : 12개월 이상 24개월 이내(월 단위)
가입금액 : 초입금 / 매회 1만 원 이상, 매월 50만 원 이하(1인당) 금액을 만기일 전까지 자유 적립
상품과목 : 자유로우대적금
적립방법 : 자유적립식
금리안내 : 기본 연 3.1%, 자유로우대적금 가입기간별 금리
우대금리 : 1. 최고 3.7%p(우대조건을 충족하는 경우 만기해지 시 적용)
　　　　　2. 「상품우대알림」 서비스 신청 대상 상품

세부조건	우대금리(%p)	상품우대알림
이 적금 가입기간 중 만기 전전월까지 "6개월 이상" 농협은행에 급여 이체 시	3.00	급여연금
가입 월부터 만기 전전월까지 기간 중 은행에서 발급한 NH농협 개인 신용카드·체크카드(채움) 월 평균 20만 원 이상 이용 시	0.20	카드이용
만기일 전전월 말 기준으로 농협은행의 주택청약종합저축(청약저축 및 청년우대형 포함) 가입 시	0.20	수신가입
만기일 전전월 말 기준으로 농협은행의 적립식(임의식)펀드 중 1개 이상 가입 시	0.10	수신가입
만기일 전전월 말 기준으로 농협은행의 대출 실적 보유 시	0.20	대출거래

〈간부 A ~ D의 NH농협은행 금융거래 실적〉

A	• 월 30만 원 적립 • 2021년 1월부터 2022년 12월까지 농협은행에 급여 입금 내역 존재 • 2022년 1월부터 2022년 12월까지 NH농협 개인신용카드 및 체크카드(채움) 월 평균 50만 원 사용 • NH농협은행의 주책청약종합저축 미가입 • NH농협은행의 적립식 펀드 미가입 • 2022년 12월 NH농협은행 대출 실적 보유
B	• 월 50만 원 적립 • 2021년 1월부터 2022년 12월까지 농협은행에 급여 입금 내역 없음 • 2021년 1월부터 2022년 12월까지 NH농협 개인신용카드 및 체크카드(채움) 사용 내역 없음 • 2022년 12월 NH농협은행의 주책청약종합저축 가입 • NH농협은행의 적립식 펀드 미가입 • NH농협은행 대출 실적 미보유
C	• 월 20만 원 적립 • 2022년 9월부터 2022년 12월까지 농협은행에 급여 입금 내역 존재 • 2021년 1월부터 2022년 12월까지 NH농협 개인신용카드 및 체크카드(채움) 월 70만 원 사용 • 2022년 6월 NH농협은행의 주책청약종합저축 가입 • 2022년 12월 NH농협은행의 적립식 펀드 가입 • 2021년 8월 NH농협은행 대출 실적 보유

D	• 월 40만 원 적립		

- 월 40만 원 적립
- 2022년 1월부터 2022년 12월까지 농협은행에 급여 입금 내역 존재
- 2021년 1월부터 2022년 12월까지 NH농협 개인신용카드 및 체크카드(채움) 월 평균 15만 원 사용
- 2021년 3월 NH농협은행의 주책청약종합저축 가입
- 2021년 6월 NH농협은행의 적립식 펀드 가입
- 2021년 3월 NH농협은행 대출 실적 보유

▎지역농협 6급(70문항)

27 간부 A∼D의 적금 가입일이 2021년 1월 1일로 모두 같을 때 2023년 1월 1일에 받는 월 이자 금액이 적은 사람부터 순서대로 나열한 것은?

① C−A−D−B
② C−B−A−D
③ C−B−D−A
④ C−D−A−B
⑤ C−D−B−A

▎지역농협 6급(70문항)

28 다음 중 간부 A ∼ D의 만기 원리합계 금액이 바르게 짝지어진 것은?(단, 근삿값은 주어진 표를 따르고 소수점 셋째 자리에서 반올림하며, 이자는 월말에 발생한다)

$(1+0.031/12)^{24}$	1.064	$(1+0.062/12)^{24}$	1.131
$(1+0.033/12)^{24}$	1.068	$(1+0.063/12)^{24}$	1.133
$(1+0.036/12)^{24}$	1.075	$(1+0.066/12)^{24}$	1.141
$(1+0.037/12)^{24}$	1.077	$(1+0.068/12)^{24}$	1.145

	A	B	C	D
①	723.67만 원	1,206.38만 원	480.64만 원	970.15만 원
②	731.65만 원	1,224.68만 원	492.13만 원	1,017.25만 원
③	763.99만 원	1,241.91만 원	501만 원	1,031.09만 원
④	765.36만 원	1,237.2만 원	497.76만 원	1,023.36만 원
⑤	781.61만 원	1,295.94만 원	501.15만 원	1,051.66만 원

29 다음 글을 읽고 추론한 내용으로 적절하지 않은 것은?

> 우리는 도시화, 산업화, 고도성장 과정에서 우리 경제의 뒷방살이 신세로 전락한 한국 농업의 새로운 가치에 주목해야 한다. 농업은 경제적 효율성이 뒤처져서 사라져야 할 사양 산업이 아니다. 전 지구적인 기후 변화와 식량 및 에너지 등 자원 위기에 대응하여 나라와 생명을 살릴 미래 산업으로서 농업의 전략적 가치가 크게 부각되고 있다. 농본주의의 가치를 앞세우고 농업 르네상스 시대의 재연을 통해 우리 경제가 당면한 불확실성의 터널을 벗어나야 한다.
>
> 우리는 왜 이런 주장을 하는가? 농업은 자원 순환적이고 환경 친화적인 산업이기 때문이다. 땅의 생산력에 기초해서 한계적 노동력을 고용하는 지연(地緣) 산업인 동시에 식량과 에너지를 생산하는 원천적인 생명 산업이기 때문이다. 물질적인 부의 극대화를 위해서 한 지역의 자원을 개발하여 이용한 뒤에 효용 가치가 떨어지면 다른 곳으로 이동하는 유목민적 태도가 오늘날 위기를 낳고 키워 왔는지 모른다. 급변하는 시대의 흐름에 부응하지 못하는 구시대의 경제 패러다임으로는 오늘날의 역사에 동승하기 어렵다. 이런 맥락에서 지키고 가꾸어 후손에게 넘겨주는 문화적 지속성을 존중하는 농업의 가치가 새롭게 조명받는 이유에 주목할 만하다. 과학 기술의 눈부신 발전성과를 수용하여 새로운 상품과 시장을 창출할 수 있는 녹색성장 산업으로서 농업의 잠재적 가치가 중시되고 있는 것이다.

① 산업화를 위한 국가의 정책 추진 과정에서 농업은 소외되어 왔다.
② 농업의 성장을 위해서는 먼저 과학 기술의 문제점을 성찰해야 한다.
③ 지나친 경제적 효율성 추구로 세계는 현재 자원 위기에 처해 있다.
④ 자원 순환적·환경 친화적 산업의 가치가 부각되고 있다.
⑤ 기존의 경제 패러다임으로는 미래 사회에 적응할 수 없다.

30 다음 글에 나타난 '라이헨바흐의 논증'을 평가·비판한 내용으로 적절하지 않은 것은?

> 귀납은 현대 논리학에서 연역이 아닌 모든 추론, 즉 전제가 결론을 개연적으로 뒷받침하는 모든 추론을 가리킨다. 귀납은 기존의 정보나 관찰 증거 등을 근거로 새로운 사실을 추가하는 지식 확장적 특성을 지닌다. 이 특성으로 인해 귀납은 근대 과학 발전의 방법적 토대가 되었지만, 한편으로 귀납 자체의 논리적 한계를 지적하는 문제들에 부딪히기도 한다.
>
> 먼저 흄은 과거의 경험을 근거로 미래를 예측하는 귀납이 정당한 추론이 되려면 미래의 세계가 과거에 우리가 경험해 온 세계와 동일하다는 자연의 일양성(一樣性), 곧 한결같음이 가정되어야 한다고 보았다. 그런데 자연의 일양성은 선험적으로 알 수 있는 것이 아니라 경험에 기대어야 알 수 있는 것이다. 즉, "귀납이 정당한 추론이다."라는 주장은 "자연은 일양적이다."라는 다른 지식을 전제로 하는데, 그 지식은 다시 귀납에 의해 정당화되어야 하는 경험적 지식이므로 귀납의 정당화는 순환 논리에 빠져 버린다는 것이다. 이것이 귀납의 정당화 문제이다.
>
> 귀납의 정당화 문제로부터 과학의 방법인 귀납을 옹호하기 위해 라이헨바흐는 이 문제에 대해 현실적 구제책을 제시한다. 라이헨바흐는 자연이 일양적일 수도 있고 그렇지 않을 수도 있음을 전제한다. 먼저 자연이 일양적일 경우, 그는 지금까지의 우리의 경험에 따라 귀납이 점성술이나 예언 등의 다른 방법보다 성공적인 방법이라고 판단한다. 자연이 일양적이지 않다면, 어떤 방법도 체계적으로 미래 예측에 계속해서 성공할 수 없다는 논리적 판단을 통해 귀납은 최소한 다른 방법보다 나쁘지 않은 추론이라고 확언한다. 결국 자연이 일양적인지 그렇지 않은지 알 수 없는 상황에서는 귀납을 사용하는 것이 옳은 선택이라는 라이헨바흐의 논증은 귀납의 정당화 문제를 현실적 차원에서 해소하려는 시도로 볼 수 있다.

① 귀납이 지닌 논리적 허점을 완전히 극복한 것은 아니라는 비판의 여지가 있다.

② 귀납을 과학의 방법으로 사용할 수 있음을 지지하려는 목적에서 시도하였다는 데 의미가 있다.

③ 귀납과 다른 방법을 비교하기 위해 경험적 판단과 논리적 판단을 모두 활용한 것이 특징이다.

④ 귀납과 견주어 미래 예측에 더 성공적인 방법이 없다는 판단을 근거로 귀납의 가치를 보여 주고 있다.

⑤ 귀납이 현실적으로 옳은 추론 방법임을 밝히기 위해 자연의 일양성이 선험적 지식임을 증명한 데 의의가 있다.

31 다음 제시된 문단을 논리적 순서대로 바르게 나열한 것은?

(가) 애그테크는 농업 산업의 생산성과 효율성을 높이고, 자원 사용을 최적화하며, 작물의 품질과 수량을 향상시키는 것을 목표로 한다. 다양한 기술을 활용하여 농작물 재배, 가축 사육, 작물 보호, 수확 및 포장 등 농업에 관련한 모든 단계에서 다양한 첨단 기술이 적용된다.

(나) 애그테크는 농업의 효율화, 자동화 등을 위해 다양한 기술을 활용한다. 첫째, 센서 기술을 통해 토양 상태, 기후 조건, 작물 성장 등을 모니터링한다. 이를 통해 작물의 생장 상태를 실시간으로 파악하고 작물에 필요한 물과 비료의 양을 조절할 수 있다. 둘째, 드론과 로봇기술을 통해 농지 상태를 파악하고 작물을 자동으로 식별하여 수확할 수 있다. 이를 통해 농업에 필요한 인력을 절감하고 생산성을 높일 수 있다. 셋째, 센서나 로봇으로 수집한 데이터를 분석하는 빅데이터 분석 기술을 통해 작물의 성장 패턴, 질병 예측, 수확 시기 등 최적의 정보를 얻을 수 있다. 이를 통해 농부는 더 효과적으로 작물을 관리하고 의사 결정을 내릴 수 있다. 넷째, 수직 농장, 수경 재배, 조직 배양 등 혁신적인 재배 기술을 통해 더 많은 작물을 작은 공간에서 생산하고 최적의 자원을 투입하여 낭비를 막을 수 있다. 마지막으로 생명공학 및 유전자 기술을 통해 작물의 생산성, 내구성 등을 개선할 수 있다. 이를 통해 수확량을 증대시키고, 재해에 대한 저항력을 향상시킬 수 있다.

(다) 농협경제연구소는 2023년 주목해야 할 농업·농촌 이슈 중의 하나로 "애그테크(Ag-tech)의 성장"을 선정하였다. 애그테크는 농업(Agriculture)과 기술(Technology)의 융합을 뜻하는 것으로 정보기술(ICT), 생명과학, 로봇공학, 센서 기술 등 다양한 기술을 농업 분야에 적용하는 기술이다.

(라) UN 식량농업기구(FAO)는 2050년에는 세계 인구가 90억 명으로 급증하여 식량부족현상이 일어날 수 있다고 경고한다. 농업에 종사하는 사람은 점점 적어지고 있으므로 애그테크는 자동화, 최적화, 효율화를 통해 급증하는 인구에 식량을 제공하고, 환경 문제를 해결하는 등 미래 사회를 위해 반드시 필요한 기술이다.

---

① (나) - (가) - (다) - (라)   　② (나) - (다) - (가) - (라)

③ (다) - (가) - (나) - (라)   　④ (다) - (나) - (가) - (라)

⑤ (다) - (라) - (가) - (나)

32 다음 글에서 〈보기〉의 문단이 들어갈 위치로 가장 적절한 곳은?

> 농림축산식품부는 농업·농촌의 공익기능 증진과 농업인의 소득 안정을 위해 '공익직불제'를 시행하고 있다. 공익직불제는 농업활동을 통해 환경보전, 농촌 공동체 유지, 먹거리 안전 등 공익을 창출할 수 있도록 농업인에게 보조금을 지원하는 제도이다.
>
> (가) 공익직불제는 기존 직불제의 한계점을 해결하기 위해 시행되었다. 먼저 모든 작물을 대상으로 동일금액을 지급하여 작물 간의 형평성을 제고하고 쌀 중심의 농정 패러다임을 전환하도록 유도하였다. 또한 경영규모가 작을수록 높은 단가를 적용하는 등 중·소규모 농가에 대한 소득안정기능을 강화하여 농가 간 형평성을 제고하였다. 마지막으로 다양한 준수사항을 설정하여 농업인의 공익 준수의무를 강화하였다.
>
> (나) 직불금을 받는 농업인은 공익을 위해 다음의 준수사항을 실천해야 한다. 첫째, 농지의 형상 및 기능을 유지하는 등 생태계 보전을 위해 노력해야 한다. 둘째, 농약 안전사용기준이나 농산물 출하 제한 명령 등을 준수하여 먹거리 안전을 실현해야 한다. 셋째, 마을 공동체 활동 참여 등 공동체 활성화에 이바지해야 한다. 넷째, 영농일지 작성, 농업 증진 교육 이수 등 영농활동을 준수해야 한다. 다섯째, 화학비료, 하천·지하수 이용 기준을 준수하는 등 환경보호에 힘써야 한다. 이러한 준수사항을 위반할 경우 직불금의 총액이 감액될 수 있다.
>
> (다) 공익직불제는 실제 농사를 짓는 농업인이 직불금을 받을 수 있도록 규정되어 있다. 위조, 거짓신청, 농지분할, 무단점유 등 부정수급을 막기 위하여 사업신청정보 통합관리 시스템으로 직불금 자격요건 검증 및 심사를 강화하고 있으며, 특별사법경찰관·명예감시원 등을 통해 관리·감독을 시행하고 있다. 이를 위반한 경우 부당이익금 전액이 환수되며, 최대 5배까지 제재부가금이 부과된다. 이 밖에도 부정수급 적발을 위해 신고포상금제도도 운영하고 있다.
>
> (라) 2023년 현재 공익직불제는 시행 4년 차를 맞아 더욱 다양한 농업인에게 폭넓은 혜택을 제공할 수 있도록 확대되었다. 공익직불제는 부정수급 관련 문제나, 제도 사각지대 등 여러 문제점이 아직 존재하지만 점차 개선 중에 있으며 농업의 다원적 기능과 공익적 역할을 유도하는 데 많은 도움을 주고 있다.

보기

> 2004년 WTO 재협상 이후 수입쌀이 값싼 가격에 들어오면서 정부는 농가 피해보전을 위해 쌀 소득보전 직불제를 도입하여 농가소득안정과 규모화 및 생산구조 효율화에 기여하였다. 그러나 이는 쌀의 과잉공급을 초래하였고 다른 작물을 재배하는 소규모 농가에 대한 소득안전망 기능 미흡 등 다양한 문제점이 있었다.

① (가) ② (나)

③ (다) ④ (라)

33 다음 글의 내용으로 적절하지 않은 것은?

생각만으로도 따뜻해지는 나의 고향에 힘을 보태주기 위한 고향사랑기부제가 2023년 1월 1일부터 행정안전부 주재로 시작되었다. 고향사랑기부제는 개인이 주소지 이외의 지방자치단체에 일정 금액을 기부하면 세액공제와 함께 답례품을 받는 제도이다. 행정안전부는 「고향사랑 기부금에 관한 법률」 및 같은 법 시행령, 지자체 조례에 따라 고향사랑기부제를 시행하고 있다.

기부금 한도는 개인당 연간 500만 원으로 주민등록상 주소지를 제외한 모든 지자체에 기부할 수 있다. 기부금액 10만 원 이하는 전액 세액공제가 되며, 10만 원 초과 시에는 16.5%를 공제받을 수 있다. 또 기부자에게는 기부금액의 30% 이내에 해당하는 답례품이 제공된다. 예를 들어 10만 원을 기부하면 세액공제 10만 원, 답례품 3만 원을 합해 13만 원의 혜택을 돌려받을 수 있다. 100만 원을 기부하면 54만 8,500원(세액공제 24만 8,500원, 답례품 30만 원)의 혜택을 받게 된다.

답례품은 해당 지역에서 생산되는 지역특산품 등으로, 지자체 간 과도한 경쟁이 일어나지 않도록 개인별 기부금 총액의 30% 이내로 정해져있다. 지자체는 답례품 및 답례품 공급업체의 공정한 선정을 위해 답례품선정위원회를 운영하여 농·축·수산물, 가공식품, 생활용품, 관광·서비스, 지역 상품권 등 2,000여 종의 답례품을 선정하여 기부자에게 증정하고 있다.

각 지자체는 정부 광고매체를 활용해 모금할 수 있다. 다만 법령에서는 개별적인 전화·서신, 호별 방문, 향우회·동창회 등 사적 모임을 통한 모금의 강요나 권유·독려, 지자체가 주최·주관·후원하는 행사에 참석·방문해 적극적으로 권유·독려하는 방법을 금지하고 있으며 이를 위반했을 경우에는 최대 8개월까지 기부금 모금이 제한되고, 지자체의 모금이 제한된 경우에는 해당 기관의 누리집 등을 통해 알려야 한다.

고향사랑기부제는 국내에서는 올해 처음 시행된 제도로 모인 기부금은 지자체를 통해 주민복리 증진과 지역활성화에 사용된다. 지자체는 기부금으로 조성된 고향사랑기금을 투명하게 사용할 수 있도록 지방기금법에 따라 관리·운용하고 있으며, 여기서 기부금의 모집·운용 등에 쓸 수 있는 기금의 범위는 전년도 기부금의 15% 이내이다.

행정안전부는 기부자가 쉽고 편리하게 해당 제도를 이용할 수 있도록 원스톱 정보시스템인 '고향사랑e음'을 구축하여 운용하고 있다. 기부자는 고향사랑e음에서 전국 243개 지자체에 편리하게 기부할 수 있고, 국세청 연말정산시스템과 연계하여 자동으로 세액공제 혜택을 받을 수 있다. 또한 기부자가 원하는 시기에 원하는 답례품을 선택할 수 있도록 기부금의 30%를 포인트로 적립해 준다. '고향사랑e음' 시스템 외에도 전국 5,900여 개 농협 창구를 직접 방문해 기부할 수도 있다. 창구를 이용할 경우 본인 신분증(주민등록증·운전면허증 등)을 가지고 농협 근무시간(오전 9시 ~ 오후 3시 30분)에 방문해 현장에서 기부할 수 있다. 기부금액에 따른 답례품 선택 등도 안내받을 수 있다.

① 온라인 이외에도 은행에 방문하여 현장에서 기부할 수 있다.

② 고향사랑e음을 통해 기부하면 자동으로 세액공제 혜택을 받을 수 있다.

③ 기부금 모금 독려는 지자체가 주관하는 지방행사에서 가능하다.

④ 고향사랑e음을 통해 기부자는 답례품을 자신이 원하는 시기에 원하는 물건으로 받을 수 있다.

34 다음 글의 제목으로 가장 적절한 것은?

새마을금고중앙회는 대포통장 근절을 통해 보이스피싱 예방에 성과를 거두고 있다고 밝혔다.

대포통장은 명의자와 사용자가 일치하지 않는 통장으로, 대부분 금융사기에 이용된다. 보이스피싱의 경우도 피해자로부터 입금을 받는 계좌로 대포통장을 이용한다. 따라서 대포통장 근절은 보이스피싱 예방의 중요한 수단으로 여겨진다.

새마을금고는 요구불통장 발급전용 창구 개설, 발급전담자 지정, 금융거래목적확인 절차 강화, 현금IC카드 발급요건 강화, 고액현금 인출 사전예방 문진표 징구 등을 통해 대포통장 근절에 적극 나서고 있다.

그 결과 새마을금고의 대포통장 비율은 눈에 띄게 줄었다. 지난 5년간 전(全) 금융기관 대포통장 대비 새마을금고의 대포통장 비율은 2018년 11.7%, 2019년 9.0%, 2020년 5.6%, 2021년 3.7%, 2022년 4.3%로 크게 감소했고, 발생 건수 또한 2018년 6,002건에서 2022년 1,272건으로 감소했다.

한편 새마을금고중앙회는 피해 · 사기계좌에 대한 모니터링을 통해 자금 인출 전 계좌의 출금을 막아 피해를 예방하고 금융사기를 차단하고 있다고 전했다. 이러한 모니터링을 통한 예방 계좌 수는 2020년 644건, 2021년 761건, 2022년 1,402건으로 지속적으로 증가했고, 예방 금액은 지난 3년간 총 132억에 달한다고 한다.

새마을금고중앙회 관계자는 "적극적인 대포통장 근절로 보이스피싱 예방과 고객 보호에 최선을 다하겠다."라고 밝혔다.

① 대포통장, 보이스피싱의 대표적 수단
② 새마을금고중앙회의 보이스피싱 예방 성과
③ 새마을금고중앙회, 금융사기 피해자 지원
④ 사기계좌에 대한 지속적 모니터링 촉구

미래 성장동력이자 4차 산업혁명의 신산업 플랫폼인 '스마트시티' 분야에 대해 국가 차원의 체계적인 기술개발 투자가 이뤄진다. 국토교통부는 대통령 주재 제2차 과학기술 전략회의에서 9대 국가전략 프로젝트 중 하나로 '세계 선도형 스마트시티 구축사업'이 최종 선정됐다고 밝혔다. 또한 이를 통해 우리의 강점인 도시개발 경험과 우수한 ICT를 연계한 핵심기술을 개발하고 맞춤형 실증모델을 구축하게 되면 글로벌 기술 우위를 확보하는 한편, 전 세계적으로 크게 확대되고 있는 스마트시티 시장을 선점할 수 있는 계기가 될 것으로 내다보았다.

이번 스마트시티 프로젝트의 핵심 과제는 개별 인프라 연계를 통한 요소기술 고도화, 도시 빅데이터 통합관리 · 공개를 통한 서비스 질 향상, R&D(연구개발) 국내 실증 및 해외 진출 기반 강화 등이다. 주요 연구과제(안)로는 현행 개별 빌딩 위주의 에너지 관리시스템을 주변 시설물로 확대 · 연계하는 시스템 개발로 에너지 관리 효율을 향상시키고, 교통사고 · 범죄 · 응급의료 등 도시 내 각종 위험에 대한 위기대응 통합 솔루션을 개발하며, 물 · 에너지의 효율적 사용을 위한 실시간 양방향 계측(AMI) 통합관리 시스템 등을 개발하는 것이다. 또한 현행 텍스트 중심의 행정서비스를 공간정보가 연계된 클라우드 기반의 입체적 행정서비스로 전환하는 공간정보행정시스템 연계 등이 추진될 것으로 보인다. 그리고 현재 분야별로 단절된 도시 관리 데이터를 상호 연계해 빅데이터로 통합 · 관리하는 시스템을 구축하고 이를 공공부문 도시관리 의사결정과정에 활용하는 한편, 일반 시민, 기업 등에도 원활히 공개하는 기술을 개발한다.

공공 분야에서는 교통정체, 사고 등 도시 내 각종 상황을 실시간으로 감지 · 분석하고 도시 빅데이터에 기반해 의사결정 전 과정을 지원하는 '지능형 통합 의사결정 시스템'을 개발해 공공서비스 질을 향상시킬 방침이다. 민간 차원에서는 일반 시민, 기업 등이 도시 관리 데이터를 쉽게 활용할 수 있도록 개방형 운영체계 기술을 개발하고 정보 공개를 통해 민간의 다양한 수요자 맞춤형 생활편의 서비스 개발을 유도하여 스마트시티 관련 신산업 생태계를 조성한다.

아울러 R&D 성과물이 시민들의 도시 생활에 실제 활용될 수 있도록 실증 연구도 보다 내실화한다. 도시 유형별로 인프라 연계 등 R&D 결과를 풀 패키지로 실증하는 신도시형과 서비스 솔루션 중심의 기존도시형으로 각각 차별화하고 이를 실증에 적합한 인프라 등이 구축된 지자체에 적용해 국내 스마트시티를 더욱 고도화할 계획이다.

이와 함께 R&D를 통해 개발된 기술과 기존 기술을 결합해 해외국가 수준별 맞춤형 '해외 진출 표준 모델'을 마련하고 이를 바탕으로 대상국과의 R&D 공동투자, 도시개발 사업 공동참여 등 다각적인 해외 진출 방안도 모색할 예정이다.

이번 스마트시티 프로젝트가 차질 없이 수행되면 우선 도시 개별 인프라 간 연계 · 통합 등으로 상호 시너지가 발생해 각종 도시 관리 효율성이 15% 이상 향상될 것으로 전망된다. 분야별로는 전기료 · 수도료 및 에너지 사용 최대 20% 절감, 교통정체 최대 15% 해소, 이산화탄소 최대 15% 감축이 예상된다.

또한 글로벌 요소기술 우위 확보, 민간 참여 활성화를 통해 스마트시티 관련 고부가가치 신산업 생태계가 조성될 것으로 전망된다. 개방형 운영체계 구축 등으로 오픈 스트리트 맵, 스마트 로지스틱스 등 민간의 다양한 스마트 솔루션이 개발되고 일자리 창출 및 국내 경제 활성화에 기여할 수 있을 것으로 예상된다.

아울러 R&D를 통한 스마트시티 기술력 제고 및 해외 진출 확대로 전체 해외건설 수주에서 차지하는 도시개발 분야의 비중이 현재 약 10%에서 2025년 30% 수준까지 높아져 스마트시티가 우리나라의 새로운 성장동력으로 대두될 것으로 전망된다.

35 제시문의 제목으로 가장 적절한 것은?

① 스마트시티 프로젝트의 필요성과 한계

② 현 상황을 통해 살펴본 스마트시티 프로젝트의 미래

③ 스마트시티 프로젝트의 과제와 기대효과

④ 해외 사례 연구를 통해 살펴본 스마트시티 프로젝트

36 다음 중 제시문을 읽고 스마트시티 프로젝트를 이해한 내용으로 적절하지 않은 것은?

① 스마트시티 프로젝트는 도시 내의 여러 가지 위험에 대한 위기대응에도 효과적일 것이다.

② 공공 분야에서는 도시 빅데이터에 기반해 의사결정과정을 지원하는 시스템을 개발할 계획이다.

③ 스마트시티 프로젝트로 도시 관리 효율성이 15% 이상 향상될 것으로 전망된다.

④ 국내 경제 활성화를 위한 다양한 스마트 솔루션 개발로 일자리는 줄어들 전망이다.

37 다음 글을 읽고 알 수 있는 내용으로 적절하지 않은 것은?

경찰청 국가수사본부(사이버수사국)는 2021년 5월 19일 오스트리아 빈에서 개최된 '제30회 유엔 범죄예방 및 형사사법위원회'*정기회의에 온라인으로 참석해, 가상자산 추적과 국제형사사법공조 등을 통해 '갠드크랩' 금품요구 악성 프로그램 유포사범을 국내 최초로 검거한 수사 사례를 발표했다.

경찰은 루마니아·필리핀·미국 등 10개국과 공조하며 2년간의 수사를 통해 경찰관서 등을 사칭하며 '출석통지서'를 위장한 갠드크랩 금품요구 악성 프로그램을 유포한 피의자들을 검거하였다. 이에 유엔 마약·범죄 사무소에서 고도화된 사이버범죄인 랜섬웨어 사건을 가상자산추적 및 국제공조를 통하여 성공적으로 해결한 한국 경찰의 수사를 모범사례로 선정하여, 정기회의에서의 발표를 요청한 것이다.

이 사건을 직접 수사한 발표자 J경사는 금품요구 악성 프로그램 유포사건의 착수 경위와 범행 수법, 사건 해결을 위한 수사 시 착안사항 등을 설명하였다. 특히 최근 사이버범죄에서 범행수익금이 가상자산으로 전달되는 특성상 국가 간 신속하고도 긴밀한 공조수사의 중요함을 강조하였다.

J경사는 인터넷진흥원에서 침해사고를 담당하던 중 경찰의 경력직 특별채용에 지원해 2013년 사이버수사관이 되었으며, 지하웹(다크웹)에서 운영되던 아동성착취물 공유사이트 '웰컴투비디오'의 운영자를 검거하였다. 이렇게 검거한 수사 사례를 2018년 태국에서 개최된 유엔 마약·범죄 사무소, 동남아시아 가상자산 실무자 회의에서 발표한 경력도 있다.

경찰청 관계자는 "이번 유엔 발표를 통해 한국 경찰의 사이버수사 역량을 전 세계 수사기관에 알리는 좋은 기회가 되었다. 앞으로도 한국 경찰의 첨단 사이버 수사기법과 적극적인 국제공조를 통해 금품요구 악성 프로그램·디도스(DDoS) 등 최신 사이버범죄를 신속하게 해결하여 국민의 피해를 최소화하겠다."라고 강조하였다.

*유엔 마약·범죄 사무소(UNODC; UN Office on Drugs and Crime)가 운영하는 위원회로, 범죄예방 및 사법분야에서 UN의 활동을 안내하는 정기회의를 매년 5월 오스트리아 빈에서 개최

① 한국 경찰은 해외 10개국과 공조하여 2년간 사이버범죄를 수사하였다.
② 유엔 마약·범죄 사무소에서는 선제적으로 한국 경찰에 정기회의에서의 발표를 요청하였다.
③ 한국 경찰은 사이버 성범죄 유포사범을 검거한 일로 유엔 정기회의를 통해 사이버수사 역량을 알리게 되었다.
④ 사이버범죄 해결을 위한 국제공조는 앞으로도 지속적으로 이루어질 것이다.

38 S사 기획팀은 신입사원 입사로 인해 자리 배치를 바꾸려고 한다. 다음 자리 배치표와 〈조건〉을 참고할 때, 배치된 자리와 직원의 연결로 가장 적절한 것은?

〈자리 배치표〉

출입문				
1 – 신입사원	2	3	4	5
6	7	8 – A사원	9	10

• 기획팀 기존 팀원 : A사원, B부장, C대리, D과장, E차장, F대리, G과장

조건

• B부장은 출입문과 가장 먼 자리에 앉는다.
• C대리와 D과장은 마주보고 앉는다.
• E차장은 B부장과 마주보거나 B부장의 옆자리에 앉는다.
• C대리는 A사원 옆자리에 앉는다.
• E차장 옆자리에는 아무도 앉지 않는다.
• F대리와 마주보는 자리에는 아무도 앉지 않는다.
• D과장과 G과장은 옆자리 또는 마주보고 앉지 않는다.
• 빈자리는 2자리이며 옆자리 또는 마주보는 자리이다.

① 2 – G과장　　　　　　　　　② 3 – B부장
③ 5 – E차장　　　　　　　　　④ 6 – F대리

39 A씨는 화씨온도를 사용하는 미국에 제품을 수출하기 위해 보관방법의 내용을 영어로 번역하려고 한다. 보관방법 설명서 중 밑줄 친 부분의 온도를 화씨온도로 환산한 것은?

〈보관방법〉

본 제품은 수분, 열에 의한 영향에 민감하므로 열원이나 직사 광선을 피해 서늘한 곳에 보관하십시오. 온도 30℃ 이상, 상대습도 75% 이상에서는 제품이 변형될 수 있습니다. 어린이 손에 닿지 않는 곳에 보관하십시오.

※ $℃ = \dfrac{5}{9}(℉ - 32)$

① 85℉　　　　　　　　　② 86℉
③ 87℉　　　　　　　　　④ 88℉

40 A고객은 S은행의 주택담보대출을 중도상환하고 대출금액을 정산하려고 한다. 〈조건〉이 다음과 같을 때, A고객의 중도상환수수료는 얼마인가?

> **조건**
>
> • 상품명 : S은행 주택담보대출
> • 가입자 : 본인
> • 대출금액 : 15,000만 원
> • 대출기간 : 4년
> • 가입기간 : 2년
> • 대출이율 : 5.0%
> • 중도상환금액 : 8,000만 원
> • 중도상환수수료율 : 2.5%
> • 중도상환수수료 : (중도상환금액)×(중도상환수수료율)×(잔여기간)÷(대출기간)

① 950,000원   ② 1,000,000원

③ 1,200,000원   ④ 1,250,000원

41 서로 다른 2개의 주사위 A, B를 동시에 던졌을 때, 나온 눈의 곱이 홀수일 확률은?

① $\dfrac{1}{4}$ ② $\dfrac{1}{5}$

③ $\dfrac{1}{6}$ ④ $\dfrac{1}{8}$

42 B주임과 C과장은 S은행으로부터 만기환급금 안내를 받았다. 각각 가입한 상품의 정보가 다음과 같을 때, B주임과 C과장이 받을 만기환급금은?[단, $(1.02)^{\frac{1}{12}}=1.001$, $(1.02)^{\frac{25}{12}}=1.04$로 계산한다]

〈상품 정보〉

◎ B주임
- 상품명 : S은행 함께 적금
- 가입자 : 본인
- 가입기간 : 36개월
- 가입금액 : 매월 초 300,000원 납입
- 적용 금리 : 연 2.4%
- 저축방법 : 정기적립식, 비과세
- 이자지급방식 : 만기일시지급, 단리식

◎ C과장
- 상품명 : S은행 목돈 만들기 적금
- 가입자 : 본인
- 가입기간 : 24개월
- 가입금액 : 매월 초 250,000원 납입
- 적용 금리 : 연 2.0%
- 저축방법 : 정기적립식, 비과세
- 이자지급방식 : 만기일시지급, 복리식

	B주임	C과장
①	11,199,600원	9,750,000원
②	11,208,400원	9,475,000원
③	11,106,300원	9,685,000원
④	11,488,200원	9,895,500원

43 A씨는 출국하기 전 인천국제공항의 S은행에서 달러 및 유로 환전 신청을 하였다. 다음 정보를 참고할 때, A씨가 내야 할 총환전 수수료는?

〈정보〉

- 신청 금액 : 미화 660달러, EUR 550유로
- 환전 우대율 : 미화 70%, EUR 50%
- 신청 날짜 : 2023. 02. 01.
- 장소 : S은행 인천국제공항지점
- 환율 고시표

구분	현금	
	매수	매도
원/달러	1,300	1,100
원/100엔	1,120	1,080
원/유로	1,520	1,450

※ (환전 수수료)=(매수 매도 차액)×(1−우대율)×(환전 금액)

① 56,650원
② 57,250원
③ 58,150원
④ 58,850원

※ 다음 중 밑줄 친 부분의 맞춤법이 옳지 않은 것을 고르시오. [44~45]

44 ① 그는 목이 메어 한동안 말을 잇지 못했다.
② 어제는 종일 아이를 치다꺼리하느라 잠시도 쉬지 못했다.
③ 웬일로 선물까지 준비했는지 모르겠다.
④ 노루가 나타난 것은 나무꾼이 도끼로 나무를 베고 있을 때였다.

45 ① 바리스타로서 자부심을 가지고 커피를 내렸다.
② 어제는 왠지 피곤한 하루였다.
③ 용감한 시민의 제보로 진실이 드러났다.
④ 점심을 먹은 뒤 바로 설겆이를 했다.

46 다음 글을 읽고 〈보기〉에 대한 독자의 반응으로 적절하지 않은 것은?

(가) 복제 양 돌리의 탄생을 계기로 복제 인간의 탄생 가능성이 제기되면서, 인간 복제는 윤리적으로 매우 잘못된 일이므로 이를 엄격하게 금지해야 한다는 의견이 대두하기 시작하였다. 지금까지 동물 복제의 실험 과정에서 알려진 여러 부작용을 생각할 때, 인간의 체세포를 복제해서 새로운 생명이 태어나게 하는 것은 엄격하게 규제해야 한다는 데는 이론(異論)이 있을 수 없다. 그렇다면 과학자들은 왜 굳이 인간의 배아를 복제하려고 노력하는 것일까?

인간 배아 연구를 통해 세포의 분화 과정에 관한 신비를 풀 수만 있다면 인간의 노화 현상을 규명할 수 있을 뿐만 아니라, 현대의 난치병인 암의 발생 원인을 밝혀낼 수도 있기 때문이다. 인간이 건강한 삶을 오랫동안 누리게 하는 것이 의학의 목적이라면 의학 본연의 목적에 맞게 연구를 수행하는 한편, 그 목적에서 벗어나지 않도록 감시하는 것이 과학자의 의무이다.

어떤 사람들은 인간 배아 연구의 윤리적인 문제를 제기하기도 한다. 하지만 인간 배아 연구는 일반적으로 수정 후 14일까지만 가능하도록 허용하고 있다. 14일 이후에는 장기 형성이 시작되기 때문이다. 결국, 이때까지의 인간 배아 연구는 윤리적으로 전혀 문제가 되지 않는 것이다. 많은 사람이 걱정하듯이 이 연구가 복제 인간을 만들어 내는 방향으로 가지는 않을 것이기에 인간 배아 복제 연구는 허용되어야 한다.

(나) 최근 영국 정부가 연내 의회에 제출키로 한 치료 목적의 인간 배아 복제 허용 계획에 대해 즉각적으로 반응하는 것은 어찌 보면 호들갑일 수도 있다. 그것은 무엇보다 이번 인간 배아 복제 기술이 개체로서의 인간을 복제하는 것은 아니기 때문이다. 그럼에도 불구하고, 이 문제가 지금 세계적으로 큰 반향을 불러일으키고 있는 이유는 그 기술의 잠재적 위험 때문이다.

인간 배아 복제 연구를 반대하는 가장 큰 이유는 배아 역시 생명을 가진 잠재적인 인간이기 때문에 이를 연구 재료로 삼아서는 안 된다는 것이다. 이것을 허용했을 경우 생명 경시 풍조가 만연할 것이 분명하다. 또한 인간 배아 복제의 연구는 질병 치료를 목적으로 하더라도 지금까지 발전해 온 과학 기술의 속성상 인간 개체 복제로 이어질 가능성이 매우 높다.

이 일을 우려하는 또 하나의 이유는 인간 배아 복제 기술이 상업적인 가치를 가지게 될 때, 과학자들이 기업가들의 유혹에 쉽게 흔들릴 수 있다는 것이다. 그 결과, 기업가들이 장차 이 기술을 장악하게 되고, 이를 상업적으로 이용하게 될 때 초래되는 부작용들은 우리가 우려하는 정도를 넘어설 수 있다.

결국, 생명 복제와 관련한 기술 문제는 단순한 과학이나 의학 차원의 문제가 아니다. 그것은 중대한 사회 문제인 동시에 인류의 미래를 결정짓는 문제이다. 그런데도 많은 사람이 이 문제를 과학자의 문제로만 생각하고 있다. 인류의 미래를 생각한다면 생명 복제 기술과 그 개발 정책에 대해 일반인들도 관심을 두고 감시해야 한다.

> **보기**
>
> 과학기술부 생명윤리자문위원회가 발표한 생명윤리기본법 시안(試案)은 수정 순간부터 인간 생명이 시작된다는 것을 전제로 하고 있기에, 인간 개체 복제와 체세포 핵 이식 방식의 인간 배아 복제를 금지한다는 내용을 담고 있다.

① 생명 공학 분야의 국가 경쟁력이 강화될 거야.
② 정부는 배아 복제가 윤리적으로 문제가 있다고 생각하는군.
③ 과학의 연구 활동 분야에 제한을 두겠다는 것이군.
④ 앞으로 복제 기술 연구에 대한 정부의 통제가 심해지겠어.

47 다음 글의 주제로 가장 적절한 것은?

새마을금고는 사업자 고객 대상 모바일 앱 서비스 'MG더뱅킹기업'을 신규 출시한다고 밝혔다. MG더뱅킹기업은 개인 사업자 및 법인 고객 대상 모바일 앱으로서, 새마을금고 자체 최초의 기업용 스마트뱅킹 서비스이다. 기존 기업 인터넷뱅킹 사용자들의 요구 사항을 적극 반영하여 약 1년에 걸쳐 신규 구축했다.

새마을금고는 '편리하게 또 안전하게'라는 방향성하에 앱을 출시했으며, 신규 출시되는 MG더뱅킹 기업의 주요 특징은 직관적인 UI/UX, 모바일 결재함, 간편인증, 비대면센터 등이다.

UI/UX는 사용자 관점에서 직관적인 디자인을 추구했다. 사업자 유형별 맞춤형 메인 화면을 구성했으며, 이체 등 주요 메뉴에서 페이지 이동 없이 단일 화면에서 완결할 수 있다. 또한 다양한 색상 및 아이콘을 사용하여 편의성을 강화했다.

기업의 내부통제를 지원하기 위한 모바일 결재함을 제공한다. 사업체 내 다수의 사용자가 금융업무 이용 시 결재 요청 및 승인을 통해 거래를 완결하는 서비스로서 앱을 통한 결재 처리 및 조회가 가능하다.

개인사업자 대상 간편인증과 비대면센터도 제공한다. 1일 1,000만 원 이하의 소액 이체 거래에 대하여 추가 인증 절차를 배제한 '간편패스'를 도입했으며 간편 로그인 및 간편 출금 등이 가능하다. 또한 비대면센터를 통하여 디지털 OTP 발급 및 예적금 상품 개설 등이 가능하다.

새마을금고중앙회장은 "기존의 개인용 MG더뱅킹에 금번 출시되는 사업자용 MG더뱅킹기업으로 새마을금고의 비대면 채널이 다각화될 것으로 기대되며, 새마을금고의 모든 개인 및 기업 고객을 위한 맞춤형 서비스를 제공할 계획"이라고 전했다.

새마을금고는 2021년 개인 고객 대상 MG더뱅킹 앱 리뉴얼 출시, 2022년 기업 고객 대상 MG더뱅킹기업 앱 신규 출시 등 비대면 서비스를 확대하고 있으며, 향후 개인뱅킹 전면 재구축, 마이데이터 서비스 등 지속적인 디지털 혁신 사업을 추진할 예정이다.

① 모바일 앱 서비스 'MG더뱅킹기업'에 대한 고객평가
② 새마을금고 모바일 앱 서비스의 종류
③ 모바일 앱 서비스 'MG더뱅킹기업'의 출시
④ 모바일 앱 서비스의 보안 규정

48 다음 글을 이해한 내용으로 가장 적절한 것은?

> 기준금리는 중앙은행이 경제를 조절하고 통화정책을 시행하기 위해 설정하는 핵심적인 금리이다. 중앙은행은 경제의 안정과 성장을 도모하기 위해 노력하며, 기준금리는 이를 위한 주요한 도구로 사용된다.
>
> 기준금리는 경제의 주요 지표와 금융시장의 조건 등을 고려하여 결정된다. 주로 인플레이션, 경제성장, 고용상황 등과 같은 경제 지표를 분석하고, 금융시장의 유동성과 안정성을 고려하여 중앙은행이 적절한 수준의 기준금리를 결정한다. 이를 통해 중앙은행은 경기 변동에 따른 위험을 완화하고 금융시장의 원활한 운영을 돕는 역할을 수행한다.
>
> 또한 기준금리는 주로 중앙은행이 자금공급 및 대출을 조절하여 경제의 동향을 조절하기 위해 설정된다. 일반적으로 경제가 성장하고 인플레이션이 심해지면 중앙은행은 기준금리를 인상시켜 자금을 제한하고 대출을 어렵게 만든다. 이는 소비와 투자를 저하시키는 효과를 가지며, 경기 과열을 억제하는 역할을 한다.
>
> 반대로 경제가 침체되면 중앙은행은 기준금리를 낮춰 자금을 유동성 있게 공급하고 대출을 유도한다. 이는 경기 활성화와 경제 확장을 촉진하며 기업과 개인의 대출 활동을 유도하여 경제에 활력을 불어넣는 효과를 가진다.
>
> 중앙은행은 기준금리를 결정할 때 정책 목표와 관련된 다양한 요소를 고려한다. 대표적으로 인플레이션 목표율, 경제 성장률, 고용률, 외환 시장 상황, 금융시장 안정성 등 다양한 요인이 있으며 국제 경제 상황과 금융시장의 변동성, 정책 변화의 시너지 효과 등도 고려한다.
>
> 기준금리는 중앙은행의 중요한 정책 수단으로서, 정부와 기업, 개인들의 경제 활동에 직간접적인 영향을 준다. 따라서 중앙은행은 신중하고 적절한 기준금리 조정을 통해 경제의 안정과 균형을 유지하려는 노력을 계속해야 한다. 이를 위해 경제 지표와 금융시장의 변동을 면밀히 관찰하고, 정책 목표에 맞는 조치를 취하며, 투명한 커뮤니케이션을 통해 경제 주체들에게 예측 가능한 환경을 제공해야 한다.

① 경기가 과열될 경우 중앙은행은 기준금리를 인하한다.

② 중앙은행이 기준금리를 인상하면 개인과 기업의 소비와 투자가 촉진된다.

③ 기준금리는 경기 변동에 따른 위험을 완화하는 장치이다.

④ 기준금리 설정에서 가장 중요한 요인은 국제 경제 상황이다.

49 다음 제시된 협상 대화에 들어갈 대답으로 가장 적절한 말을 한 사람을 〈보기〉에서 고르면?

> S사 : 안녕하세요. 다름이 아니라 현재 단가로는 더 이상 귀사에 납품하는 것이 어려울 것 같아 자재의 단가를 조금 올리고 싶어서요. 이에 대해 어떻게 생각하시나요?
>
> 대답 : _____

보기

A : 지난달 자재의 불량률이 너무 높은데 단가를 더 낮춰야 할 것 같습니다.
B : 저희도 이 정도 가격은 꼭 받아야 해서요. 단가를 지금 이상 드리는 것은 불가능합니다.
C : 불량률을 3% 아래로 낮춰서 납품해 주시면 단가를 조금 올리도록 하겠습니다.
D : 단가를 올리면 저희 쪽에서 주문하는 수량이 줄어들 텐데, 귀사에서 괜찮을까요?

① A   ② B
③ C   ④ D

※ 다음 제시된 문단을 논리적 순서대로 바르게 나열한 것을 고르시오. [50~51]

50

> (가) 근대에 접어들어 모든 사물이 생명력을 갖지 않는 일종의 기계라는 견해가 강조되면서, 아리스토텔레스의 목적론은 비과학적이라는 이유로 많은 비판에 직면한다.
> (나) 대표적인 근대 사상가인 갈릴레이는 목적론적 설명이 과학적 설명으로 사용될 수 없다고 주장했고, 베이컨은 목적에 대한 탐구가 과학에 무익하다고 평가했으며, 스피노자는 목적론이 자연에 대한 이해를 왜곡한다고 비판했다.
> (다) 일부 현대 학자들은 근대 사상가들이 당시 과학에 기초한 기계론적 모형이 더 설득력이 있다는 일종의 교조적 믿음에 의존했을 뿐, 아리스토텔레스의 목적론을 거부할 충분한 근거를 제시하지 못했다고 비판한다.
> (라) 이들의 비판은 목적론이 인간 이외의 자연물도 이성을 갖는 것으로 의인화한다는 것이다. 그러나 이런 비판과는 달리 아리스토텔레스는 자연물을 생물과 무생물로, 생물을 식물·동물·인간으로 나누고, 인간만이 이성을 지닌다고 생각했다.

① (가) - (나) - (라) - (다)   ② (가) - (라) - (나) - (다)
③ (나) - (다) - (라) - (가)   ④ (나) - (라) - (다) - (가)

51

(가) 이와 같이 임베디드 금융의 개선을 위해서는 효과적인 보안 시스템과 프라이버시 보호 방안을 도입하여 사용자의 개인정보를 안전하게 관리하는 것이 필요하다. 또한 디지털 기기의 접근성을 개선하고 사용자들이 편리하게 이용할 수 있는 환경을 조성해야 한다.

(나) 임베디드 금융은 기업과 소비자 모두에게 이점을 제공한다. 기업은 제품과 서비스에 금융 기능을 통합함으로써 자사 플랫폼 의존도를 높이고, 수집한 고객의 정보를 통해 매출을 증대시킬 수 있으며, 고객들에게 편리한 금융 서비스를 제공할 수 있다. 소비자의 경우는 모바일 앱을 통해 간편하게 금융 거래를 할 수 있고, 스마트기기 하나만으로 다양한 금융 상품에 접근할 수 있어 편의성과 접근성이 크게 향상된다.

(다) 그러나 임베디드 금융은 개인정보 보호와 안전성에 대한 관리가 필요하다. 사용자의 금융 데이터와 개인정보가 디지털 플랫폼이나 기기에 저장되므로 해킹이나 데이터 유출과 같은 사고가 발생할 수 있다. 이는 사용자의 프라이버시 침해와 금융 거래 안전성에 대한 심각한 위협이 될 수 있다. 또한 모든 사람들이 안정적인 인터넷 연결과 임베디드 금융이 포함된 최신 기기를 보유하고 있지는 않기 때문에 디지털 기기에 익숙하지 않은 사람들은 임베디드 금융 서비스를 제공받는 데 제한을 받을 수 있다.

(라) 임베디드 금융은 비금융 기업이 자신의 플랫폼이나 디지털 기기에 금융 서비스를 탑재하는 것을 뜻한다. 삼성페이나 애플페이 같은 결제 서비스부터 대출이나 보험까지 임베디드 금융은 제품과 서비스에 금융 기능을 통합하여 사용자에게 편의성과 접근성을 높여준다.

① (나) – (가) – (다) – (라) 　　② (나) – (라) – (다) – (가)
③ (라) – (가) – (나) – (다) 　　④ (라) – (나) – (다) – (가)

※ 다음은 'IBK 탄소제로적금'에 대한 자료이다. 이를 보고 이어지는 질문에 답하시오. **[52~53]**

〈IBK 탄소제로적금〉

구분	세부내용
상품특징	• 거주세대의 전기사용량 절약 여부에 따라 금리혜택을 제공하는 적금상품
가입금액	• 신규금액 : 최소 1만 원 이상 • 납입한도 : 매월 100만 원 이하(천 원 단위)
계약기간	• 1년제
가입대상	• 실명의 개인(개인사업자 제외) • 1인 1계좌
이자지급방법	• 만기일시지급식
약정이율	• 연 3.0%
우대금리	• 최고 연 4.0%p • 계약기간 동안 아래 조건을 충족하고 만기해지 시 우대이자율 제공 ① 에너지 절감 : 적금가입월부터 10개월 동안 적금가입월의 전기사용량(kWh) 대비 월별 전기사용량 (kWh) 절감횟수가 다음에 해당하는 경우("아파트아이" 회원가입을 통해 등록된 주소에 대한 관리비 명세서의 전기사용량(kWh)만 인정되며 주소가 변경될 경우 "아파트아이"에서 주소변경을 완료해야만 변경된 주소의 실적이 반영 가능하며, 주소 변경은 연 3회로 제한한다) 　－3회 이상 : 연 1.0%p 　－5회 이상 : 연 2.0%p ② 최초거래고객 : 가입 시 아래 요건 중 1가지 충족 시 연 1.0%p 　－실명등록일로부터 3개월 이내 　－가입일 직전월 기준 6개월간 총수신평잔 '0'원 ③ 지로 / 공과금 자동이체 : 본인 명의 입출금식 통장에서 지로 / 공과금 자동이체 실적이 3개월 이상인 경우 연 1.0%p
중도해지이율	• 만기일 이전에 해지할 경우 입금액마다 입금일부터 해지일 전일까지의 기간에 대하여 가입일 당시 IBK 적립식중금채의 중도해지금리를 적용 • 납입기간 경과비율 　－10% 미만 : (가입일 현재 계약기간별 고시금리)×5% 　－10% 이상 20% 미만 : (가입일 현재 계약기간별 고시금리)×10% 　－20% 이상 40% 미만 : (가입일 현재 계약기간별 고시금리)×20% 　－40% 이상 60% 미만 : (가입일 현재 계약기간별 고시금리)×40% 　－60% 이상 80% 미만 : (가입일 현재 계약기간별 고시금리)×60% 　－80% 이상 : (가입일 현재 계약기간별 고시금리)×80% ※ 모든 구간 최저금리 연 0.1% 적용
만기 후 이율	• 만기일 당시 IBK 적립식중금채의 만기 후 금리를 적용 　－만기 후 1개월 이내 : (만기일 당시 IBK 적립식중금채의 계약기간별 고시금리)×50% 　－만기 후 1개월 초과 6개월 이내 : (만기일 당시 IBK 적립식중금채의 계약기간별 고시금리)×30% 　－만기 후 6개월 초과 : (만기일 당시 IBK 적립식중금채의 계약기간별 고시금리)×20%

52 다음 중 제시된 자료의 내용과 일치하지 않는 것은?

① 신규금액을 제외하고 최대 납입 가능한 금액은 1,200만 원이다.

② 계약기간 동안에 주소변경을 하기 위해서는 아파트아이 계정이 필요하다.

③ 자신이 세대주가 아닐 경우, 지로 / 공과금 자동이체 우대금리를 적용받기 위해서는 세대주 명의의 입출금식 통장을 개설하여야 한다.

④ 최대 이율을 적용받는 사람이 납입기간 50%를 경과하고 중도해지 할 경우 적용받는 금리는 이전보다 5.8%p 적다.

53 다음은 IBK 탄소제로적금에 가입한 A고객의 가입정보이다. A고객이 지급받을 이자는?(단, A는 "아파트아이"에 회원가입하여 주소를 등록하였으며, 계약기간 동안 주소변경은 하지 않았다)

<hr/>

〈A고객의 가입정보〉

• 가입상품 : IBK 탄소제로적금
• 가입금액
 − 최초 납입금액 : 30만 원
 − 추가 납입금액 : 70만 원(2022.11.1)
• 계약기간 : 1년(2022.5.1 ~ 2023.4.30)
• 우대금리 관련 사항
 ① 월별 전기사용량

연도/월	22/5	22/6	22/7	22/8	22/9	22/10
전기사용량(kWh)	448	436	478	481	442	430
연도/월	22/11	22/12	23/1	23/2	23/3	23/4
전기사용량(kWh)	452	466	485	447	440	447

 ② 최초거래고객 : 실명등록일(2022.3.25)
 ③ 지로 / 공과금 자동이체 : 본인 명의 입출금식 통장으로 월 아파트관리비 총 5회 자동이체
• 적금 실제 해지일 : 23.10.31

<hr/>

① 64,500원   ② 50,000원

③ 45,500원   ④ 43,500원

다음은 김대리가 자택에서 사무실로 출근할 때 이동수단별 소요 시간에 대한 표이다. 이를 보고 이어지는 질문에 답하시오. [54~55]

<김대리의 이동수단별 소요 시간>

구분	버스	지하철	자가용
자택에서 인근 정류장 / 역까지 걸리는 시간	도보 1분	도보 3분	-
인근 정류장 / 역에서 사무실까지 걸리는 시간	도보 3분	도보 2분	-
이동수단별 이동시간	정류장당 4분	지하철역당 2분	19분
비고	환승이 불필요하며, 탑승 후 4번째로 도착하는 정거장에서 하차	탑승 후 2번째로 도착하는 역에서 1회 환승하여 4번째로 도착하는 역에서 하차 (환승으로 2분 추가)	도착 후 주차로 인해 2분 추가

54 다음 중 김대리가 자택에서 사무실까지 지하철을 이용하여 출근할 때 걸리는 시간은?

① 15분 ② 17분

③ 19분 ④ 21분

55 다음 중 김대리의 자택에서 사무실까지의 편도 이동시간이 가장 짧은 이동수단을 순서대로 바르게 나열한 것은?

① 버스 – 지하철 – 자가용 ② 지하철 – 버스 – 자가용

③ 지하철 – 자가용 – 버스 ④ 자가용 – 버스 – 지하철

56 다음은 개발부에서 근무하는 K사원의 4월 근태기록이다. 규정을 참고할 때, K사원이 받을 시간외 근무수당은?(단, 정규근로시간은 09:00 ~ 18:00이다)

〈시간외근무규정〉

- 시간외근무(조기출근 포함)는 1일 4시간, 월 57시간을 초과할 수 없다.
- 시간외근무수당은 1일 1시간 이상 시간외근무를 한 경우에 발생하며, 1시간을 공제한 후 매분 단위까지 합산하여 계산한다(단, 월 단위 계산 시 1시간 미만은 절사함).
- 시간외근무수당 지급단가 : 사원(7,000원), 대리(8,000원), 과장(10,000원)

〈K사원의 4월 근태기록(출근시간 / 퇴근시간)〉

- 4월 1일부터 4월 15일까지의 시간외근무시간은 12시간 50분(1일 1시간 공제 적용)이다.

18일(월)	19일(화)	20일(수)	21일(목)	22일(금)
09:00 / 19:10	09:00 / 18:00	08:00 / 18:20	08:30 / 19:10	09:00 / 18:00
25일(월)	26일(화)	27일(수)	28일(목)	29일(금)
08:00 / 19:30	08:30 / 20:40	08:30 / 19:40	09:00 / 18:00	09:00 / 18:00

※ 주말 특근은 고려하지 않음

---

① 112,000원   ② 119,000원

③ 126,000원   ④ 133,000원

※ 다음은 'IBK W소확행통장'에 대한 설명이다. 제시된 자료를 보고 이어지는 질문에 답하시오. [57~58]

<IBK W소확행통장>

구분	세부내용
상품특징	• 레저업종(BC 가맹점기준)에서 기업은행카드 사용 시 사용건수 또는 이용대금에 따라 금리우대
가입금액	• 신규금액 : 최소 1만 원 이상 • 납입한도 : 매월 100만 원 이하(1만 원 단위)
계약기간	• 1년제, 2년제, 3년제
이자지급방법 및 주기	• 12개월 이상 24개월 미만 : 연 3.40% • 24개월 이상 36개월 미만 : 연 3.50% • 36개월 이상 : 연 3.65%

우대금리	• 최대 연 2.40%p
	• 당행 BC카드(체크·신용 모두 포함) 보유 및 자동이체로 1회 이상(금액제한 없음) 납입하고, 연평균하여 아래 요건을 충족한 경우 만기해지 시 해당 우대금리 제공(2가지 중 1가지만 충족해도 해당 우대금리 제공)
	  ① [온누리상품권 구입] 당행 창구에서 본인 명의로 구입한 금액에 따라 차등 우대('온누리상품권 구매금액'을 '레저업종 카드사용금액'과 합산하여 '금액' 실적으로 인정)
	  ② [레저업종 카드사용] 레저업종에서 이용한 카드사용건수 또는 카드사용금액에 따라 차등 우대
	    - 20만 원 이상 또는 5건 이상 : 연 1.00%p
	    - 50만 원 이상 또는 15건 이상 : 연 1.70%p
	    - 100만 원 이상 또는 30건 이상 : 연 2.40%p
	  ※ BC카드 가맹점 분류기준에 따라 아래 나열된 경우를 '레저업종'으로 인정 : 헬스클럽, 골프연습장, 수영장, 볼링장, 당구장, 테니스장, 스키장(통상 헬스클럽 기준으로 요가필라테스, 기타업종으로 VR, 스크린야구 등 업종이 포함될 수도 있음)
	  ※ BC카드 레저업종 실적인정 기준(다음 3가지 항목을 모두 충족한 경우 유효한 카드실적으로 인정)
	    1) 당행계좌를 결제계좌로 등록한 당행 개인카드(체크·신용)를 사용
	    2) 상기 명시된 국내 레저업종 가맹점에서 직접 결제한 경우(단, 카카오페이, 네이버페이 등 일부 간편결제 및 PG·소셜커머스를 통한 결제 등 가맹점 직접 결제가 아닌 경우 실적인정 불가)
	    3) 당일자, 당일가맹점 사용실적은 최대 1회(금액은 최대금액 1건) 인정

중도해지이율	• 만기일 이전에 해지할 경우 입금액마다 입금일부터 해지일 전일까지의 기간에 대하여 가입일 당시 IBK 적립식중금채의 중도해지금리를 적용
	• 납입기간 경과비율
	  - 10% 미만 : (가입일 현재 계약기간별 고시금리)×5%
	  - 10% 이상 20% 미만 : (가입일 현재 계약기간별 고시금리)×10%
	  - 20% 이상 40% 미만 : (가입일 현재 계약기간별 고시금리)×20%
	  - 40% 이상 60% 미만 : (가입일 현재 계약기간별 고시금리)×40%
	  - 60% 이상 80% 미만 : (가입일 현재 계약기간별 고시금리)×60%
	  - 80% 이상 : (가입일 현재 계약기간별 고시금리)×80%
	  ※ 모든 구간 최저금리 연 0.1% 적용

만기 후 이율	• 만기일 당시 IBK 적립식중금채의 만기 후 금리를 적용
	  - 만기 후 1개월 이내 : (만기일 당시 IBK 적립식중금채의 계약기간별 고시금리)×50%
	  - 만기 후 1개월 초과 6개월 이내 : (만기일 당시 IBK 적립식중금채의 계약기간별 고시금리)×30%
	  - 만기 후 6개월 초과 : (만기일 당시 IBK 적립식중금채의 계약기간별 고시금리)×20%

57 다음 중 제시된 자료의 내용과 일치하지 않는 것은?

① 만기해지 시 위 상품에서 적용 가능한 최대금리와 최저금리의 차이는 최대 2.65%p이다.

② 온누리상품권을 구입하는 것보다는 레저업종에 카드를 사용하는 것이 우대금리에 적용에 더 유리하다.

③ 당일에 동일 가맹점에서 레저업종에 100만 원 이상 사용 시에는 한 번에 결제하는 것보다 나눠서 결제하는 것이 우대금리 적용에 더 유리하다.

④ 만기 후 1개월 이내 해지 시 적용되는 만기 후 이율은 만기 후 6개월 초과 후 해지 시 적용되는 만기 후 이율보다 1%p 이상 높다.

58 다음은 IBK W소확행통장에 가입한 A고객의 가입정보이다. A고객이 지급받을 이자는?(단, 10원 미만은 절사한다)

〈A고객의 가입정보〉

• 가입상품 : IBK W소확행통장
• 최초 납입금액 : 50만 원
• 추가 납입금액
  − 100만 원(21.8.1)
  − 100만 원(22.2.1)
• 계약기간 : 2년제(20.8.1 ∼ 22.7.31)
• 결제내역
  − 매 짝수 월 초 30만 원 헬스클럽 결제
  − 매월 초 20만 원 골프연습장 결제
  − 매 연말 본인 명의 온누리상품권 100만 원 구매
  − 매 연초 가족 명의 온누리상품권 100만 원 구매
  − 매년 3, 6, 9, 12월 월말 수영장 이용료 30만 원 결제
  (단, A고객은 모든 결제 건을 보유하고 있는 당행 BC신용카드로 결제하고, 자동이체로 납입하였다)
• 해지일 : 22.10.31

---

① 65,000원   ② 70,270원

③ 135,250원   ④ 136,560원

59 다음은 I은행의 여비규정에 대한 자료이다. 대구로 출장을 다녀 온 B과장의 지출내역을 토대로 여비를 정산했을 때, B과장은 총 얼마를 받는가?

제1조(여비의 종류)

여비는 운임 · 숙박비 · 식비 · 일비 등으로 구분한다.

1. 운임 : 여행 목적지로 이동하기 위해 교통수단을 이용함에 있어 소요되는 비용을 충당하기 위한 여비
2. 숙박비 : 여행 중 숙박에 소요되는 비용을 충당하기 위한 여비
3. 식비 : 여행 중 식사에 소요되는 비용을 충당하기 위한 여비
4. 일비 : 여행 중 출장지에서 소요되는 교통비 등 각종 비용을 충당하기 위한 여비

제2조(운임의 지급)

1. 운임은 철도운임 · 선박운임 · 항공운임으로 구분한다.
2. 국내운임은 [별표 1]에 따라 지급한다.

제3조(일비 · 숙박비 · 식비의 지급)

1. 국내 여행자의 일비 · 숙박비 · 식비는 국내 여비 지급표에 따라 지급한다.
2. 일비는 여행일수에 따라 지급한다.
3. 숙박비는 숙박하는 밤의 수에 따라 지급한다. 다만, 출장 기간이 2일 이상인 경우의 지급액은 출장기간 전체의 총액 한도 내 실비로 계산한다.
4. 식비는 여행일수에 따라 지급한다.

〈국내 여비 지급표〉

철도운임	선박운임	항공운임	일비(1인당)	숙박비(1박당)	식비(1일당)
실비 (일반실)	실비 (2등급)	실비	20,000원	실비 (상한액 40,000원)	20,000원

〈B과장의 지출내역〉

(단위 : 원)

구분	1일 차	2일 차	3일 차	4일 차
KTX운임(일반실)	43,000	–	–	43,000
대구 시내 버스요금	5,000	4,000	–	2,000
대구 시내 택시요금	–	–	10,000	6,000
식비	15,000	45,000	35,000	15,000
숙박비	45,000	30,000	35,000	–

① 286,000원 ② 304,000원

③ 328,000원 ④ 356,000원

60 K씨는 미국에서 사업을 하고 있는 지인으로부터 투자 제의를 받았다. 투자성이 높다고 판단한 K씨는 5월 3일에 지인에게 1,000만 원을 달러로 환전하여 송금하였다. 이후 5월 20일에 지인으로부터 원금과 투자수익 10%를 달러로 돌려받고 당일 원화로 환전하였다. K씨는 원화기준으로 원금 대비 몇 %의 투자수익을 달성하였는가?(단, 매매기준율로 환전하며 기타수수료는 발생하지 않고, 환전 시 소수점은 절사한다)

〈5월 원/달러 환율〉

(단위 : 원/달러)

① 10%

② 13%

③ 15%

④ 18%

| NH농협은행 6급

01 다음 글을 읽고 추론한 내용으로 적절하지 않은 것은?

커피 찌꺼기를 일컫는 커피박이라는 단어는 우리에게 생소한 편이다. 하지만 외국에서는 커피 웨이스트(Coffee Waste), 커피 그라운드(Coffee Ground) 등 다양한 이름으로 불린다. 커피박은 커피 원두로부터 액을 추출한 후 남은 찌꺼기를 말하는데 이는 유기물뿐만 아니라 섬유소, 리그닌, 카페인 등 다양한 물질을 풍부하게 함유하고 있어 재활용 가치가 높은 유기물 자원으로 평가받고 있다. 특히 우리나라는 높은 커피 소비국으로 2007년부터 2010년까지의 관세청 자료에 의하면 매년 지속적으로 커피원두 및 생두 수입이 지속적으로 증가한 것으로 나타났다. 1인당 연간 커피 소비량은 2019년 기준 평균 328잔 정도에 달하며 커피 한 잔에 사용되는 커피콩은 0.2%, 나머지는 99.8%로 커피박이 되어 생활폐기물 혹은 매립지에서 소각처리된다.

이렇게 커피 소비량이 증가하고 있는 가운데 커피를 마시고 난 후 생기는 부산물인 커피박도 연평균 12만 톤 이상 발생하고 있는 것으로 알려져 있다. 이렇듯 막대한 양의 커피박은 폐기물로 분류되며 폐기처리만 해도 큰 비용이 발생된다.

따라서 우리나라와 같이 농업분야의 유기성 자원이 절대적으로 부족한 곳에서는 비료 원자재 대부분을 수입산에 의존하고 있는데, 원재료 매입비용이 적은 반면 부가가치를 창출할 수 있는 수익성이 매우 높은 재료로 고가로 수입된 커피박 자원을 재활용할 수 있다면 자원절감과 비용절감 두 마리 토끼를 잡을 수 있을 것으로 기대된다.

또한 커피박은 부재료 선택에 신경을 쓴다면 분명 더 나은 품질의 퇴비가 될 수 있다고 전문가들은 지적한다. 그 가운데 톱밥, 볏짚, 버섯폐배지, 한약재 찌꺼기, 쌀겨, 스테비아분말, 채종유박, 깻묵 등의 부재료 화학성 pH는 $4.9 \sim 6.4$, 총탄소 $4 \sim 54\%$, 총질소 $0.08 \sim 10.4\%$, 탈질율 $7.8 \sim 680$으로 매우 다양했다. 그 중에서 한약재 찌꺼기의 질소 함량이 가장 높았고, 유기물 함량은 톱밥이 가장 높았다. 유기물 퇴비를 만들기 위한 조건은 수분 함량, 공기, 탄질비, 온도 등이 중요하다. 흔히 유기퇴비의 원료로는 농가에서 쉽게 찾아볼 수 있는 볏짚, 나무껍질, 깻묵, 쌀겨 등이 있다. 그밖에 낙엽이나 산야초를 베어 퇴비를 만들어도 되지만 일손과 노동력이 다소 소모된다는 단점이 있다. 무엇보다 양질의 퇴비를 만들기 위해서는 재료로 사용되는 자재가 지닌 기본적인 탄소와 질소의 비율이 중요한데 탄질률은 $20 \sim 30 : 1$인 것이 가장 이상적이다. 농촌진흥청 관계자는 이에 대해 "탄질률은 퇴비의 분해 속도와 관련이 있어 지나치게 질소가 많거나 탄소성분이 많을 경우 양질의 퇴비를 얻을 수 없다. 또한 퇴비재료에 미생물이 첨가되면서 자연 분해되면 열이 발생하는데 이는 유해 미생물을 죽일 수 있어 양질의 퇴비를 얻기 위해서는 퇴비 더미의 온도를 50℃ 이상으로 유지하는 것이 바람직하다."고 밝혔다.

① 커피박을 이용하여 유기농 비료를 만드는 것은 환경 보호뿐만 아니라 경제적으로도 이득이다.

② 커피박과 함께 비료에 들어갈 부재료를 고를 때에는 질소나 유기물이 얼마나 들어있는지가 중요한 기준이다.

③ 비료에서 중요한 성분인 질소가 많이 함유되어 있을수록 좋은 비료라고 할 수 있다.

④ 퇴비 재료에 있는 유해 미생물은 50℃ 이상의 고온을 통해 없앨 수 있다.

⑤ 커피박을 이용하여 유기 비료를 만들 때, 질소 보충이 필요하다면 한약재 찌꺼기를 첨가하는 것이 좋다.

❙ NH농협은행 6급

02 N은행은 최근 열린 금융 세미나에 참여해 보이스피싱을 주제로 대화를 나누었다. 다음 중 B, C의 주장을 분석한 것으로 가장 적절한 것은?

> A : 최근 보이스피싱 범죄가 모든 금융권으로 확산되면서 피해액이 늘어나고 있습니다. 이에 금융 당국이 은행에도 일부 보상 책임을 지게 하는 방안을 검토하는 것으로 알려지고 있습니다. 이에 대해 어떻게 생각하십니까?
>
> B : 개인들이 자신의 정보를 잘못 관리한 책임까지 은행에서 진다는 것은 문제가 있습니다. 도와드릴 수 있다면 좋겠지만, 은행 입장에서도 한계가 있는 부분이 있어 안타까울 뿐입니다.
>
> C : 소비자들이 자신의 개인 정보 관리에 다소 부주의함이 있다는 것은 인정합니다. 그러나 개인의 부주의를 이야기하는 것보다는 정부가 근본적인 해결책을 모색하는 것이 더욱 시급합니다.

① B와 달리, C는 보이스피싱 피해에 대한 책임을 소비자에게만 전가해서는 안 된다고 생각한다.

② B와 C는 보이스피싱 범죄로 인한 피해를 방지하기 위해 은행에서 노력하고 있다고 생각한다.

③ B는 보이스피싱 범죄를 근본적으로 해결하기 위해 은행의 역할을, C는 정부의 역할을 강조한다.

④ B와 C는 보이스피싱 범죄의 확산을 막기 위해서는 제도적인 방안이 보완되어야 한다고 이야기하고 있다.

⑤ B와 C는 보이스피싱 범죄의 확산에 대한 일차적 책임이 은행과 정부에 있다고 생각한다.

03 환율에 대한 다음 기사를 읽고 추론한 내용으로 가장 적절한 것은?

> 세계화 시대에는 국가 간 교류가 활발하여 우리 국민들이 외국으로 여행을 가기도 하고 외국인들도 한국으로 여행을 많이 온다. 또한 외국으로부터 경제활동에 필요한 원자재는 물론이고 자동차나 의약품 등 다양한 상품을 수입하기도 한다. 이처럼 외국상품을 구입하거나 외국 여행을 할 때는 물론이고 해외 투자를 할 때도 외국 돈, 즉 외화가 필요하다.
>
> 이러한 외화를 살 때 지불하는 원화의 가격을 환율이라 하며, 달러당 환율이 1,000원이라는 것은 1달러를 살 때 지불하는 가격이 1,000원이라는 것이고 유로(Euro) 환율이 1,300원이라는 것은 1유로의 가격이 1,300원이라는 것을 의미한다. 외화를 외국 상품과 같은 의미로 이해하면 환율은 다른 상품의 가격처럼 외국돈 한 단위의 가격으로 이해할 수 있다. 100달러를 환전하는 것, 즉 100달러를 구입하는 것은 개당 1,000원인 상품을 100개 구입하는 것과 같은 것으로 생각할 수 있는 것이다.
>
> 환율을 표시할 때는 외국돈 1단위당 원화의 금액으로 표시한다. 따라서 환율의 단위는 원/$, 원/€와 같은 것이 된다(예 1,000원/$, 1,300원/€). 수입품과 수출품의 가격은 이러한 환율의 단위를 고려하면 쉽게 계산할 수 있다. 국산품의 수출가격은 국내가격을 환율로 나누어서 구할 수 있고 반대로 수입상품의 수입가격은 국제가격에 환율을 곱해서 구할 수 있다.
>
> ---
>
> - 환율이 1,000원/$일 때 국내 시장에서 가격이 1만 원인 상품의 수출가격
>   - 수출가격(달러)=국내가격/환율=10,000원/(1,000원/$)=$10
> - 환율이 1,000원/$일 때 국제 시장에서 가격이 $100인 상품의 수입가격
>   - 수입가격(원)=국제가격×환율=$100×(1,000원/$)=100,000원
>
> ---
>
> 앞에서 외화를 마치 상품처럼 이해한다고 하였는데 상품의 가격이 수요와 공급에 의해서 변동하는 것처럼 외화의 가격인 환율도 외환시장의 수요와 공급에 의해서 결정된다. 수출이 늘어나거나 외국인들의 한국여행 그리고 외국인 투자가 늘어나면 외화 공급이 증가하기 때문에 환율이 떨어진다. 상품 가격이 하락하면 화폐 가치가 올라가는 것처럼 환율이 하락하면 외국돈에 비해서 우리 돈의 가치가 올라간다고 할 수 있다.
>
> 반면에 한국의 수입증가, 국민들의 외국 여행 증가 그리고 자본의 유출이 일어나면 외화 수요가 증가하기 때문에 환율이 올라간다. 상품의 가격이 올라가면 화폐가치가 떨어지는 것처럼 환율이 상승한다는 것은 화폐, 즉 우리 돈의 가치가 떨어진다는 것을 의미한다. 이처럼 환율이 상승하면 원화가치가 하락하고 반대로 환율이 하락하면 원화 가치가 올라간다고 생각할 수 있다. 환율 상승을 '원화 약세'라고 하고 환율 하락을 '원화 강세'라고 이해하면 편하다.

① 환율이 하락하는 원인으로는 수입 증가를 볼 수 있겠어.
② 환율이 상승하면 국산품의 수출가격은 하락하겠구나.
③ 중국인 관광객들이 우리나라에 많이 여행 온다면 환율이 상승하겠네.
④ 환율이 하락하면 수입품의 수입가격은 상승하겠구나.
⑤ 외화를 많이 보유할수록 우리 돈의 가치가 하락한다고 볼 수 있겠군.

04 다음 글을 이해한 내용으로 적절하지 않은 것은?

N은행, 사회공헌금액 '최다'

국내 5대 시중은행 중 지난해 사회공헌활동에 가장 많은 자금을 지원한 은행은 N은행으로 조사됐다. 국회 정무위원회 의원이 전국은행연합회의 사회공헌활동 보고서와 금융감독원 공시 실적 등을 분석한 결과다. 지난해 N은행의 당기순이익 대비 사회공헌금액 비중은 12.2%로 5대 시중은행 중 가장 높았다. 이어 S은행(6.7%), K은행(6.3%), W은행(6.2%), H은행(5.7%) 순서였다.

사회공헌금액 규모만 따져봤을 때도 N은행은 1,911억 원으로 5대 시중은행 중 가장 많았다. 이어 K은행(1,619억 원), S은행(1,450억 원), H은행(1,359억 원), W은행(1,354억 원)이 뒤를 이었다. 조사 대상인 19개 은행 가운데 작년 적자(7,960억 원)를 낸 C은행을 제외하고 당기순이익 대비 사회공헌금액 비중이 가장 높은 곳은 JJ은행(13.5%)으로 집계됐다. JB(11.2%), GJ(11.0%), DG(10.6%), KN(10.2%) 등 지방은행 비중은 10%를 웃돌았다. 이 비중이 가장 낮은 곳은 인터넷전문은행 X은행(0.15%)이었다. 인터넷전문은행 Z은행의 사회공헌금액 비중도 0.31%에 불과했다.

은행연합회 회원 기관과 은행연합회는 지난해 사회공헌 사업에 1조 617억 원을 지원했다. 지원액은 3년 연속 1조 원을 넘었지만, 2006년 보고서 발간 후 가장 많았던 2019년(1조 1,300억 원)보다 적고 2020년(1조 919억 원)보다도 약 300억 원 감소했다. 2년 연속 줄어든 것이다.

지원액은 서민금융에 가장 많은 4,528억 원이 쓰였다. 지역 및 공익 사업에도 4,198억 원이 투입됐다. 이어 학술·교육(1,034억 원), 메세나·체육(738억 원), 환경(68억 원), 글로벌(51억 원) 순서로 많았다.

---

① 5대 시중은행 중 당기순이익 대비 사회공헌금액의 비중이 10% 이상인 은행은 1곳이다.

② 전국은행연합회는 회원사들의 사회공헌활동에 관한 보고서를 작성한 바 있다.

③ 5대 시중은행의 사회공헌 규모는 모두 1,000억 원 이상이다.

④ 당기순이익 대비 사회공헌금액 비중이 가장 높은 은행은 N은행이다.

⑤ 최근 3년간 은행들의 사회공헌 지원액이 가장 많았던 해는 2019년이다.

05 다음은 NH농협의 EQ(Easy & Quick)론에 대한 설명이다. L씨가 다음과 같은 〈조건〉으로 대출을 했을 경우, 맨 첫 달에 지불해야 하는 월 상환액은 얼마인가?(단, 소수점은 절사한다)

〈NH EQ(Easy & Quick)론〉

- 상품특징 : NH농협 [은행 – 캐피탈] 간 협약상품으로 쉽고 간편하게 최고 1,000만 원까지 이용 가능한 개인 소액대출 전용상품
- 대출대상 : CSS 심사대상자로 NH농협캐피탈의 보증서가 발급되는 개인
- 대출기간 : 4개월 이상 1년 이내로 거치기간 없음(다만, 원리금 상환을 위하여 자동이체일과 상환기일을 일치시키는 경우에 한하여 최장 13개월 이내에서 대출기간 지정 가능)
- 대출한도 : 300만 원 이상 1,000만 원 이내
- 대출금리 : 신용등급에 따라 차등적용

신용등급	1	2	3	4	5	6
기준금리	5.69%	6.39%	7.09%	7.78%	8.46%	8.99%

- 중도상환 : 수수료 없음

조건

- 대출금액 : 500만 원
- 대출환급방법 : 만기 일시상환
- 신용등급 : 6등급
- 대출기간 : 6개월

① 33,264원 ② 34,581원
③ 35,362원 ④ 36,442원
⑤ 37,458원

06 다음은 연도별 국내은행 대출 현황을 나타낸 표이다. 이에 대한 내용으로 적절하지 않은 것은?

<연도별 국내은행 대출 현황>

(단위 : 조 원)

구분	2013년	2014년	2015년	2016년	2017년	2018년	2019년	2020년	2021년
가계대출	437.1	447.5	459.0	496.4	535.7	583.6	620.0	647.6	655.7
주택담보대출	279.7	300.9	309.3	343.7	382.6	411.5	437.2	448.0	460.1
기업대출	432.7	449.2	462.0	490.1	537.6	546.4	568.4	587.3	610.4
부동산담보대출	156.7	170.9	192.7	211.7	232.8	255.4	284.4	302.4	341.2

※ (은행대출)=(가계대출)+(기업대출)

① 2017년 대비 2021년 부동산담보대출 증가율이 가계대출 증가율보다 높다.

② 주택담보대출이 세 번째로 높은 연도에서 부동산담보대출이 기업대출의 50% 이상이다.

③ 2018 ~ 2021년 동안 가계대출의 전년 대비 증가액은 기업대출보다 매년 높다.

④ 2015년도 은행대출은 2018년 은행대출의 80% 이상 차지한다.

⑤ 2014 ~ 2021년 동안 전년 대비 주택담보대출이 가장 많이 증가한 해는 2017년이다.

〈기록 체계〉

고객구분	업무	업무내용	접수창구
ㄱ	X	a	01

고객구분		업무		업무내용		접수창구	
ㄱ	개인고객	X	수신계	a	예금	01	1번 창구
				b	적금	02	2번 창구
ㄴ	기업고객		대부계	A	대출상담	03	3번 창구
				B	대출신청	04	4번 창구
ㄷ	VIP고객	Y		C	대출완료	05	5번 창구
						00	VIP실

※ 업무내용은 대문자·소문자끼리만 복수선택이 가능함
※ 개인·기업고객은 일반창구에서, VIP고객은 VIP실에서 업무를 봄
※ 수신계는 a, b의 업무만, 대부계는 A, B, C의 업무만 볼 수 있음

〈기록 현황〉

ㄱXa10	ㄴYA05	ㄴYB03	ㄱXa01	ㄱYB03
ㄱXab02	ㄷYC00	ㄴYA01	ㄴYA05	ㄴYAB03
ㄱYAB00	ㄱYaA04	ㄱXb02	ㄷYB0	ㄱXa04

| NH농협은행 6급

07 N은행을 방문한 K기업 대표인 VIP고객이 대출신청을 하였다면, 기록 현황에 기재할 내용으로 적절한 것은?

① ㄴXB00

② ㄴYB00

③ ㄷXB00

④ ㄷYA00

⑤ ㄷYB00

| NH농협은행 6급

08 기록 현황에 순서대로 나열되어 있지 않은 'A', 'B', 'Y', 'ㄴ', '04' 메모가 발견되었다. 이 기록 내용으로 가장 적절한 것은?

① 예금과 적금 업무로 수신계 4번 창구를 방문한 기업고객

② 예금과 적금 업무로 대부계 4번 창구를 방문한 기업고객

③ 대출 업무로 대부계 4번 창구를 방문한 기업고객

④ 대출상담 및 신청 업무로 대부계 4번 창구를 방문한 기업고객

⑤ 대출상담 및 신청 업무로 수신계 4번 창구를 방문한 기업고객

09 다음 프로그램의 실행 결과로 옳은 것은?

```
public class test {
public static void main(String[ ] args) {
int i, sum=0;
for (i=1; i<=110; i++) {
if(i%4==0)
sum=sum+1;
}
System.out.printf("%d", sum);
}
}
```

① 25   ② 26

③ 27   ④ 28

⑤ 29

10 다음 제시된 문단을 논리적 순서대로 바르게 나열한 것은?

(가) 그러나 이러한 현상에 대해 비판적인 시각도 생겨났다. 대량 생산된 복제품은 예술 작품의 유일무이(唯一無二)한 가치를 상실케 하고 예술적 전통을 훼손한다는 것이다.

(나) MP3로 대표되는 복제 기술이 어떻게 발전할 것이며 그에 따라 음악은 어떤 변화를 겪을지, 우리가 누릴 수 있는 새로운 전통은 우리 삶을 어떻게 변화시킬지 생각해 보는 것은 매우 흥미로운 일이다.

(다) 근래에는 음악을 컴퓨터 파일의 형태로 바꾸는 기술이 개발되어 작품을 나누고 섞고 변화시키는 것이 훨씬 자유로워졌다. 이에 따라 낯선 곡은 반복을 통해 친숙한 음악으로, 친숙한 곡은 디지털 조작을 통해 낯선 음악으로 변모시킬 수 있게 되었다.

(라) 그러나 복제품은 자신이 생겨난 환경에 매여 있지 않기 때문에, 새로운 환경에서 새로운 예술적 전통을 만들어 낸다. 최근 음악 환경은 IT 기술의 발달과 보급에 따라 매우 빠르게 변화하고 있다.

① (가) - (다) - (라) - (나)   ② (다) - (가) - (라) - (나)

③ (다) - (라) - (가) - (나)   ④ (라) - (가) - (나) - (다)

⑤ (라) - (다) - (가) - (나)

11 다음은 연도별 뺑소니 교통사고 통계현황을 나타낸 표이다. 이에 대한 설명으로 옳은 것을 〈보기〉에서 모두 고르면?

〈연도별 뺑소니 교통사고 통계현황〉

(단위 : 건, 명)

구분	2016년	2017년	2018년	2019년	2020년
사고건수	15,500	15,280	14,800	15,800	16,400
검거 수	12,493	12,606	12,728	13,667	14,350
사망자 수	1,240	1,528	1,850	1,817	1,558
부상자 수	9,920	9,932	11,840	12,956	13,940

※ 검거율(%)$=\dfrac{(검거\ 수)}{(사고건수)}\times100$

※ 사망률(%)$=\dfrac{(사망자\ 수)}{(사고건수)}\times100$

※ 부상률(%)$=\dfrac{(부상자\ 수)}{(사고건수)}\times100$

보기

㉠ 사고건수는 매년 감소하지만 검거 수는 매년 증가한다.
㉡ 2018년의 사망률과 부상률이 2019년의 사망률과 부상률보다 모두 높다.
㉢ 2019 ~ 2020년에 사망자 수와 부상자 수의 전년 대비 증감추이는 반대이다.
㉣ 2017 ~ 2020년 검거율은 매년 높아지고 있다.

① ㉠, ㉡

② ㉡, ㉢

③ ㉢, ㉣

④ ㉠, ㉡, ㉢

⑤ ㉠, ㉢, ㉣

12 다음 〈조건〉을 바탕으로 추론한 내용으로 옳은 것은?

> **조건**
>
> • 분야별 인원 구성
>   - A분야 : a(남자), b(남자), c(여자)
>   - B분야 : 가(남자), 나(여자)
>   C분야 : 갑(남자), 을(여자), 병(여자)
> • 4명씩 나누어 총 2팀(1팀, 2팀)으로 구성한다.
> • 같은 분야의 같은 성별인 사람은 한 팀이 될 수 없다.
> • 각 팀에는 분야별로 적어도 한 명 이상이 들어가야 한다.
> • 한 분야의 모든 사람이 한 팀에 들어갈 수는 없다.

① 갑과 을이 한 팀이 된다면 가와 나도 한 팀이 될 수 있다.

② 4명으로 나뉜 두 팀에는 남녀가 각각 2명씩 들어간다.

③ a가 1팀으로 간다면 c는 2팀으로 가야 한다.

④ 가와 나는 한 팀이 될 수 없다.

⑤ c와 갑은 한 팀이 될 수 있다.

13 다음은 2018 ~ 2021년 K국 기업의 남성육아휴직제 시행 현황을 나타낸 그래프이다. 이에 대한 설명으로 옳은 것은?

① 2019년 이후 전년보다 참여직원 수가 가장 많이 증가한 해와 시행기업 수가 가장 많이 증가한 해는 동일하다.

② 2021년 남성육아휴직제 참여직원 수는 2018년의 7배 이상이다.

③ 시행기업당 참여직원 수가 가장 많은 해는 2021년이다.

④ 2021년 시행기업 수의 2019년 대비 증가율은 참여직원 수의 증가율보다 높다.

⑤ 2018 ~ 2021년 참여직원 수 연간 증가인원의 평균은 6,000명 이하이다.

14 A사원은 인적자원의 효과적 활용에 대한 강연을 듣고, 인맥을 활용하였을 때의 장점에 대해 다음과 같이 정리하였다. 밑줄 친 ㉠~㉣ 중 A사원이 잘못 메모한 내용은 모두 몇 개인가?

〈인적자원의 효과적 활용〉

• 인적자원이란?

… 중략 …

• 인맥 활용 시 장점
  - ㉠ 각종 정보와 정보의 소스 획득
  - ㉡ '나' 자신의 인간관계나 생활에 대해서 알 수 있음
    ↳ ㉢ 자신의 인생에 탄력이 생김
  - ㉣ '나' 자신만의 사업을 시작할 수 있음 ← 참신한 아이디어 획득

---

① 0개 ② 1개
③ 2개 ④ 3개
⑤ 4개

15 다음 기사의 제목으로 가장 적절한 것은?

농협은 화이트데이에 사탕보다는 꽃으로 사랑을 전하자는 의미에서 3월 14일을 '화(花)이트데이'로 정하고, 화훼 소비촉진에 앞장서겠다고 밝혔다. 또한 특별한 화이트데이를 기념하여 대표이사가 직접 여직원들에게 사랑의 꽃을 전달하는 이벤트도 실시하였다. 농협은 화이트데이에 사랑하는 사람에게 선물하기 좋은 꽃으로 장미(사랑), 꽃도라지(영원한 사랑), 카라(순수한 사랑), 튤립(사랑의 고백), 국화(고결한 사랑) 등을 추천하였다. 대표이사는 "최근 소비 부진으로 화훼농가가 어려움을 겪고 있다."며, "花이트데이가 화훼농가에 큰 힘이 되길 바란다."고 전했다.
한편, 농협은 침체된 화훼 생산 농가를 돕고자 꽃 생활화 캠페인(1 Table 1 Flower; 책상 위에 꽃 놓기), 장례식장 화환 재사용 근절, 자율적인 수급 안정을 위한 절화의무자조금 도입 등 꽃 소비 확대를 위한 사업을 지속해서 추진하겠다고 밝혔다.

---

① 1 Table 1 Flower, 침체된 화훼농가를 도와주세요!
② 花이트데이, 정열적인 사랑을 표현하는 장미를 선물하세요!
③ 花이트데이, 사탕 대신 꽃으로 사랑을 전하세요!
④ 花이트데이, 꽃처럼 예쁜 사탕을 선물하세요!

16 다음 〈보기〉는 업무수행 과정 중 발생한 문제의 유형 구별이다. 발생형 문제, 탐색형 문제, 설정형 문제로 바르게 짝지은 것은?

> **보기**
>
> ㉠ A회사의 에어컨 판매부서는 현재 어느 정도 매출이 나오고 있는 상황이지만, 경쟁이 치열해지고 있기 때문에 생산성 제고를 위한 활동을 하려 한다.
> ㉡ 작년에 A회사에서 구입한 에어컨을 정돈하고 사용해보니 고장이 나서 작동하지 않았다.
> ㉢ 에어컨에 주력하던 A회사는 올해부터 새로운 사업으로 공기청정기 분야에 진출하기 위한 계획을 해야 한다.

	㉠	㉡	㉢
①	발생형 문제	탐색형 문제	설정형 문제
②	설정형 문제	탐색형 문제	발생형 문제
③	설정형 문제	발생형 문제	탐색형 문제
④	탐색형 문제	발생형 문제	설정형 문제

17 다음 빈칸에 들어갈 전제로 가장 적절한 것은?

> 전제1. 어떤 경위는 파출소장이다.
> 전제2. _____
> 결론. 30대 중 파출소장인 사람이 있다.

① 어떤 경위는 30대이다.
② 어떤 경위는 30대가 아니다.
③ 30대는 모두 경위이다.
④ 모든 경위는 30대이다.

18 L마트에서는 최근 시간관리 매트릭스에 대한 교육을 실시했다. 시간관리 매트릭스는 효율적으로 시간관리를 할 수 있도록 중요한 일과 중요하지 않은 일의 우선순위를 나누는 분류 방법이다. 다음 중 강의를 들은 A씨가 교육 내용을 적용하여 ⓐ∼ⓒ를 바르게 분류한 것은?

〈시간관리 매트릭스〉

구분	긴급한 일	긴급하지 않은 일
중요한 일	제1사분면	제2사분면
중요하지 않은 일	제3사분면	제4사분면

※ 각 사분면의 좌표의 위치는 우선 순위 정도에 고려하지 않음

A씨는 L마트 고객지원팀 사원이다. A씨는 ⓐ 다음 주에 상부에 보고할 내용을 마무리 하는 도중 고객으로부터 '상품을 먹은 후 두드러기가 나서 일상생활이 힘들 정도다.'라는 ⓑ 불만 접수를 받았다. 고객은 오늘 내로 해결할 방법을 알려달라는 강한 불만을 제기했다. 아직 업무는 다 끝내지 못한 상태고, 오늘 저녁에 ⓒ 친구와 약속이 있다. 약속 시간까지는 2시간 정도 남은 상태이다.

	제1사분면	제2사분면	제3사분면	제4사분면
①	ⓐ	ⓒ	ⓑ	–
②	ⓑ	ⓐ	–	ⓒ
③	ⓑ, ⓒ	–	–	ⓐ
④	–	ⓐ	ⓒ	ⓑ

19 I사에서 근무하는 B과장은 30개월 전에 가입하였던 적금을 불가피한 사정으로 해지하려고 한다. 가입한 상품의 정보가 다음과 같을 때, 환급금은?

〈상품 정보〉

- 상품명 : I은행 함께 적금
- 가입기간 : 6년
- 가입금액 : 1,500만 원
- 이자지급방식 : 만기일시지급, 단리식
- 기본금리 : 연 2.5%
- 중도해지이율(연 %, 세전)
  - 12개월 미만 : 0.2
  - 18개월 미만 : 0.3
  - 24개월 미만 : (기본금리)×40%
  - 36개월 미만 : (기본금리)×60%

① 15,050,000원

② 15,562,500원

③ 15,737,500원

④ 15,975,000원

20 I은행에 근무 중인 L사원은 국내 금융 시장에 대한 보고서를 작성하면서 I은행에 대한 SWOT 분석을 진행하였다. 다음 중 L사원이 작성한 SWOT 분석의 위협 요인에 들어갈 내용으로 적절하지 않은 것은?

〈SWOT 분석 결과〉

강점(Strength)	약점(Weakness)
• 지속적 혁신에 대한 경영자의 긍정적 마인드 • 고객만족도 1위의 높은 고객 충성도 • 다양한 투자 상품 개발	• 해외 투자 경험 부족으로 취약한 글로벌 경쟁력 • 소매 금융에 비해 부족한 기업 금융
기회(Opportunity)	위협(Threat)
• 국내 유동자금의 증가 • 해외 금융시장 진출 확대 • 정부의 규제 완화 정책	

① 정부의 정책 노선 혼란 등으로 인한 시장의 불확실성 증가

② 경기 침체 장기화

③ 부족한 리스크 관리 능력

④ 금융업의 경계 파괴에 따른 경쟁 심화

21 다음 글에 언급된 신규 시스템 도입으로 기대되는 효과가 아닌 것은?

> I은행이 중소기업 지원 수십년 노하우를 결집해 기업여신 자동심사 시스템을 도입한다. 또한 이 시스템은 금융권에서 주목하고 있는 비재무 데이터를 활용해 기업의 미래 성장성까지 반영할 수 있어 더욱 눈길을 끈다.
>
> I은행의 '기업여신 자동심사 시스템(I Auto-Evaluation)'은 빅데이터 등 최신 신용정보를 활용해 기업의 신용 상태를 진단하고 기술력이나 미래 성장성을 반영한 기업별 맞춤형 여신한도를 산출, 대출 승인 의사를 결정하는 통합시스템이다. 따라서 앞으로는 보다 신속하고 표준화된 여신심사가 가능할 것으로 예상된다. 무엇보다 타 금융기관과 차별성을 갖는 지점은 기업의 미래 성장성을 채무상환능력에 반영한다는 점이다. 기업이 미래에 벌어들일 수익을 정밀한 모형으로 측정해 대출한도에 반영하는 것이다.
>
> 그동안 기업여신 심사는 재무제표 외에도 경기동향, 업종특성 등 외적 요소를 파악해야 하기 때문에 인적심사에 의존해 왔다. 그래서 경험이나 정보수집 능력 등에 따라 담당 인원별로 심사역량의 개인별 격차가 존재했다. I은행 관계자는 "여신심사의 효율성과 표준화를 목표로 130여 명의 여신심사 전문 인력이 참여해 시스템이 개발됐다."며 "중소기업의 금융접근성이 향상되고, 합리적이고 일관성 있는 의사결정으로 은행과 고객 모두에게 이익이 될 것이다."라고 밝혔다.
>
> 기업여신 자동심사 시스템은 총 자산 10억 원 이상 중기업에 대한 운전 및 시설자금 취급 시에 적용될 예정이며, 2022년 5월 말 기준 약 213조원에 달하는 중소기업 대출자산 중 약 87.6% 가량이 해당된다고 볼 수 있다.
>
> 그동안 I은행은 우수한 기술력을 가진 중소기업이 운용자금을 확보할 수 있도록 기술신용평가(TCB) 등의 수단을 활용하고 있었다. 하지만 아직까지 활성화된 시장이라고 보긴 어려웠다. 이는 기술력의 평가가 그만큼 전문적인 영역이며, 이를 토대로 보증을 지원하는 기술보증기금이나 신용보증기금처럼 정책공공기관이 아니라면 금융기관 입장에서도 구체적인 승인 기준 마련이 어려웠기 때문이다. I은행 관계자는 "향후 본 시스템이 안정적으로 운영될 수 있도록 관리하는 한편, 시스템 고도화 등 지속적인 업그레이드를 추진할 계획이다."라고 밝혔다.

① 역량이 뛰어난 심사 담당자의 능력을 최대로 활용할 수 있게 된다.

② 아직 실현되지 않은 잠재가치가 대출한도에 영향을 미치게 된다.

③ 모든 기업들이 동일한 기준으로 심사를 받게 된다.

④ 금융기관이 공공기관에 의존하지 않고도 기술가치평가를 대출심사에 반영하게 된다.

※ 다음은 IBK 늘푸른하늘통장에 대한 설명이다. 자료를 보고 이어지는 질문에 답하시오. [22~23]

〈IBK 늘푸른하늘통장(거치식)〉

미세먼지 개선을 위한 '실천'을 통해 금리우대 혜택을 제공받는 거치식 상품

구분	내용
가입대상	실명의 개인(단, 개인사업자 제외), 1인 다수계좌 가입 가능
계약기간	1년제
가입금액	100만 원 이상(원 단위)
이자지급시기	만기일시지급식 : 만기 (후) 또는 중도해지 요청 시 이자를 지급
부가서비스	상해보험 무료서비스 • 보장내용(제공조건 충족일 익월 1일부터 1년간 제공) <table><tr><th>담보구분</th><th>보장금액</th></tr><tr><td>일반 상해사망</td><td>3,000,000원</td></tr><tr><td>교통 상해사망</td><td>3,000,000원</td></tr></table> ※ 교통 상해사망의 경우, 일반 상해사망 보험금과 교통 상해사망 보험금이 지급됨 • 제공조건 : 계약금액 1,000만 원 이상 가입한 경우 • 제공기간 : 이 통장 시행일로부터 1년간 제공하며 연장될 수 있습니다.
약정이율	연 4.50%
우대금리	환경개선 "실천" 우대금리 : 연 0.25%p (계약기간 동안 3가지 중 1가지 이상 충족 시, 우대금리 적용) • 대중교통 이용 − 계약기간동안 당행 입출금식 계좌와 연결된 후불교통카드 사용실적 발생월수가 3개월 이상인 경우 (매출표 접수 기준) • 친환경 차량 이용 − 전기차, 수소차, LPG차, 하이브리드 차량 이용하는 경우 − 확인서류 : 차량등록증, 자동차보험가입내역서, 차량매매계약서 및 차량 임대계약서 등 친환경 차량 이용을 확인할 수 있는 객관적인 서류 ※ 보험가입내역서 및 계약서는 계약자와 예금주 동일인일 경우 인정 • 노후 경유차 폐차 및 저감장치 부착 − 노후 경유차 폐차 및 저감장치 부착하는 경우 − 확인서류 : 조기폐차 보조금 지급대상 확인서, 차량등록증(저감장치 부착확인) 등 노후 경유차 제한 조치 이행을 확인할 수 있는 객관적인 서류
중도해지이율	가입일 당시 영업점 및 인터넷 홈페이지에 고시한 중금채(복리채)의 중도해지금리를 적용합니다. • 납입기간 경과비율 10% 미만 : (가입일 현재 계약기간별 고시금리)×5% • 납입기간 경과비율 10% 이상 20% 미만 : (가입일 현재 계약기간별 고시금리)×10% • 납입기간 경과비율 20% 이상 40% 미만 : (가입일 현재 계약기간별 고시금리)×20% • 납입기간 경과비율 40% 이상 60% 미만 : (가입일 현재 계약기간별 고시금리)×40% • 납입기간 경과비율 60% 이상 80% 미만 : (가입일 현재 계약기간별 고시금리)×60% • 납입기간 경과비율 80% 이상 : (가입일 현재 계약기간별 고시금리)×80% * 모든 구간 최저금리 연 0.1% 적용
만기 후 이율	만기일 이후에 해지할 경우 만기일 당시 중금채(복리채)의 만기 후 금리를 따릅니다. • 만기 후 1개월 이내 : (만기일 당시 계약기간별 고시금리)×50% • 만기 후 1개월 초과 6개월 이내 : (만기일 당시 계약기간별 고시금리)×30% • 만기 후 6개월 초과 : (만기일 당시 계약기간별 고시금리)×20%

22 다음 중 IBK 늘푸른하늘통장 거치식 상품에 대한 내용으로 가장 적절한 것은?

① 제공하는 우대금리를 적용받으려면 친환경 차량을 보유하고 있어야 한다.

② 계약한 모든 사람이 상해보험에도 동시에 가입되는 상품이다.

③ 만기 이후에도 일정 기간 동안에는 약정 이율에 따른 이자를 지급하는 상품이다.

④ 평상시 대중교통을 이용하는 사람은 별도로 서류제출을 하지 않아도 우대금리를 받을 수 있다.

23 다음 A ~ D 네 명 모두 동일한 금액으로 IBK 늘푸른하늘통장을 개설한다고 가정할 때, 만기 후 가장 많은 원리금을 받을 수 있는 사람은?

① 배기가스 저감장치가 부착된 경유 화물차로 영업하는 개인사업자 A씨

② 회사에서 제공하는 기사가 운전하는 전기자동차를 이용해 매일 출퇴근하는 기업 임원 B씨

③ 지하철로 매일 등하교 하는 대학생 C씨

④ 1년전 노후 경유차를 폐차하고 가솔린차로 교체한 주부 D씨

※ 다음은 I은행의 직장인우대MY통장에 대한 설명이다. 자료를 보고 이어지는 질문에 답하시오. **[24~25]**

〈직장인우대MY통장(적립식중금채)〉

자산관리가 필요한 직장인을 우대하는 적립식 상품

구분	내용
가입대상	실명의 개인(1인 1계좌) ※ 개인사업자 제외
계약기간	1년제
가입금액	• 신규금액 : 최소 1만 원 이상 • 납입한도 : 매월 20만 원 이하(만 원 단위) ※총 적립금액 : 240만 원
이자지급시기	만기일시지급
약정이율	연 3.20%
우대금리	최대 연 1.8%p(세전) • 계약기간 동안 아래 조건 충족한 고객이 만기해지 하는 경우 각각 제공 [직장인 우대금리] : 연 0.3%p • 가입시점에 직장인으로 확인되는 경우 **가입채널 / 직장인 자격확인 방법** 영업점 창구 : 재직확인서류* 징구 또는 급여이체 실적 보유 (직전 3개월 內 급여이체 50만 원 이상 1건 이상 있을 경우) * 건강보험자격득실확인서, 재직증명서에 한함(1개월 이내 발급분) i-ONE Bank : 국민건강보험공단의 재직정보를 검증하여 '직장가입자'로 확인되는 경우 (스크래핑 방식 활용) [최초고객 우대금리] : 연 0.3%p • 당행 실명등록일로부터 3개월 이내 신규 또는 상품가입 직전월 기준 6개월 총수신평잔 0원 [주거래 우대금리] : 연 0.7%p • 급여이체 실적보유 : 연 0.5%p - 계약기간 동안 6개월 이상 급여이체 실적(50만 원 이상)이 있는 경우 • 카드결제 실적보유 : 연 0.2%p - 계약기간 동안 당행 신용(체크)카드 이용실적이 3백만 원 이상인 경우 (단, 이용실적은 매출표 접수기준으로 결제계좌가 당행인 경우 한함. 현금서비스 실적은 제외) [마이데이터 동의] : 연 0.5%p • 만기일 전일까지 계약기간 中 i-ONE 자산관리 內 마이데이터 동의이력 보유 (단, 만기일 전일까지 마이데이터 동의이력 보유만 인정)
중도해지이율	가입 당시 영업점 및 인터넷 홈페이지에 고시한 IBK적립식중금채의 중도해지금리를 적용 (단, 모든 구간 최저금리 연 0.1% 적용) • 납입기간 경과비율 10% 미만 : (가입일 현재 계약기간별 고시금리)×5% • 납입기간 경과비율 10% 이상 20% 미만 : (가입일 현재 계약기간별 고시금리)×10% • 납입기간 경과비율 20% 이상 40% 미만 : (가입일 현재 계약기간별 고시금리)×20% • 납입기간 경과비율 40% 이상 60% 미만 : (가입일 현재 계약기간별 고시금리)×40% • 납입기간 경과비율 60% 이상 80% 미만 : (가입일 현재 계약기간별 고시금리)×60% • 납입기간 경과비율 80% 이상 : (가입일 현재 계약기간별 고시금리)×80%

	만기일 당시 영업점 및 인터넷 홈페이지에 고시한 IBK적립식중금채의 만기 후 이자율 적용
만기 후 이율	• 만기 후 1개월 이내 : (만기일 당시 계약기간별 고시금리)×50%
	• 만기 후 1개월 초과 6개월 이내 : (만기일 당시 계약기간별 고시금리)×30%
	• 만기 후 6개월 초과 : (만기일 당시 계약기간별 고시금리)×20%

▌IBK기업은행

24 다음 중 직장인우대MY통장에 대한 설명으로 적절하지 않은 것은?

① 가입기간 동안 적립할 수 있는 금액에 제한이 있다.

② 직장인 우대금리를 적용받으려면 반드시 재직 여부를 검증할 수 있는 서류를 제출해야 한다.

③ 만기일 전날 마이데이터 제공 동의를 철회하게 되면, 마이데이터 동의 우대금리를 적용받을 수 없다.

④ 만기 후 해지하지 않고 오래 보유할 경우 시간이 지남에 따라 점차 이율이 낮아진다.

▌IBK기업은행

25 A씨는 2년째 회사의 급여를 받고 있는 I은행계좌에 연동하여 적금을 가입하고자 하였다. A씨의 상황이 다음과 같을 때, A씨가 만기해지 시점에 받게 되는 이자는?

A씨는 2020년 1월 1일에 i-ONE Bank 모바일 앱을 통해 직장인우대MY통장을 개설하였고, 이후 매월 1일마다 10만 원씩을 납입하였다. A씨의 월급여는 300만 원이며, 월 50만 원의 고정지출인 교통비, 통신비, 아파트관리비는 I은행의 신용카드로 지불하고 있다. 마이데이터 동의를 해달라는 안내를 수시로 받고 있지만, I은행이 타사의 내 정보를 마음대로 들여다보지 않을까 하는 우려에 어떤 기관에서도 마이데이터 사용에 동의하지 않고 있다.

① 24,700원

② 27,300원

③ 29,250원

④ 32,500원

26 I공연기획사는 2022년 봄부터 시작할 지젤 발레 공연 티켓을 Q소셜커머스에서 판매할 예정이다. Q소셜커머스에서 보낸 다음 판매자료를 토대로 아침 회의 시간에 나눈 대화로 적절하지 않은 것은?

<2021년 판매결과 보고>

공연명	정가	할인율	판매기간	판매량
백조의 호수	80,000원	67%	2021. 02. 05 ~ 2021. 02. 10	1,787장
세레나데&봄의 제전	60,000원	55%	2021. 03. 10 ~ 2021. 04. 10	1,200장
라 바야데르	55,000원	60%	2021. 06. 27 ~ 2021. 08. 28	1,356장
한여름 밤의 꿈	65,000원	65%	2021. 09. 10 ~ 2021. 09. 20	1,300장
호두까기 인형	87,000원	50%	2021. 12. 02 ~ 2021. 12. 08	1,405장

※ 할인된 티켓 가격의 10%가 티켓 수수료로 추가됨
※ 2021년 2월 초에는 설 연휴가 있었음

① A사원 : 기본 50% 이상 할인을 하는 건 할인율이 너무 큰 것 같아요.

② B팀장 : 표가 잘 안 팔려서 싸게 판다는 이미지를 줘 공연의 전체적인 질이 낮다는 부정적 인식을 줄 수도 있지 않을까요?

③ C주임 : 연휴 시기와 티켓 판매 일정을 어떻게 고려하느냐에 따라 판매량을 많이 올릴 수 있겠네요.

④ D사원 : 세레나데&봄의 제전의 경우 총수익금이 3,700만 원 이상이겠어요.

27 다음 〈보기〉의 A ~ D 중에서 아래 조직도를 바르게 이해한 사람을 모두 고르면?

> **보기**
>
> A : 조직도를 보면 4개 본부, 3개의 처, 8개의 실로 구성돼 있어.
> B : 사장 직속으로 4개의 본부가 있고, 그중 한 본부에서는 인사를 전담하고 있네.
> C : 감사실은 사장 직속이지만 별도로 분리되어 있구나.
> D : 해외사업기획실과 해외사업운영실은 둘 다 해외사업과 관련이 있으니까 해외사업본부에 소속
>   되어 있는 것이 맞아.

① A, B

② A, C

③ A, D

④ B, C

28 I사의 입사 동기인 6급 A사원과 B사원은 남원시로 2박 3일 출장을 갔다. 교통편은 왕복으로 고속버스를 이용하여 총 105,200원을 지출했으며, A와 B사원은 출장 첫째 날은 6만 원, 둘째 날은 4만 원인 숙박시설을 공동으로 이용했다. A와 B사원이 받을 국내 출장여비 총액은?

〈I사 국내여비 정액표〉

구분 \ 대상		가군	나군	다군
운임	항공운임	실비(1등석 / 비지니스)	실비(2등석 / 이코노미)	
	철도운임	실비(특실)		실비(일반실)
	선박운임	실비(1등급)	실비(2등급)	
	자동차운임	실비		
일비(1일당)		2만 원		
식비(1일당)		2만 5천 원	2만 원	
숙박비(1박당)		실비	실비 (상한액 : 서울특별시 7만 원, 광역시 6만 원, 그 밖의 지역 5만 원)	

※ 비고
1. 가군은 임원과 I사 연구원 원장(이하 이 규칙에서 '원장'이라 한다), 「직제규정 시행규칙」 별표 5의 2의 1그룹에 속하는 직원을, 나군은 1급 직원, 선임연구위원 및 선임전문연구위원을, 다군은 2급 이하 직원과 그 밖의 연구직 직원을 말한다.
2. 자동차운임은 이용하는 대중교통의 실제 요금으로 한다. 이 경우 자가용 승용차를 이용한 경우에는 대중교통 요금에 해당하는 금액을 지급한다.
3. 운임의 할인(관계 법령 따른 국가유공자·장애인 할인, 지역별 우대할인, 공단과 체결한 계약에 따른 할인 등을 말한다)이 가능한 경우에는 할인된 요금에 해당하는 금액으로 지급한다.
4. 다음 각 목의 어느 하나에 해당하는 임직원에 대해서는 위 표에도 불구하고 1박당 그 각 목에서 정하는 금액을 숙박료로 지급한다.
   가. 친지 집 등에 숙박하여 숙박료를 지출하지 않은 경우 : 20,000원
   나. 2명 이상이 공동 숙박하고 총숙박비가 [1인 기준금액×(출장인원 수−1)] 이하로 지출된 경우 : 다음 계산식에 따른 금액. 이 경우 기준금액은 서울특별시는 7만 원, 광역시는 6만 원, 그 밖의 지역은 5만 원으로 하며, 소수점은 올림한다.

   $$개인당\ 지급\ 기준 = \left(총출장인원 - \frac{총숙박비}{1인\ 기준금액}\right) \times 20,000원$$

5. 교육목적의 출장인 경우에 일비는 다음 각 목의 구분에 따라 지급한다.
   가. 숙박하는 경우 : 등록일·입교일과 수료일만 지급
   나. 숙박하지 아니하는 경우 : 교육 전 기간(등록일·입교일 및 수료일을 포함한다)에 대하여 지급

① 213,200원
② 333,200원
③ 378,200원
④ 443,200원

29 다음 글에서 필자가 주장하는 핵심 내용으로 가장 적절한 것은?

> 현대 사회는 대중 매체의 영향을 많이 받는 사회이며, 그중에서도 텔레비전의 영향은 거의 절대적입니다. 언어 또한 텔레비전의 영향을 많이 받습니다. 그런데 텔레비전의 언어는 우리의 언어 습관을 부정적인 방향으로 흐르게 하고 있습니다.
>
> 텔레비전은 시청자들의 깊이 있는 사고보다는 감각적 자극에 호소하는 전달 방식을 사용하고 있습니다. 또 현대 자본주의 사회에서의 텔레비전 방송은 상업주의에 편승하여 대중을 붙잡기 위한 방편으로 쾌락과 흥미 위주의 언어를 무분별하게 사용합니다. 결국 텔레비전은 대중의 이성적 사고 과정을 마비시켜 오염된 언어 습관을 무비판적으로 수용하게 합니다. 그렇기 때문에 언어 사용을 통해 발전시킬 수 있는 상상적 사고를 기대하기 어렵게 하며, 창조적인 언어 습관보다는 단편적인 언어 습관을 갖게 만듭니다.
>
> 따라서 좋은 말 습관의 형성을 위해서는 또 다른 문화 매체가 필요합니다. 이러한 문제의 대안으로 문학 작품의 독서를 제시하려고 합니다. 문학은 작가적 현실을 언어를 매개로 형상화한 예술입니다. 작가적 현실을 작품으로 형상화하기 위해서는 작가의 복잡한 사고 과정을 거치듯이, 작품을 바르게 이해·해석·평가하기 위해서는 독자의 상상적 사고를 거치게 됩니다. 또한 문학은 아름다움을 지향하는 언어 예술로서 정제된 언어를 사용하므로 문학 작품의 감상을 통해 습득된 언어 습관은 아름답고 건전하리라 믿습니다.

① 쾌락과 흥미 위주의 언어 습관을 지양하고 사고 능력을 기를 수 있는 언어 습관을 길러야 한다.

② 사고 능력을 기르고 건전한 언어 습관을 길들이기 위해서 문학 작품의 독서가 필요하다.

③ 바른 언어 습관의 형성과 건전하고 창의적인 사고를 위해 텔레비전을 멀리 해야 한다.

④ 언어는 자신의 사상을 표현하는 매체일 뿐만 아니라 그것을 사용하는 사람의 인격을 가늠하는 척도이므로 바른 언어 습관이 중요하다.

30 H은행에 방문한 은경이는 목돈 5,000만 원을 정기예금에 맡기려고 한다. 은경이가 고른 상품은 월단리 예금상품으로 월이율 0.6%이며, 기간은 15개월이다. 은경이가 이 상품에 가입했을 경우 만기 시 받는 이자는?(단, 정기예금은 만기일시지급식이다)

① 4,500,000원

② 5,000,000원

③ 5,500,000원

④ 6,000,000원

31 H사 총무부에 근무하는 K씨는 H사 사원들을 대상으로 H사 사무실에 필요한 사무용품에 대해 설문 조사하여 다음과 같은 결과를 얻게 되었다. 설문조사 시 사원들에게 하나의 제품만 선택하도록 하였고, 연령을 구분하여 추가적으로 분석한 결과에 대해 비고란에 적었다. 다음 중 설문 결과에 대한 설명으로 가장 적절한 것은?(단, 설문조사에 참여한 H사 사원들은 총 100명이다)

〈사무용품 필요도 설문조사〉

구분	비율	비고
복사기	15%	
냉장고	26%	• 복합기를 원하는 사람들 중 20대는 절반을 차지했다.
안마의자	6%	• 정수기를 원하는 사람들은 모두 30대이다.
복합기	24%	• 냉장고를 원하는 사람들 중 절반은 40대이다.
커피머신	7%	• 복사기를 원하는 사람들 중 20대는 2/3를 차지했다.
정수기	13%	• 안마의자를 원하는 사람들은 모두 40대이다.
기타용품	9%	• 기타용품을 원하는 20대, 30대, 40대 인원은 동일하다.

① 냉장고를 원하는 20대가 복합기를 원하는 20대보다 적다.

② 기타용품을 원하는 40대가 안마의자를 원하는 40대보다 많다.

③ 사원들 중 20대가 총 25명이라면, 냉장고를 원하는 20대는 없다.

④ 복합기를 원하는 30대는 냉장고를 원하는 40대보다 많을 수 있다.

32 H사에 근무하는 D사원은 다음 시트와 같이 [D2:D7] 영역에 사원들의 업무지역별 코드번호를 입력 하였다. D사원이 [D2] 셀에 입력한 수식은?

	A	B	C	D	E	F	G
1	성명	부서	업무지역	코드번호		업무지역별 코드번호	
2	김수로	총무부	서울	1		서울	1
3	이경제	인사부	부산	4		경기	2
4	박선하	영업부	대구	5		인천	3
5	이지현	인사부	광주	8		부산	4
6	김일수	총무부	울산	6		대구	5
7	서주완	기획부	인천	3		울산	6
8						대전	7
9						광주	8

① =VLOOKUP(C2,$F$2:$G$9,1,0)

② =VLOOKUP(C2,$F$2:$G$9,2,0)

③ =HLOOKUP(C2,$F$2:$G$9,1,0)

④ =HLOOKUP(C2,$F$2:$G$9,2,0)

33 수연이는 뉴욕 여행 전에 은행마다 환율 우대사항을 찾아보고, H은행에서 환율 우대 조건으로 우대환율 70%를 적용받아 9월 14일에 500달러, 9월 15일에 300달러를 환전하였다. 하지만 여행에서 카드만 사용하였고, 환전한 현금은 H은행에서 10월 16일부터 20일까지 환율 이벤트로 우대환율 20%가 추가 적용되기 때문에 이때 팔려고 한다. 현금을 모두 팔 때, 날짜별 이익 및 손해 금액을 바르게 짝지은 것은?(단, 다른 수수료는 적용하지 않는다)

〈일일 달러 환율 금액〉

(단위 : 원/달러)

구분	9월 14일	9월 15일	10월 16일	10월 19일	10월 20일
매매기준율	1,140	1,145	1,158	1,150	1,143
현찰 살 때	1,152	1,155	1,170	1,160	1,155
현찰 팔 때	1,128	1,135	1,146	1,140	1,131

※ 환율우대 적용
 • 현찰 살 때 적용환율 : (살 때 환율)-{(살 때 환율-매매기준율)×우대환율}
 • 현찰 팔 때 적용환율 : (팔 때 환율)+{(매매기준율-팔 때 환율)×우대환율}

	날짜	차액
①	10월 16일	3,000원 이익
②	10월 19일	9,240원 이익
③	10월 16일	9,240원 손해
④	10월 20일	2,760원 손해

34 가로의 길이가 95cm, 세로의 길이가 38cm인 직사각형 모양의 변두리에 나무를 심고자 한다. 네 변의 꼭짓점에는 반드시 나무가 심어져 있어야 하고 네 변 모두 같은 간격으로 나무를 심고자 할 때, 필요한 최소 나무의 수는?

① 7그루   ② 9그루

③ 11그루   ④ 14그루

35 철수는 다음 그림과 같은 사각뿔에 물을 채우려고 한다. 사각뿔에 가득 채워지는 물의 부피로 적절한 것은?

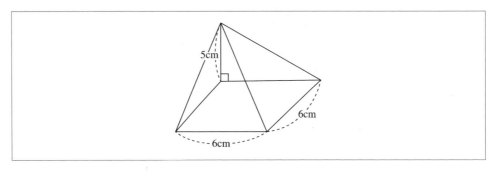

① 60cm³   ② 80cm³

③ 100cm³   ④ 120cm³

36 철수는 아래와 같은 길을 따라 A에서 C까지 최단 거리로 이동을 하려고 한다. 이때, 최단 거리로 이동을 하는 동안 점 B를 지나며 이동하는 경우의 수는?

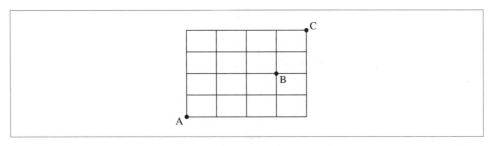

① 15가지   ② 24가지

③ 28가지   ④ 30가지

37 다음 글에서 (가) ~ (라) 문단의 핵심 화제로 적절하지 않은 것은?

> (가) 최근 대출금리는 큰 폭으로 상승한 반면, 예금금리는 낮아 청년층이 안정적으로 목돈을 마련할 수 있는 고금리 금융상품이 부족하다. 이로 인해 청년층의 안정적 주거를 위한 주택구입 및 전월세 자금 마련에 어려움이 있어 청년층이 목돈을 마련할 수 있는 금융상품이 절실한 상황이다. 청년 우대형 청약통장은 이를 위해 기존의 청약기능은 그대로 유지하면서 우대금리와 이자소득 비과세 혜택을 통해, 청약통장의 재형기능을 대폭 강화하여 청년층의 주거안정 및 목돈 마련 기회를 제공하기 위한 것이다.
>
> (나) 이미 주택청약종합저축에 가입한 사람도 가입요건을 충족하면 청년 우대형 청약통장으로 전환·가입 가능하다. 청년 우대형 청약통장으로의 전환·가입하는 경우 기존 주택청약종합저축의 납입기간, 납입금액은 인정된다. 다만, 전환·가입으로 인한 전환원금은 우대금리 적용에서 제외된다.
>
> (다) 현재 주택청약종합저축은 누구나 가입이 가능한 반면, 청년 우대형 청약통장은 일정 요건(나이, 소득, 무주택 등)을 충족 시 가입이 가능해 이에 대한 확인이 필요하다. 가입 시 주민등록등본 및 무주택확약서 등으로 확인하고, 해지 시 지방세 세목별 과세증명서 및 주택소유시스템 등으로 가입기간에 대한 무주택 여부를 확인한다. 또한 ISA 가입용 소득확인증명서 및 소득원천징수 영수증 등으로 직전년도 소득을 확인하며, 이밖에도 병역기간은 병적증명서를 통해 확인한다.
>
> (라) 그리고 청년 우대형 청약통장은 주택청약종합저축의 일종으로 재형기능 강화를 위해 우대금리와 이자소득 비과세 혜택을 제공하는 상품으로 주택청약종합저축의 하위 상품이라 할 수 있다. 따라서 현재 주택청약종합저축에서 제공하고 있는 소득공제 조건(조세특례제한법 제87조)을 그대로 적용받게 된다. 연소득 7,000만 원 이하 무주택세대주로 무주택확인서를 제출하는 경우 연간 납입액 240만 원 한도로 40%까지 소득공제가 가능하다.

① (가) : 청년 우대형 청약통장의 출시 목적
② (나) : 청년 우대형 청약통장의 문제점
③ (다) : 청년 우대형 청약통장의 가입요건 확인 방법
④ (라) : 청년 우대형 청약통장의 소득공제 혜택

38 남자 5명, 여자 7명 중 두 명의 대표를 선출한다고 한다. 이때, 대표가 모두 여자로 선출될 확률은?
(단, 소수점 둘째 자리에서 반올림한다)

① 44%

② 33%

③ 22%

④ 32%

39 K은행은 2022년을 맞이하여 이웃과 함께하는 봉사 프로젝트 준비를 위해 회의를 진행하려고 한다.
다음 〈조건〉에 따라 준비했을 때 항상 참인 진술은?

> **조건**
> • 회의장을 세팅하는 사람은 회의록을 작성하지 않는다.
> • 회의에 쓰일 자료를 복사하는 사람은 자료 준비에 참여한 것이다.
> • 자료 준비에 참여하는 사람은 회의장 세팅에 참여하지 않는다.
> • 자료 준비를 하는 사람은 회의 중 회의록을 작성한다.

① 회의록을 작성하면 회의 자료를 준비한다.

② 회의록을 작성하지 않으면 회의 자료를 복사하지 않는다.

③ 회의에 쓰일 자료를 복사하면 회의록을 작성하지 않는다.

④ 회의장을 세팅하면 회의 자료를 복사한다.

40 K회사의 해외사업부, 온라인 영업부, 영업지원부에서 각각 2명, 2명, 3명이 대표로 회의에 참석하기로 하였다. 자리 배치는 원탁 테이블에 같은 부서 사람이 옆자리로 앉는다고 할 때, 7명이 앉을 수 있는 경우의 수는?

① 48가지

② 36가지

③ 27가지

④ 24가지

41 다음은 예금보험공사의 금융부실관련자 책임추궁에 관한 내용이다. 이를 바탕으로 추론한 내용으로 적절하지 않은 것은?

<금융부실관련자 책임추궁>

공사는 자금이 투입된 금융회사에 대하여 예금자보호법 제21조 2에 따라 부실에 책임이 있는 금융회사 전·현직 임직원 등에 대한 책임추궁과 금융회사에 빌린 돈을 갚지 아니함으로써 금융회사 부실의 부분적인 원인을 제공한 부실채무기업의 기업주와 임직원 등에 대하여도 책임추궁을 위한 조사를 실시하고 있습니다.

• 금융부실책임조사본부 운영
부실금융회사 및 부실채무기업에 대한 부실책임조사는 부실을 초래한 관련자들에게 민사상 책임을 묻기 위한 것으로, 업무처리과정에서 법령, 정관 위반 등으로 해당 금융회사 또는 해당 기업에 손실을 끼친 행위를 찾아내고 그 내용과 행위자 등 구체적인 사실관계와 입증자료 등을 확보하는 것입니다. 공사는 지난 2008년 3월 검찰과 협조하여 부실금융회사와 부실채무기업에 대한 조사를 총괄하는 '금융부실책임조사본부'를 발족하였으며, 2013년 3월에는 부실저축은행에서 빌린 돈을 갚지 않은 부실채무기업의 수가 3천여 개가 넘어감에 따라 전담조직(조사2국)을 신설하여 부실채무 기업에 대한 조사를 강화하고 있습니다.

• 외부 전문가 위주의 금융부실책임심의위원회 운영
공사는 부실책임조사 결과에 대한 객관적이고 공정한 심의를 위하여 변호사 등 전문가 위주로 「금융부실책임심의위원회」를 구성하여 운영하고 있으며, 객관적이고도 철저한 부실책임심의를 통해 부실관련자 책임 내용과 범위, 책임금액 등을 심의하고 있습니다.

• 금융부실관련자에 대한 재산조사 실시
공사는 부실관련자에 대한 손해배상청구에 따른 책임재산을 확보하기 위해 부실관련자에 대한 철저한 재산조사를 실시하고 있으며, 부실책임조사결과 및 부실관련자 재산조사 결과를 토대로 해당 금융회사 등을 통하여 손해배상청구소송 및 채권보전조치 등 필요한 법적조치를 취하고 있습니다.

이와 같이 공사는 부실관련자에 대한 철저한 책임추궁을 통하여 기존의 잘못된 경영관행을 혁신하여 건전한 책임경영 풍토를 정착시키고, 투입된 자금을 한푼이라도 더 회수하여 국민부담을 최대한 경감시키고자 최선을 다하고 있습니다.

① 금융부실관련자에 대한 예금보험공사의 책임추궁은 법률에 근거한다.
② 예금보험공사는 타 기관과 협조하여 부실채무기업에 대해 조사를 수행하고 있다.
③ 금융회사 부실에 대해 핵심 원인을 제공한 인물만 예금보험공사의 조사 대상이 된다.
④ 예금보험공사는 부실채무기업의 증가에 대해 전담조직 신설을 통해 대응하고 있다.

42 다음 제시된 문장을 논리적 순서대로 바르게 나열한 것은?

> (가) 그렇기 때문에 사람들은 자신의 투자 성향에 따라 각기 다른 금융 상품을 선호한다.
>
> (나) 그중 주식은 예금에 비해 큰 수익을 얻을 수 있지만 손실의 가능성이 크고, 예금은 상대적으로 적은 수익을 얻지만 손실의 가능성이 적다.
>
> (다) 그렇다면 금융 회사가 고객들의 투자 성향을 판단하는 기준은 무엇일까?
>
> (라) 금융 상품에는 주식, 예금, 채권 등 다양한 유형의 투자 상품이 있다.
>
> (마) 그리고 금융 회사는 이러한 고객의 성향을 고려하여 고객에게 최적의 투자 상품을 추천한다.
>
> (바) 금융사는 투자의 기대 효용에 대한 고객들의 태도 차이를 기준으로 고객들을 위험 추구형, 위험 회피형 등으로 분류한다.

① (라) – (나) – (가) – (마) – (다) – (바)

② (라) – (나) – (다) – (바) – (가) – (마)

③ (바) – (마) – (가) – (다) – (라) – (나)

④ (바) – (마) – (다) – (가) – (라) – (나)

43 새로 얻은 직장의 가까운 곳에 자취를 시작하게 된 한별이는 도어록의 비밀번호를 새로 설정하려고 한다. 한별이의 도어록 번호판은 다음과 같이 0을 제외한 1 ~ 9 숫자로 되어 있다. 비밀번호를 서로 다른 4개의 숫자로 구성한다고 할 때, 5와 6을 제외하고, 1과 8이 포함된 4자리 숫자로 만들 확률은?

〈도어록 비밀번호〉

```
1 2 3
4 5 6
7 8 9
```

① $\dfrac{5}{63}$

② $\dfrac{2}{21}$

③ $\dfrac{1}{7}$

④ $\dfrac{10}{63}$

44 다음 글의 제목으로 가장 적절한 것은?

시장경제는 국민 모두가 잘살기 위한 목적을 달성하는 수단으로서 선택한 나라 살림의 운영 방식이다. 그러나 최근에 재계, 정계, 그리고 경제 관료 사이에 벌어지고 있는 시장경제에 대한 논쟁은 마치 시장경제 그 자체가 목적인 것처럼 왜곡되고 있다. 국민들이 잘살기 위해서는 경제가 성장해야 한다. 그러나 경제가 성장했는데도 다수의 국민들이 잘사는 결과를 가져오지 못하고 경제적 강자들의 기득권을 확대 생산하는 결과만을 가져온다면 국민들은 시장경제를 버리고 대안적 경제 체제를 찾을 것이다. 그렇기 때문에 시장경제를 유지하기 위해서는 성장과 분배의 균형이 중요하다.

시장경제는 경쟁을 통해서 효율성을 높이고 성장을 달성한다. 경쟁의 동기는 사적인 이익을 추구하는 인간의 이기적 속성에 기인한다. 국민 각자는 모두가 함께 잘살기 위해서가 아니라 내가 잘살기 위해서 경쟁을 한다. 모두가 함께 잘살기 위한 공동의 목적을 달성하는 수단으로 시장경제를 선택한 것이지만 개개인은 이기적인 동기로 시장에 참여하는 것이다. 이와 같이 시장경제는 개인과 공동의 목적이 서로 상반되는 모순을 갖는 것이 그 본질이다. 그래서 시장경제가 제대로 운영되기 위해서는 국가의 소임이 중요하다.

시장경제에서 국가가 할 일을 크게 세 가지로 나누어 볼 수 있다. 첫째는 경쟁을 유도하는 시장 체제를 만드는 것이고, 둘째는 공정한 경쟁이 이루어지도록 시장 질서를 세우는 것이며, 셋째는 경쟁의 결과로 얻은 성과가 모두에게 공평하게 분배되도록 조정하는 것이다. 최근에 벌어지고 있는 시장경제의 논쟁은 세 가지 국가의 역할 중에서 논쟁의 주체들이 자신의 이해관계에 따라서 선택적으로 시장경제를 왜곡하고 있다. 경쟁에서 강자의 위치를 확보한 재벌들은 경쟁 촉진을 주장하면서 공정경쟁이나 분배를 말하는 것은 반시장적이라고 매도한다. 정치권은 인기 영합의 수단으로, 그리고 일부 노동계는 이기적 동기에서 분배를 주장하면서 분배의 전제가 되는 성장을 위해서 필요한 경쟁을 훼손하는 모순된 주장을 한다. 경제 관료들은 자신의 권력을 강화하기 위한 부처의 이기적인 관점에서 경쟁촉진과 공정 경쟁 사이에서 줄타기 곡예를 하며 분배에 대해서 말하는 것은 금기시한다. 모두가 자신들의 기득권을 위해서 선택적으로 왜곡하고 있다.

경쟁은 원천적으로 공정성을 보장하지 못한다. 서로 다른 능력이 주어진 천부적인 차이는 물론이고, 물려받는 재산과 환경의 차이로 인하여 출발선에서부터 불공정한 경쟁이 시작된다. 그럼에도 불구하고 경쟁은 창의력을 가지고 노력하는 사람에게 성공을 가져다주는 체제이다. 그래서 출발점이 다를지라도 노력과 능력에 따라서 성공의 기회가 제공되도록 보장하기 위해서 공정 경쟁이 중요하다. 경쟁은 또한 분배의 공평성을 보장하지 못한다. 경쟁의 결과는 경쟁에 참여한 모든 사람의 노력으로 이루어진 것이지, 승자만의 노력으로 이루어진 것은 아니다. 경쟁의 결과가 승자에 의해서 독점된다면 국민들은 경쟁의 참여를 거부할 수밖에 없다. 그래서 경쟁에 참여한 모두에게 공평한 분배가 이루어지는 것이 중요하다.

① 시장경제에서의 개인과 경쟁의 상호 관계
② 시장경제에서의 국가의 역할
③ 시장경제에서의 개인 상호 간의 경쟁
④ 시장경제에서의 경쟁의 양면성과 그 한계

PART 3 주요 금융권 NCS 기출복원문제

45 다음 글의 내용으로 적절한 것을 〈보기〉에서 모두 고르면?

> 과거에는 일반 시민들이 사회 문제에 관한 정보를 얻을 수 있는 수단이 거의 없었다. 따라서 일반 시민들은 신문과 같은 전통적 언론을 통해 정보를 얻었고 전통적 언론은 주요 사회 문제에 대한 여론을 형성하는 데 강한 영향을 끼쳤다. 지금도 신문에서 물가 상승 문제를 반복해서 보도하면 일반 시민들은 이를 중요하다고 생각하고, 그와 관련된 여론도 활성화된다.
>
> 이처럼 전통적 언론이 여론을 형성하는 것을 '의제설정기능'이라고 한다. 하지만 막강한 정보원으로 인터넷이 등장한 이후 전통적 언론의 영향력은 약화되고 있다. 그리고 인터넷을 통한 상호작용매체인 소셜 네트워킹 서비스(이하 SNS)가 등장한 이후에는 그러한 경향이 더욱 강화되고 있다. 일반 시민들이 SNS를 통해 문제를 제기하고, 많은 사람들이 그 문제에 대해 중요하다고 생각하면 역으로 전통적 언론에서 뒤늦게 그 문제에 대해 보도하는 현상이 생기게 된 것이다. 이러한 현상을 일반 시민이 의제설정을 주도한다는 점에서 '역의제설정 현상'이라고 한다.

보기

㉠ 현대의 전통적 언론은 의제설정기능을 전혀 수행하지 못하고 있다.
㉡ SNS는 일반 시민이 의제설정을 주도하는 것을 가능하게 했다.
㉢ 현대 언론은 과거 언론에 비해 의제설정기능의 역할이 강하다.
㉣ SNS로 인해 의제설정 현상이 강해지고 있다.

① ㉡ ② ㉢
③ ㉠, ㉢ ④ ㉡, ㉣

46 M금고에 새로 입사한 사원의 현황이 다음과 같다. 신입사원 중 여자 한 명을 뽑았을 때, 경력자가 뽑힐 확률은?

조건

· 신입사원의 60%는 여성이다.
· 신입사원의 20%는 여성 경력직이다.
· 신입사원의 80%는 여성이거나 경력직이다.

① $\frac{1}{3}$ ② $\frac{2}{3}$
③ $\frac{1}{5}$ ④ $\frac{3}{5}$

47 M자원센터는 봄을 맞이하여 동네 주민들에게 사과, 배, 딸기의 세 과일을 한 상자씩 선물하려고 한다. 사과 한 상자의 가격은 1만 원이고, 배 한 상자는 딸기 한 상자 가격의 2배이며 딸기 한 상자와 사과 한 상자 가격의 합은 배의 가격보다 2만 원 더 싸다. 10명의 동네 주민들에게 선물을 준다고 하였을 때 M자원센터가 지불해야 하는 총비용은?

① 400,000원   ② 600,000원

③ 800,000원   ④ 1,000,000원

48 다음은 종이책 및 전자책 성인 독서율을 나타낸 표이다. 빈칸 (가)에 들어갈 수치로 가장 적절한 것은?(단, 각 항목의 2021년 수치는 2019년 수치 대비 일정한 규칙으로 변화한다)

〈종이책 및 전자책 성인 독서율〉

(단위 : %)

항목	연도	2019년			2021년		
		사례수(건)	1권 이상	읽지 않음	사례수(건)	1권 이상	읽지 않음
전체	소계	5,000	60	40	6,000	72	28
성별	남자	2,000	60	40	3,000	90	10
	여자	3,000	65	35	3,000	65	35
연령별	20대	1,000	87	13	1,000	87	13
	30대	1,000	80.5	19.5	1,100	88.6	11.4
	40대	1,000	75	25	1,200	90	10
	50대	1,000	60	40	1,200	(가)	―
	60대 이상	1,000	37	63	1,400	51.8	48.2
학력별	중졸 이하	900	30	70	1,000	33.3	66.7
	고졸	1,900	63	37	2,100	69.6	30.4
	대졸 이상	2,200	70	30	2,800	89.1	10.9

① 44   ② 52

③ 72   ④ 77

49 다음은 우리나라 연도별 적설량에 대한 표이다. 이를 그래프로 나타냈을 때 가장 적절한 것은?

〈우리나라 연도별 적설량〉

(단위 : cm)

구분	2019년	2020년	2021년	2022년
서울	25.3	12.9	10.3	28.6
수원	12.2	21.4	12.5	26.8
강릉	280.2	25.9	94.7	55.3

③ (cm)

④ (cm)

50 다음 자료와 〈조건〉을 참고할 때, 철수, 영희, 민수, 철호가 상품을 구입한 쇼핑몰이 바르게 짝지어진 것은?

〈이용약관의 주요내용〉

구분	주문 취소	환불	배송비	포인트 적립
A쇼핑몰	주문 후 7일 이내 취소 가능	10% 환불수수료, 송금수수료 차감	무료	구입 금액의 3%
B쇼핑몰	주문 후 10일 이내 취소 가능	환불수수료, 송금수수료 차감	20만 원 이상 무료	구입 금액의 5%
C쇼핑몰	주문 후 7일 이내 취소 가능	환불수수료, 송금수수료 차감	1회 이용 시 1만 원	없음
D쇼핑몰	주문 후 당일에만 취소 가능	환불수수료, 송금수수료 차감	5만 원 이상 무료	없음
E쇼핑몰	취소 불가능	고객 귀책 사유에 의한 환불 시에만 10% 환불수수료	1만 원 이상 무료	구입 금액의 10%
F쇼핑몰	취소 불가능	원칙적으로 환불 불가능 (사업자 귀책 사유일 때만 환불 가능)	100g당 2,500원	없음

조건

• 철수는 부모님의 선물로 등산 용품을 구입하였는데, 판매자의 업무 착오로 배송이 지연되어 판매자에게 전화로 환불을 요구하였다. 판매자는 판매금액 그대로를 통장에 입금해 주었고 구입 시 발생한 포인트도 유지하여 주었다.
• 영희는 옷을 구매할 때 배송료를 고려하여 한 가지씩 여러 번에 나누어 구매하기보다는 가능한 한 한꺼번에 주문하곤 하였다.
• 인터넷 사이트에서 영화티켓을 2만 원에 주문한 민수는 다음날 같은 티켓을 1만 8천 원에 파는 가게를 발견하고 전날 주문한 물건을 취소하려 했지만 취소가 되지 않아 곤란을 겪은 적이 있다.
• 가방을 10만 원에 구매한 철호는 도착한 물건의 디자인이 마음에 들지 않아 환불 및 송금수수료와 배송료를 감수하는 손해를 보면서도 환불할 수밖에 없었다.

	철수	영희	민수	철호
①	E	B	C	D
②	F	E	D	B
③	E	D	F	C
④	F	C	E	B

배우기만 하고 생각하지 않으면 얻는 것이 없고,
생각만 하고 배우지 않으면 위태롭다.

- 공자 -

앞선 정보 제공! 도서 업데이트

언제, 왜 업데이트될까?

도서의 학습 효율을 높이기 위해 자료를 추가로 제공할 때!
공기업 · 대기업 필기시험에 변동사항 발생 시 정보 공유를 위해!
공기업 · 대기업 채용 및 시험 관련 중요 이슈가 생겼을 때!

01 SD에듀 도서
www.sdedu.co.kr/book
홈페이지 접속

02 상단 카테고리
「도서업데이트」
클릭

03 해당
기업명으로
검색

참고자료, 시험 개정사항 등 정보 제공으로 학습효율을 높여 드립니다.

SD에듀

2024 최신판 All-New

안심도서
항균99.9%

기출이 답이다

신한
은행
SLT 필기시험

6개년 기출복원문제 ➕ 기출유형분석
➕ 무료NCS특강

편저 | SDC(Sidae Data Center)

SDC

SDC는 SD에듀 데이터 센터의 약자로
약 30만 개의 NCS · 적성 문제 데이터를 바탕으로
최신출제경향을 반영하여 문제를 출제합니다.

정답 및 해설

합격의 모든 것!

NCS 핵심이론
및 대표유형
무료 PDF 제공

[합격시대]
온라인 모의고사
무료쿠폰

[WiN시대로]
AI면접
무료쿠폰

SD에듀
(주)시대고시기획

PART 2

기출복원문제

정답 및 해설

CHAPTER 01 | 2023년 기출복원문제

※ 상황판단 평가는 정답 및 해설이 제공되지 않습니다.

01	02	03	04	05	06	07	08	09	10	11	12	13	14	15	16	17	18		
④	④	⑤	④	⑤	②	③	③	②	②	④	⑤	③	⑤	⑤	④	③	③		

01 정답 ④

제시문에 따르면 항구에 도착하기 전에 청어리들이 죽는 문제를 해결하기 위해 노르웨이 어부들은 수조에 메기를 풀어놓았고, 청어리들은 도망다니며 끊임없이 움직여 살아남았다. 따라서 노르웨이 어부들은 ④와 달리 보다 많은 청어리가 신선한 상태로 살아남아 높은 가격을 받음으로써 얻는 이익의 증가량이 메기가 일부 청어리를 잡아먹어 발생하는 손실을 상쇄하고도 남을 것이라고 확신했을 것이다.

오답분석
① 제시문 내 '환경의 새로운 강자'와 토인비의 주장인 '가혹한 조건'은 역경이 도리어 발전의 기폭제가 될 수 있다는 점에서 일맥상통한다.
② '메뚜기 효과'는 메뚜기가 어디로 튈지 알 수 없는 것처럼, 오염으로 인한 피해가 전 세계 어떤 지역에서 어느 정도로 나타날지 전혀 예측할 수 없음을 비유한 표현이다.
③ '메기 효과'와 '메뚜기 효과'는 의도성, 예상 가능성, 결과의 긍정성 혹은 부정성 등에 있어 정반대를 의미한다.
⑤ 다수의 기업들은 조직의 정체 현상 극복, 생산성 개선, 동기부여 효과, 즉 '메기 효과'를 기대하며 조직 구성원 사이의 경쟁 구도를 일부러 조성한다. 그러나 의도적인 경쟁 구도 조성으로 스트레스가 감내 가능한 수준을 넘어서게 되어 도리어 조직의 발전이 저해된다면, 이는 예상하지 못한 역효과를 초래했다는 점에서 일종의 '메뚜기 효과'가 나타난 것으로 볼 수 있다.

02 정답 ④

퇴직소득은 비경상소득에 해당한다.

소득
1) 정의 : 가구의 실질적인 자산의 증가를 가져온 모든의 현금 및 현물의 수입을 의미한다.
2) 구분
　① 경상소득 : 일상적인 경제활동을 통해 얻게 되는 소득으로, 정기적·상시적이고 재현 가능성이 높은 소득
　　예 근로소득, 사업소득, 재산소득, 이전소득 등
　② 비경상소득 : 일정하지 않고 확실하지 않으며 일시적으로 발생하는 소득
　　예 퇴직소득, 경조소득 등

03 정답 ⑤

영국 1파운드를 구매하기 위해 필요한 원화는 $1,670 \times 1.02 = 1,703.4$원이다.

따라서 600,000원으로 살 수 있는 영국 파운드는 $\frac{600,000}{1,703.4} \fallingdotseq 352.24$파운드이다.

04 정답 ④

500달러를 원화로 환전할 때, 환전수수료는 1.75%이므로 $500 \times 1,310 \times (1-0.0175) = 643,537.5$원이다.

따라서 643,537.5원을 베트남 동으로 환전할 때, 환전수수료는 10%이므로 $643,537.5 \times \dfrac{100}{6 \times 1.1} ≒ 9,750,568$동이다.

05 정답 ⑤

시장 내 경쟁이 가장 치열한 업체는 동일 혜택을 제공하는 카드 수가 가장 많은 E카페로, E카페의 혜택 제공 기간은 2년(24개월)이다.

오답분석

① B서점의 경우 E카페보다 동일 혜택을 제공하는 카드 수가 적지만, 혜택 제공 기간은 더 길다.
② 선호도 점수 가장 높은 혜택은 C통신사의 '매월 통신요금 10% 할인' 혜택이다.
③ 매월 모든 업체가 부담해야 하는 혜택 비용이 동일하다면, 혜택에 대한 총부담 비용이 가장 큰 업체는 혜택 제공 기간이 가장 긴 B서점이다.
④ 혜택 제공 기간이 가장 긴 업체는 B서점이지만, 선호도 점수가 가장 높은 업체는 C통신사이다.

06 정답 ②

제시문의 '이 서비스'는 리볼빙(Revolving)이다.

㉠ 리볼빙 서비스를 이용할 때 잔고가 설정된 최소 결제비율보다 적을 경우 연체 처리된다. 따라서 고객은 결제계좌의 잔고가 최소 결제금액 이상을 유지하도록 관리해야 연체 상황을 피할 수 있다.
㉢ 장기적인 이월이 반복되면 원금과 이자가 급증하게 되어 채무를 불이행, 신용불량 평가, 개인신용 평가점수 하락, 리볼빙 연장 이용 불가 등을 초래해 고객의 채무를 한꺼번에 갚아야 하는 위험이 발생할 수 있다. 따라서 필요한 기간과 범위 내에서 제한적으로 이용하되, 가능한 한 약정결제 비율을 높게 설정해 다음 달로 이월되는 부채를 줄이는 것이 바람직하다.

오답분석

㉡ 리볼빙 서비스를 아용하면 대금을 일시불로 결제해야 하는 부담이 없기에 자금 유동성 확보가 가능하지만, 이용 수수료율이 평균 15~20% 정도로, 신용카드 할부 이자율보다 상대적으로 높다. 따라서 리볼빙은 이월 금액을 고금리로 대출하는 계약으로 볼 수 있다.
㉣ 리볼빙 잔액이 지나치게 커지면 고객의 입장에서는 수수료 부담이 커져 상환 불가능 상황이 발생하고, 카드회사 입장에서도 재정 부실화를 겪을 수 있다. 이에 따라 재무건전성 악화에 대비한 충당금 적립 등 위험 관리 비용의 증가를 초래해 카드회사는 수익성에 악영향을 받게 된다.
㉤ '약정결제 비율 40%, 매달 사용액 250만 원' 등의 조건에서 첫째 달의 채무잔액은 250만 원−(250만 원×40%)=150만 원이고, 둘째 달에는 240만 원으로 급증한다. 즉, '(해당 월의 이월 원금)=(사용액)−[(사용액)×(약정결제 비율)]'의 공식을 도출할 수 있고, 다음과 같이 첫째 달의 이월 원금은 둘째 달에 결제 금액에 가산됨(250+150)을 알 수 있다.

(단위 : 만 원)

구분	결제 금액	이월 원금
첫째 달	250×40%=100	250−100=150
둘째 달	(250+150)×40%=160	(250+150)−160=240

위 계산 방식을 ㉤의 경우에 적용해보자. 약정결제 비율이 20%이고, 매달 카드 사용액이 평균 280만 원이라고 할 때 결제 금액과 이월 원금을 계산한 아래의 표에서 셋째 달 경과 후의 이월 원금 잔액은 약 546만 원 이상이다.

(단위 : 만 원)

구분	결제 금액	이월 원금
첫째 달	280×20%=56	280−56=224
둘째 달	(280+224)×20%=100.8	(280+224)−100.8=403.2
셋째 달	(280+403.2)×20%=136.64	(280+403.2)−136.64=546.56

리볼빙(Revolving)
1) 정의 : 'Revolving'은 기한이 지나 한 바퀴 회전하듯 다시 시작한다는 의미로, 리볼빙은 신용카드 이용 금액의 일정 비율만 갚으면 나머지 금액은 다음 결제 대상으로 연장함으로써 이용자를 연체자로 분류하지 않고 계속해서 카드를 사용할 수 있게 하는 제도이다. 우리말로 흔히 '회전결제 방식'이라 부르기도 하는데, 표준약관상 명칭은 '일부결제금액 이월약정'이다.
2) 구분
    ① 정률식 리볼빙 : 일정 비율만큼 결제
    ② 정액식 리볼빙 : 일정 금액을 결제

07   정답 ③

제시문의 '가입요건 – (2)'를 살펴보면, 다주택자인 경우에도 보유주택 합산가격이 9억 원 이하이면 가입요건이 충족됨을 확인할 수 있다. 3년 이내에 1주택 처분이 조건인 것은 보유주택 합산가격이 9억 원을 초과하는 경우이다.

08   정답 ③

• B고객 : 단독소유일 경우 주택소유자가 만 60세 이상이어야 하는데, B고객은 만 57세이므로 가입요건을 충족하지 못한다.
• D고객 : 임대사업을 목적으로 보유한 주택은 보유주택 수에 포함되므로, 총주택가액은 14억 원이 되어 가입요건을 충족하지 못한다.
• E고객 : 만 60세 이상이며, 2개 주택가액이 9억 원이므로 요건에 부합하나, 20m² 이하의 아파트는 주택으로 보므로 총주택가액이 9억 원을 초과하여 가입요건을 충족하지 못한다.

오답분석

• A고객 : 만 60세 이상이며, 주택가액 9억 원 이하의 1주택을 보유하고 있으므로 가입대상이 된다.
• C고객 : 부부 중 연장자가 만 60세 이상(부부 공동소유)이며, 총주택가액이 9억 원 미만이므로 가입대상이 된다.

09   정답 ②

제시문에 따르면 무차별곡선은 효용을 측정할 수 없다고 보며, 서수적 효용의 개념을 토대로 소비자 이론을 설명한다. ②는 서수적 효용이 아닌 기수적 효용(Cardinal Utility)에 대한 설명이다.

오답분석

① 제시문에 나타난 그래프와 달리 서로 다른 무차별곡선이 교차하는 경우를 가정해 보자. A와 B는 같은 곡선 위에 있기에 동일한 효용을 제공하고, B와 C도 같은 곡선 위에 있기에 동일한 효용을 준다. 그렇다면 A와 C의 효용도 같아야 한다($A = B$이고, $B = C \rightarrow A = C$). 그러나 C는 A보다 더 바깥에 있어 더 많은 소비를 할 수 있으므로 C와 A가 주는 효용이 같을 수는 없다($A \neq C$). 즉, 서로 다른 무차별곡선이 교차하게 되면 논리적 모순이 발생한다. 또한 제시문에서 서로 다른 무차별곡선은 서로 교차하지 않는다고 설명하였다. 따라서 ①의 진술처럼 무차별곡선은 '소비가 적은 것보다는 많은 것을 선호한다.'는 가정을 전제로 함을 알 수 있다. 서로 다른 무차별곡선이 교차할 경우에는 '소비가 적은 것보다는 많은 것을 선호한다.'는 가정과 모순되는 것이다.

③ 제시문에 따르면 무차별곡선은 몇 가지의 재화가 소비자에게 주는 효용이 같은 수량끼리 묶은 조합을 나타내는 곡선을 의미한다. 이때 '무차별'은 그 곡선 위 점들의 집합으로 이루어진 조합이 실현되면 어느 조합이나 소비자에게 같은 만족을 주기 때문에 차별이 없다는 의미이다.
④ 제시문에 따르면 무차별곡선은 원점에서 떨어질수록 효용 수준이 높아진다. 또한 그래프에서 Y재의 소비량은 일정하고 X재의 소비량이 증가할 경우(점 B에서 점 C로 이동할 경우) 효용은 종전의 수준(IDC_B)보다 높은 수준(IDC_A)으로 이동한다. 즉, 원점으로부터의 거리가 상대적으로 더 먼 IDC_A는 IDC_B보다 효용 수준이 높은 무차별곡선이다.
⑤ 제시문에 따르면 무차별곡선은 우하향으로 기울어진 형태를 취하게 된다. 이는 한 재화의 소비량이 감소(증가)하면 동일한 만족을 유지하기 위해 다른 재화의 소비량이 증가(감소)해야 하기 때문이다.

10 정답 ②

5명 중에서 3명을 순서와 상관없이 뽑을 수 있는 경우의 수는 $_5C_3 = \dfrac{5 \times 4 \times 3}{3 \times 2 \times 1} = 10$가지이다.

11 정답 ④

제시문의 핵심 내용은 '미국의 양적완화로 인한 경제가치의 변화와 그에 따른 우리 경제의 변화요인'이고 선택지의 주 내용은 우리 경제의 변화 추이이므로 이에 따른 명제를 설정한다. 즉, 핵심 명제는 '미국이 양적완화를 중단하면 미국 금리가 상승한다.'에 따른 우리 경제의 변동 사항으로, '우리나라 금리가 상승하고 가계부채 문제가 심화되며 국내소비는 감소한다.'이다.
'우리나라 경제는 대외 의존도가 높기 때문에 경제의 주요지표들이 개선되기 위해서는 수출이 감소하면 안 된다.'를 전제로 도출한 명제인 '수출이 증가하지 않으면 지표들이 개선되지 않는다.'와 '달러 환율이 하락하면 우리나라의 수출이 감소한다.'를 통합하면 '달러 환율이 하락하면 지표들이 개선되지 않는다.'가 되기 때문에 이의 대우인 ④ '우리나라 경제의 주요지표들이 개선되었다면 우리나라의 달러 환율이 하락하지 않았을 것이다.'는 반드시 참이 된다.

오답분석

① 제시문의 '달러화의 가치가 하락하면 우리나라 달러 환율도 하락한다. 달러 환율이 하락하면 우리나라의 수출이 감소한다.'에 상반되므로 참이 아니다.
② 제시문 명제인 '미국이 양적완화를 중단하면 가계부채 문제가 심화된다.'의 역이므로 반드시 참이라고 할 수 없다.
③ 제시문 명제인 '우리나라에 대한 외국인 투자가 증가하면 경제의 전망이 어두워진다.'와 어긋나므로 참이 아니다.
⑤ 제시문의 이(易)이므로 반드시 참이 될 수 없다.

12 정답 ⑤

우선 1인 가구를 대상으로 하는 든든적금이 제외된다. 또한 일 년 안에 중도해지를 하더라도 금리가 2.5% 이상인 상품을 원하므로 가족적금과 알쏠적금이 제외된다. 그러므로 쏠쏠적금과 우수적금의 우대금리를 적용한 중도해지 시 최종 적용금리를 비교하면 다음과 같다.

구분	기본금리	우대금리	최종 적용금리
쏠쏠적금	3.8%	• 예금통장 보유 : 0.5%p • 월 급여통장 보유 : 1.3%p • 자동이체 6건 : 0.6%p(∵최대 3건)	6.2%
우수적금	2.8%	• 예금통장 보유 : 1.5%p • 자동이체 6건 : 2.4%p	6.7%

따라서 고객에게 추천해 줄 가장 적절한 상품은 '우수적금'이다.

13 정답 ③

고객은 만 30세에 1인 가구이므로 쏠쏠적금과 가족적금은 가입할 수 없다. 고객이 가입할 수 있는 알쏠적금, 든든적금, 우수적금의 우대금리를 적용하여 최종 적용금리를 비교하면 다음과 같다.

구분	기본금리	우대금리	최종 적용금리
알쏠적금	4.4%	• 예금통장 보유 : 0.5%p • 자동이체 3건 : 0.9%p • 10년 가입 : 0.8%p	6.6%
든든적금	3.5%	• 예금통장 보유 : 1.1%p • 자동이체 3건 : 0.4%p(최대 2건)	5.0%
우수적금	2.8%	• 예금통장 보유 : 1.5%p • 자동이체 3건 : 1.2%p	5.5%

따라서 직원이 고객에게 추천해 줄 상품으로 가장 적절한 것은 '알쏠적금'이다.

14 정답 ⑤

확정기여형(DC) 및 개인형(IRP) 퇴직연금은 예금자보호법에 따라 예금보호 대상 금융상품으로, 운용되는 적립금에 대하여 다른 보호상품과는 별도로 1인당 5,000만 원까지(운용되는 금융상품 판매회사별 보호상품 합산) 보호된다. 그러나 확정급여형(DB) 퇴직 연금은 예금자보호법에 따른 예금보험공사의 보호 대상에서 제외된다.

오답분석

① DB형은 연금운용 회사가, DC형은 근로자 각자가 퇴직연금을 운용하는 방식이다. IRP형은 소득이 있다면 누구나 자율로 가입할 수 있는 유형이다. DB·DC형 퇴직연금을 쌓던 중에 퇴사하면 IRP 계좌로 이어받아 계속 적립·운용할 수 있다.

② 확정기여형 퇴직연금 제도의 가입자는 적립금의 운용방법을 스스로 정할 수 있고, 반기마다 1회 이상 적립금의 운용 방법을 변경할 수 있다(근로자퇴직급여 보장법 제21조 제1항).

③ 확정급여형 퇴직연금은 55세 이상으로서 가입기간이 10년 이상인 가입자에게 지급하여야 하며, 이 경우 연금의 지급기간은 5년 이상이어야 한다(근로자퇴직급여 보장법 제17조 제1항 제1호).

④ 다음 각 호의 어느 하나에 해당하는 사람은 개인형 퇴직연금 제도를 설정할 수 있다(근로자퇴직급여 보장법 제24조 제2항).
   1. 퇴직급여 제도의 일시금을 수령한 사람
   2. 확정급여형 퇴직연금 제도, 확정기여형 퇴직연금 제도 또는 중소기업퇴직연금기금 제도의 가입자로서 자기의 부담으로 개인형 퇴직연금 제도를 추가로 설정하려는 사람
   3. 자영업자 등 안정적인 노후소득 확보가 필요한 사람으로서 대통령령으로 정하는 사람

15 정답 ⑤

㉠ ROA(총자산이익률) : 기업이 총자산으로 순이익을 얼마나 창출하였는가 판단하는 척도로서, 높을수록 양호한 것으로 해석한다. 당기순이익을 자산총액으로 나누어 구한다.

$$\frac{당기순이익}{자산총액} \times 100 = \frac{55조\ 6,000억\ 원}{448조\ 4,000억\ 원} \times 100 ≒ 12.40\%$$

㉡ PER(주가수익비율) : 주가가 실제 기업의 가치에 비해 고평가 또는 저평가되어 있는지 여부를 판단할 때 활용하는 대표적인 지표로서, 현재 주가를 주당순이익(EPS)으로 나누어 구한다. 따라서 EPS가 많을수록 당연히 PER이 낮아지므로 PER 수치가 낮을수록 긍정적이며, 이는 투자 회수 기간이 짧아짐을 의미한다.

$$EPS = 8,298원 (≒ \frac{55조\ 6,000억\ 원}{6,700,000,000주}) → PER = \frac{현재\ 주가}{EPS} = \frac{75,000원}{8,298원} ≒ 9.04배$$

㉢ PBR(주가순자산비율) : 주가가 그 회사의 1주당 순자산의 몇 배인가를 나타내는 지표로서, 장부상의 가치로 회사 청산 시 주주가 배당받을 수 있는 자산의 가치(청산가치)를 의미한다. 기업의 주가를 주당순자산(BPS)으로 나누어 구한다. PBR이 낮을수록 자산가치가 저평가되었다고 볼 수 있다. PER이 기업의 수익성 측면에서 주가를 판단하는 지표라면, PBR은 기업의 재무구조 측면에서 주가를 판단하는 지표이다.

$$BPS = 52,955원 (≒ \frac{354조\ 8,000억\ 원}{6,700,000,000주}) → PBR = \frac{현재\ 주가}{BPS} = \frac{75,000원}{52,955원} ≒ 1.42배$$

16 정답 ④

ⅰ) 출금 : S은행 자동화기기 이용·영업시간 외 10만 원 이하 → 500원
ⅱ) 이체 : S은행 자동화기기 이용·다른 은행으로 송금·영업시간 외 10만 원 이하 → 800원
ⅲ) 현금 입금 : S은행 자동화기기 이용·영업시간 외 타행카드 현금입금 → 1,000원
따라서 지불해야 하는 총수수료는 2,300원이다.

17　정답　③

제시된 내용을 정리하면 다음과 같다.
ⅰ) 갑순 ○ ∨ 정순 ○
ⅱ) 갑순 × → 병순 ○
∴ 병순 ○
'병순'이 급식 지원을 받게 된다는 결론이 도출되기 위해서는 ⅱ)에 따라 '갑순'이 지원을 받지 못한다는 중간 결론이 필요하며, 이것이 성립한다면 결과적으로 ⅰ)에 의해 '정순'도 급식 지원을 받게 된다는 것을 알 수 있다. 이 같은 내용을 바탕으로 '갑순'이 지원을 받지 못한다는 중간 결론을 도출하기 위해서 보기에 제시된 전제를 살펴보면 다음과 같다.
ⓒ·ⓒ 두 전제가 결합될 경우 '갑순'이 급식 지원을 받지 못한다는 중간 결론이 도출되므로 옳다.
따라서 추가해야 할 전제는 ⓒ·ⓒ으로, 총 2개이다.

오답분석
ⓒ '갑순'이 급식 지원을 받지 못한다는 내용이 필요하므로 옳지 않다.
ⓔ 이미 복지사 A가 '갑순'이 지원을 받지 못할 경우 '병순'은 지원을 받게 된다고 하였으므로 이에 모순되는 전제이다.

18　정답　③

입력키워드에 '신용 점수 조회'를 넣으면 첫 번째 분기인 신용 점수 조회에서 YES가 나오므로 '데이터 기반 신용 점수 조회 서비스 메뉴'가 출력되고 색상은 빨강으로 표시된다.

[19~20]

상황판단 평가는 정답 및 해설이 제공되지 않습니다.

※ 상황판단 평가는 정답 및 해설이 제공되지 않습니다.

01	02	03	04	05	06	07	08	09	10	11	12	13	14	15	16	17	18	19	
②	③	③	③	①	②	④	④	③	②	③	②	①	③	③	③	①	④	④	

01 정답 ②

첫 번째 문단은 최근 행동주의펀드가 기업의 주가에 영향을 미치고 있다는 내용을 담고 있으므로, 이어지는 내용은 행동주의펀드가 어떻게 기업에 그 영향을 미치는지에 대해 서술하는 (나) 문단이 적절하고, 다음에는 이에 대한 대표적인 사례를 서술하는 (가) 문단이 이어지는 것이 자연스럽다. 또한 (다) 문단을 살펴보면 일부 은행에서는 A자산운용의 제안을 수락했고 특정 은행에서는 이를 거부했다는 내용을 언급하고 있으므로 해당 제안에 대한 구체적인 내용을 다루고 있는 (라) 문단이 먼저 이어지는 것이 적절하다. 따라서 (가) ~ (라) 문단을 논리적 순서대로 나열하면 (나) – (가) – (라) – (다)가 된다.

02 정답 ③

'상회하다'란 '어떤 기준보다 위에서 웃돌다'라는 뜻으로, 시장 상황의 긍정적인 평가로 볼 때 그 쓰임이 적절하다.

오답분석

① 제시문은 부실 우려가 있는 사업장에 정책자금을 지원해 부실 상황을 해결한다는 내용이므로 (가)에는 어떤 상황을 계속한다는 뜻의 '지속화'보다는 그 상황을 해결해 안정화시킨다는 뜻의 '정상화'가 더 적절하다.
② 회사채는 사업에 필요한 자금을 조달하는 채무로, 금융시장의 상황이 개선된다는 내용으로 보아 (나)에 들어갈 말로는 '상승세'보다는 '하락세'가 더 적절하다.
④ '확장정책'은 정부가 경기회복을 위해 재정지출을 증가시키는 정책이고, 반대로 '긴축정책'은 재정 지출을 줄이는 정책을 말한다. 따라서 '다만'이라는 접속어로 볼 때, 앞서 언급한 금융시장의 긍정적 상황과는 반대되는 상황이 나타날 것이므로 (라)에 들어갈 말은 '긴축정책'이 적절하다.

03 정답 ③

작년 A제품의 생산량을 a개, B제품의 생산량을 b개라고 하면 다음과 같다.
$a+b=1,000$
$\rightarrow a=1,000-b \cdots \bigcirc$
올해 A제품의 생산량을 2%, B제품의 생산량을 3% 증가시켜 총 1,024개를 생산하면 다음과 같다.
$(a\times1.02)+(b\times1.03)=1,024 \cdots \bigcirc$
이때 $\bigcirc$과 $\bigcirc$을 연립하면,
$\{(1,000-b)\times1.02\}+(b\times1.03)=1,024$
$1,020-1.02b+1.03b=1,024 \rightarrow 0.01b=4$
$\therefore b=400$
따라서 올해 생산하는 B제품의 수량은 $400\times1.03=412$이다.

04 정답 ③

2022년 X지역과 Y지역의 매출합계는 3,396억 원이므로 그의 65%를 구하는 식은 다음과 같다.

$3,396 \times 0.65 = 2,207.4$억 원

따라서 2022년 Z지역의 매출은 동년 X지역과 Y지역 매출합계의 65% 이상이다.

오답분석

① X지역의 2022년 매출은 1,795억 원이고, 2021년 매출은 2,001억 원이므로 증감률을 구하면 다음과 같다.

$$\frac{1,795-2,001}{2,001} \times 100 = -10.3\%$$

따라서 2022년 매출은 전년 대비 10% 이상 감소하였다.

② X지역의 연도별 증감률을 구하면 다음과 같다.

- 2019년 : $\frac{1,680-1,751}{1,751} \times 100 = -4.05\%$

- 2020년 : $\frac{2,121-1,680}{1,680} \times 100 = 26.25\%$

- 2021년 : $\frac{2,001-2,121}{2,121} \times 100 = -5.66\%$

- 2022년 : $\frac{1,795-2,001}{2,001} \times 100 = -10.29\%$

따라서 전년 대비 증감률이 가장 적은 연도는 2019년이다.

④ Z지역의 2018년 매출은 1,947억 원이고, 2022년 매출은 2,412억 원이다.

$2,412 \times 0.7 = 1,688.4$억 원

따라서 2018년 매출은 2022년 매출의 70% 이상이다.

05 정답 ①

화요일은 재무팀 소속인 C의 출장이 불가하며, 수요일은 영업팀의 정기 일정으로 A, B의 출장이 불가하다. 또한 목요일은 B가 휴가 예정이므로, 세 사람이 동시에 출장을 갈 수 있는 날은 월요일뿐이다.

오답분석

② 회계감사로 인해 재무팀 소속인 C는 본사에 머물러야 한다.

③ 수요일에는 영업팀의 정기회의가 있다.

④ B가 휴가 예정이므로 세 사람이 함께 출장을 갈 수 없다.

06 정답 ②

• A호텔 예약 시
  - 스위트룸 1실, 2박 : 200만 원 / 디럭스룸 2실, 2박 : 100만 원 / 싱글룸 4실, 2박 : 144만 원
  - 조식요금 4인, 2식 : 28만 원(스위트룸, 디럭스룸에 투숙한 4명의 조식요금 무료)
  → 총 472만 원
• B호텔 예약 시
  - 스위트룸 1실, 2박 : 171만 원 / 디럭스룸 2실, 2박 : 108만 원 / 싱글룸 4실, 2박 : 108만 원(객실 5개 이상 예약으로 숙박비 10% 할인)
  - 조식요금 7인, 2식 : 63만 원
  → 총 450만 원
• C호텔 예약 시
  - 스위트룸 1실, 2박 : 180만 원(스위트룸 2박 이상 연박으로 10% 할인) / 디럭스룸 2실, 2박 : 120만 원 / 싱글룸 4실, 2박 : 96만 원
  - 조식요금 7인, 2식 : 56만 원
  → 총 452만 원
따라서 B호텔과 450만 원이 바르게 짝지어진 ②가 정답이다.

07 정답 ④

예치기간에 따라 차등적인 차감율을 적용하여 중도해지이율을 산출하는데, 산출값이 연 0.1% 미만인 경우에는 0.1%의 중도해지이율을 적용한다.

오답분석
① 신한 쏠(SOL)을 통해 신청 가능하다고 명시된 부분은 만기일연장 서비스에 관한 것이다.
② 만기일연장은 최장 3개월까지만 가능하다.
③ 만기 후에는 기본금리가 아닌 만기 후 이율이 적용된다.

08 정답 ④

이 상품의 가입기간은 1 ~ 60개월로, 1년은 이 기간 내에 해당하므로 D씨에게 적절하다.

오답분석
① 쏠편한 정기예금은 거치식 상품으로 정기적인 납입을 위한 상품이 아니다.
② 이 상품의 최대 가입기간은 60개월(5년)로 B씨의 저축 목적에 맞지 않는다.
③ 이 상품은 원금이 보장되고 정액의 이자를 지급하는 상품으로 높은 수익률을 원하는 C씨에게는 적합하지 않다.

09 정답 ③

A씨는 월평균 지출이 40만 원이고 B씨는 연회비 3만 원 이하의 카드를 원하므로 신한카드 Air One은 두 사람 모두의 선택 대상에서 제외된다. 두 사람에게 각각 다른 카드를 추천하였기 때문에, 간편결제의 활용 빈도가 높은 A씨에게 #Pay 신한카드를, 차량을 보유하고 외식을 선호하는 B씨에게 신한카드 Mr. Life를 추천하는 것이 합리적이다.

10 정답 ②

국내 사용금액의 경우 일시불과 할부 모두 마일리지 적립 대상이나, 해외 사용금액의 경우 일시불만 마일리지 적립 대상이라는 점에 유의해야 한다. 국내 사용금액 100만 원 전체에 대해 1천 원당 1마일리지, 해외 사용금액 중 일시불 50만 원에 대해 1천 원당 1마일리지가 적립된다. 문제에 언급된 내용만으로는 항공 / 면세업종에서 사용된 금액을 알 수 없으므로, 항공 / 면세업종에서 사용한 금액이 0원인 경우를 기준으로 예상 적립 마일리지를 구하면, 적립되는 항공마일리지의 최솟값이 된다.
(100만 원÷1,000원×1마일리지)+(50만 원÷1,000원×1마일리지)=1,500마일리지
따라서 Air One 카드를 보유한 고객에게 적립되는 항공마일리지는 최소 1,500마일리지이다.

11 정답 ③

범위의 평균을 구하는 함수는 「=AVERAGE(셀 범위)」이다.
따라서 [F7]에 들어갈 함수는 「=AVERAGE(C7:E7)」이다.

12 정답 ②

범위의 최댓값을 구하는 함수는 「=MAX(셀 범위)」이다.
따라서 [C7]에 들어갈 함수는 「=MAX(C2:C6)」이다.

13 정답 ①

◎(B2*C2)는 인수가 오류이면 참을 반환한다.
①은 오류이면 인수1 자리에 있는 B2*C2 값을, 오류가 아니면 인수2 자리에 있는 "만기"를 반환하기 때문에 [D3]에 들어갈 수 없다.

오답분석

② ▲(B2)는 값이 숫자이면 참을 반환한다.
　따라서 값이 숫자가 아닌 3행은 "만기"로 출력되고, 금액이 숫자인 나머지 행은 B2*C2의 결과가 출력된다.
③ ◎(B2*C2)는 인수가 오류이면 참을 반환한다.
　따라서 함수 ◎의 인수1 자리에는 "만기", 인수2 자리에는 B2*C2가 들어가야 한다.
④ ▼(B2)는 값이 텍스트가 아니면 참을 반환한다.
　따라서 값이 텍스트인 3행은 인수2 자리에 있는 "만기", 나머지 행은 인수1 자리에 있는 B2*C2의 결과가 출력된다.

14 정답 ③

ㄴ. IRA는 개인퇴직계좌로, 근로자가 퇴직 혹은 퇴직금 중간정산 시 일시적으로 자금을 보관하는 저축계좌의 기능을 수행하였다.
　이러한 IRA의 운용이 사실상 경직적이었던 점을 보완하며 근로자퇴직급여보장법에 따라 등장한 것이 IRP이다.
ㄷ. 근로자의 퇴직금을 회사가 운용한 후 근로자에게 지정 금액을 지급하는 것은 DB형(확정급여형)에 대한 설명이다.

15 정답 ③

채권형 ETF, 상품형 ETF 등의 경우 배당소득세를 면제받지 못한다.

오답분석

① ETF는 실시간 매매 및 원하는 매매가에 대한 설정이 가능하므로, 주식형 펀드에 비해 매매시기 및 매매가에 대한 투자자의 의사결정이 자유롭다.
② ETF는 주식투자 혹은 펀드투자와 달리, 매도 시 증권거래세를 전면 면제받는다.
④ 인버스 ETF에 투자하는 경우, 추종하는 지수가 하락하더라도 수익을 얻을 수 있다.

16 정답 ③

오답분석

① 헤지펀드 : 소수의 투자자로부터 자금을 모집하여 투자하여 수익을 달성하는 사모펀드의 일종이다.
② 주가연계증권 : 개별 주식의 가격 혹은 주가지수에 연계되어 투자 수익이 결정되는 유가증권이다.
④ 랩어카운트 : 자산운용과 관련된 여러 가지 서비스를 종합하여 제공하고, 고객재산에 대해 자산구성·운용·투자자문까지 통합적으로 관리하는 서비스이다.

17 정답 ①

오답분석

② 프로젝트 파이낸싱 : 사회기반시설 건설이나 택지개발과 같은 대규모 사업에 필요한 자금을 조달하기 위해 동원되는 대출 등의 금융수단이나 투자기법을 가리킨다.
③ D - 테스트베드 : 핀테크 스타트업이 사업아이디어 등을 검증할 수 있도록 금융권 데이터 및 테스트 환경을 제공하는 사업을 가리킨다.
④ 테크핀 : IT기업이 기술을 바탕으로 금융서비스를 제공하는 것을 가리키는 용어이다.

18 　정답　④

ㄷ. 래퍼 곡선은 적정세율에서 최대 조세수입을 보이는 포물선 형태를 띠고 있으므로, 세율이 적정세율에 가까울수록 조세수입의 변화율이 작아 그래프가 완만하다.

ㄹ. 래퍼 곡선은 적정세율까지는 세율을 인상할수록 조세수입이 증가하나, 적정세율을 초과하는 순간부터 과세대상이 세율이 낮은 타 조세권역으로 이탈하여 과세대상의 감소에 따라 세수가 감소한다는 것을 나타내는 곡선이다.

오답분석

ㄱ. 래퍼 곡선에 따르면, 적정세율을 초과하면 세수가 감소하기 시작한다.

ㄴ. 적정세율 이하의 세율 구간에서는 세율을 인상할수록 조세수입이 증가한다.

19 　정답　④

오답분석

① TRS : 증권사가 일정 증거금을 담보로 주식·채권·메자닌 등 자산을 운용사 대신 매입해주는 스왑 계약을 가리킨다.

② PEF : 사모펀드로, 일정 수 이하의 제한된 투자자들을 모집하여 비공개적으로 운영되는 펀드이다.

③ MMF : 단기금융집합투자기구로, 펀드 재산을 단기금융상품에 주로 투자하고, 수시입출금이 가능한 펀드이다.

[20~21]

상황판단 평가는 정답 및 해설이 제공되지 않습니다.

01 NCS 직업기초능력평가

01	02	03	04	05	06	07	08	09	10	11	12	13	14	15					
③	③	③	②	④	④	①	③	①	②	③	③	②	④	②					

01 정답 ③

'의사'와 '병원'은 직업과 직장의 관계이다.
따라서 '교사'라는 직업의 직장으로 '학교'가 오는 것이 적절하다.

02 정답 ③

먼저 이산화탄소 흡수원의 하나인 연안 생태계를 소개하는 (다) 문단이 오는 것이 적절하며, 다음으로 이러한 연안 생태계의 장점을 소개하는 (나) 문단이 오는 것이 적절하다. 다음으로는 (나) 문단에서 언급한 연안 생태계의 장점 중 갯벌의 역할을 부연 설명하는 (가) 문단이 오는 것이 적절하며, (가) 문단 뒤로는 '또한'으로 시작하며 연안 생태계의 또 다른 장점을 소개하는 (라) 문단이 오는 것이 적절하다. 따라서 (다) – (나) – (가) – (라) 순으로 나열되어야 한다.

03 정답 ③

'한국에서는 1명의 변사가 영화를 설명하는 방식을 취하였으며, 영화가 점점 장편화되면서부터는 2명 내지 4명이 번갈아 무대에 등장하는 방식으로 바뀌었다.'라는 부분을 통해 ③의 내용이 적절한 것을 알 수 있다.

오답분석
① 한국과 일본은 모두 변사의 존재가 두드러졌다.
② 한국에서 변사가 본격적으로 등장한 것은 극장가가 형성된 1910년부터이다.
④ 자막과 반주 음악이 등장하면서 오히려 변사들의 역할이 미미해져 그 수가 줄어들었다.

04 정답 ②

직계존비속 증여의 경우 5,000만 원까지만 증여세를 면제받을 수 있다.

오답분석
① 부부간 증여의 경우 6억 원까지 증여세를 면제받을 수 있다.
③ 정부의 '12・16 부동산 대책'에 따라 투기과열지구에서 9억 원을 초과하는 주택을 구매한 경우 자금조달계획서와 함께 증빙서류를 제출해야 한다.
④ 기존에는 현금과 그와 비슷한 자산은 '현금 등'으로 기재하였으나, 앞으로는 현금과 기타자산을 나누고 기타자산은 무엇인지 구체적으로 밝혀야 한다.

05 정답 ④

㉠ 현재 주택을 소유한 노년층은 대부분 소득 축적 기회가 적었고, 현재도 특별한 소득이 없는 금융소비자이므로 역모기지론 정책이 효과적으로 시행될 수 있다.

㉡ 만 65세 이상인 가구주의 주택 소유 비율이 높을수록 역모기지론 정책이 효과적으로 시행될 수 있다.

㉢ 역모기지론을 이용할 수 있는 대상자는 공시가격 8억 원 이하의 주택을 한 채만 소유하고 있는 만 65세 이상의 중산·서민층이므로, 만 65세 이상의 노인들이 보유하고 있는 주택의 공시가격이 대부분 8억 원 이하라면 역모기지론 정책이 효과적으로 시행될 수 있다.

㉣ 86%에 달하는 노인들이 양로원이나 기타 사회복지시설을 이용하는 것보다 자기 집에 그대로 머물러 살기를 원한다고 응답했다면 노인들의 집을 담보삼아 금융을 소비하는 역모기지론 정책이 효과적으로 시행될 수 있다.

06 정답 ④

나열된 수를 각각 A, B, C, D라고 하면

$$\underline{A\ B\ C\ D} \rightarrow \frac{A \times C}{B} = D$$

따라서 (　)$=75 \times 5 \div 15 = 25$이다.

07 정답 ①

홀수 항은 $+0.5$, $+1.5$, $+2.5$, …씩, 짝수 항은 $+\frac{1}{2}$, $+\frac{1}{4}$, $+\frac{1}{6}$, …씩 더하는 수열이다.

따라서 (　)$=-5+0.5=-4.5$이다.

08 정답 ③

감의 개수를 x개라고 할 때, 사과는 $(20-x)$개이므로 다음 식이 성립한다.

$400x + 700 \times (20-x) \leq 10{,}000$

$\rightarrow 14{,}000 - 300x \leq 10{,}000$

$\therefore x \geq \frac{40}{3} = 13.333\cdots$

따라서 감은 최소 14개를 사야 한다.

09 정답 ①

합격률을 $x\%$라고 한다면 불합격률은 $(1-x)\%$이다.

평균점수에 관한 방정식을 세우면 다음과 같다.

$90x + 40(1-x) = 45$

$\rightarrow 50x = 5$

$\therefore x = 0.1$

따라서 합격률은 10%이다.

10 정답 ②

2040년의 고령화율이 2010년 대비 2배 이상 증가하는 나라는 ㉠한국(3.0배), ㉣브라질(2.5배), ㉤인도(2.0배)이다.

㉠ 한국 : $\frac{33.0}{11.0}=3.0$배

㉡ 미국 : $\frac{21.2}{13.1}≒1.6$배

㉢ 일본 : $\frac{34.5}{23.0}=1.5$배

㉣ 브라질 : $\frac{17.6}{7.0}≒2.5$배

㉤ 인도 : $\frac{10.2}{5.1}=2.0$배

11 정답 ③

2017년의 차이는 115,820천 장으로 가장 크다.

오답분석

① 2018년에는 기념우표가 전년에 비해 증가했지만 나만의 우표는 감소했으며, 2020년에는 그 반대현상을 보였으므로 적절하지 않다.

② 기념우표의 경우에는 2021년이 가장 낮다.

④ 2019년 전체 발행 수는 113,900천 장인데 나만의 우표는 1,000천 장으로 그 비중은 약 0.88%이므로, 1%가 안 된다.

12 정답 ③

어떤 남자는 경제학을 좋아하고, 경제학을 좋아하는 남자는 국문학을 좋아한다. 그리고 국문학을 좋아하는 남자는 영문학을 좋아하므로, 어떤 남자는 영문학을 좋아한다.

13 정답 ②

여름은 겨울보다 비가 많이 내림 → 비가 많이 내리면 습도가 높음 → 습도가 높으면 먼지와 정전기가 잘 일어나지 않음
비가 많이 내리면 습도가 높고 습도가 높으면 먼지가 잘 나지 않으므로 비가 많이 오지 않는 겨울이 여름보다 먼지가 잘 난다.

14 정답 ④

B는 8장의 응모권을 받은 A보다 2장 적게 받으므로 6장의 응모권을 받는다. 이때, C는 응모권을 A의 8장보다는 적게, B의 6장보다는 많이 받으므로 7장의 응모권을 받은 것을 알 수 있다.

15 정답 ②

ⅰ) 김대리의 말이 참인 경우 : 김대리는 호프집, 박주임은 호프집, 이과장은 극장에 가므로 커피숍에 간 사람이 없어 모순이다.
ⅱ) 박주임의 말이 참인 경우 : 김대리는 커피숍 또는 극장, 박주임은 커피숍 또는 극장, 이과장은 극장에 가므로 호프집에 간 사람이 없어 모순이다.
ⅲ) 이과장의 말이 참인 경우 : 김대리는 커피숍 또는 극장, 박주임은 호프집, 이과장은 커피숍 또는 호프집에 간다.
따라서 이과장의 말이 참이며, 커피숍, 호프집, 극장에 간 사람은 차례로 이과장, 박주임, 김대리이다.

※ 상황판단 평가는 정답 및 해설이 제공되지 않습니다.

01	02	03	04	05	06	07	08											
①	①	③	③	④	①	②	③											

01 정답 ①

함수 ▲를 사용해 번호(A2)가 홀수(■)이면 '30% 할인'을, 그렇지 않으면 '20% 할인'을 출력하는 수식이다.

오답분석

② 함수 ▲를 사용해 번호(A2)가 짝수(♡)이면 '30% 할인'을, 그렇지 않으면 '20% 할인'을 출력하는 수식이다.
③ 품명(B2:B7)이 '복숭아'인 단가(C2:C7)의 평균을 구하는 수식이다.
④ 함수 ▲를 사용해 번호(A2)가 홀수(■)이면 '20% 할인'을, 그렇지 않으면 '30% 할인'을 출력하는 수식이다.

02 정답 ①

클레임 사유(C2:C7) 중 '지연'("*지연*")이 포함된 경우가 몇 건인지 세는 수식이다.

오답분석

② 클레임 사유(C2:C7) 중 '지연'("지연*")으로 시작하는 경우가 몇 건인지 세는 수식이다.
③ 클레임 사유(C2:C7)에서 오른쪽을 기준으로 두 글자를 반환하는 수식이다.
④ 클레임 사유(C2:C7)에서 오른쪽을 기준으로 반환한 두 글자가 '지연'일 경우 '+1'을, 그렇지 않으면 공백을 출력하는 수식이다.

03 정답 ③

일자(A2)의 월(月)이 11월 전이면 '완료', 그렇지 않으면 공백을 출력하는 수식이다.

오답분석

① 일자(A2:A7)가 2021년 10월 30일 후인 제품의 수량(C2:C7) 평균을 구하는 수식이다.
② 일자(A2)의 월(月)이 11월 후이면 '완료', 그렇지 않으면 공백을 출력하는 수식이다.
④ 일자(A2)의 년(年)이 11월 전이면 '완료', 그렇지 않으면 공백을 출력하는 수식이다.

04 정답 ③

평균이 높은 순으로 순위를 표시하려면 내림차순으로 정렬해야 하므로 정렬 기준에 1이 아니라, 0이 들어가거나 생략해야 한다.

05 정답 ④

최고기온(B2:B8)에서 최저기온(C2:C8)을 뺀 값 중 가장 큰 값을 함수 ▲를 사용해서 구하는 수식이다.

오답분석

① 월요일의 최저기온 합을 구하는 수식이다.
② 월요일의 일교차를 구하는 수식이다.
③ 월요일의 최고기온과 최저기온 합을 구하는 수식이다.

06 정답 ①

- 하원 : 정시에서 3분 지난 시간에 태그했으므로(Yes → Yes →) '경고 & 출석' 출력
- 지은 : 정시에서 13분 지난 시간에 태그했으며(Yes → No → Yes →) 지각 사유가 있으므로(Yes →) '출석 인정'이 출력
- 정석 : 정시에서 21분 지난 시간에 태그했으며(Yes → No → No →) 결석 사유가 없으므로(No →) '결석'이 출력

07 정답 ②

제시된 순서도는 1차 필기를 응시한 사람을 대상으로 1차 필기 점수가 90점 이상이면 실기 응시자 수에, 90점 미만이면 2차 필기 응시자 수에 누적되는 순서도이다.
따라서 ⓐ는 x, ⓑ는 $y \geq 90$이다.

08 정답 ③

한영이가 도서관에 방문한 이유는 독후감에 쓸 책을 빌리기 위해서이며(Yes → Yes →), 한영이가 찾는 도서는 '대출 가능' 상태이다(Yes →).
도서 검색(10분)+도서를 찾음(10분)+대출(5분)=25분
따라서 한영이는 책을 빌리기 위해 최소 25분간 도서관에 머물러야 한다.

[9~11]

상황판단 평가는 정답 및 해설이 제공되지 않습니다.

01	02	03	04	05	06	07	08	09	10	11	12	13	14	15	16	17	18	19	20
③	①	②	④	③	③	①	④	④	④	③	③	④	①	④	③	③	④	④	③

21	22	23																	
④	④	④																	

01 　정답 ③

망양지탄(望洋之歎)이란 넓은 바다를 보고 탄식한다는 뜻으로, 다른 사람의 위대함을 보고 자신의 미흡함을 부끄러워한다는 의미이다.

오답분석

① 만시지탄(晚時之歎) : 때늦은 한탄이라는 뜻으로, 시기가 늦어 기회를 놓친 것이 원통해서 탄식함을 이르는 말

② 풍수지탄(風樹之歎) : 부모님을 모시고자 하나 이미 돌아가셔서 그 뜻을 이룰 수 없어 한탄함을 이르는 말

④ 맥수지탄(麥秀之歎) : 보리가 무성하게 자란 것을 탄식한다는 뜻으로, 나라의 멸망을 탄식함을 이르는 말

02 　정답 ①

외래어 표기법에 따라 sickness[siknis]의 자음 [n] 앞의 [k]는 '으'를 붙여 표기하므로 '시크니스'가 적절한 표기이다.

03 　정답 ②

제시문의 첫 번째 문단에서는 이론에서 설명하는 것과 달리 한 기업이 더 효율적이 되는 현상을 이야기하고 있으므로 먼저 효율적인 생산 과정의 의미에 대해 설명하는 (가)가 오는 것이 적절하다. 다음으로는 (가)에서 제기한 문제의 사례에 해당하는 (라)와 이 사례를 통해 알 수 있는 X-효율성에 관해 설명하는 (다)가 차례로 오는 것이 적절하다. 마지막으로 이러한 X-효율성을 극대화할 수 있는 사람이 훌륭한 경영자라는 내용의 (나)가 오는 것이 적절하다.

04 　정답 ④

기업 내의 생산 과정에는 X-효율성과 같이 겉으로는 잘 드러나지 않지만 실제로 생산성에 중요한 영향을 미치고 있는 요인들이 존재한다.

오답분석

① 경제 이론에 의하면 생산 요소와 생산 기술이 동일한 두 기업의 생산량은 똑같아야 하지만, 실제 현실에서는 생산성에서 큰 차이를 보이는 경우가 흔하게 나타난다.

② 생산 과정에 적절한 비율의 노동과 자본이 투입된다고 해서 반드시 최대한의 효율성이 도출되는 것은 아니다.

③ 전통적 이론에서 규정하는 효율성은 근로자들이 열성적으로 일해 생긴 효율성이고, X-효율성은 이와 별개로 덤(Extra)으로 존재하는 효율성이다.

05 정답 ③

제시문에서는 신용카드 관련 신용불량자가 늘어나고 있는 문제 상황에 대하여 글쓴이의 경험이 아닌 경제학적 관점에서 그 원인을 분석하고 있다.

오답분석
① 신용카드의 부정적 측면을 강조하여 그로 인한 문제점을 분석하고 있다.
② 경제학자의 주장을 인용하여 신용카드 남발이 사회의 신뢰와 관계 있음을 주장하고 있다.
④ 신용카드 관련 신용불량자 증가 현상의 문제점을 분석하고, 이에 대해 신용카드 회사, 정부, 개인 측면에서의 해결방안을 제시하고 있다.

06 정답 ③

ㄴ의 중고차 판매원과 소비자의 정보량 차이와 ㄷ의 용왕과 토끼의 정보량 차이는 정보의 비대칭성 사례에 해당한다.

오답분석
ㄱ. 원하지 않는 정보가 과잉 유출되는 사례에 해당한다.
ㄹ. 지나치게 많은 정보에 노출되는 사례에 해당한다.

07 정답 ①

소비자잉여(CS)란 소비자가 상품에 대해 지불할 용의가 있는 금액(WTP)에서 실제로 지불한 가격(P)을 뺀 것이다. 즉, 구매에서 소비자가 얻는 이득을 의미하므로 CS=WTP−P로 정리할 수 있다.

오답분석
② 생산자잉여(PS)는 생산자가 시장에서 실제로 받은 금액(P)에서 생산자가 최소한 받아야 하겠다고 생각하는 금액(WTS)을 뺀 것과 같으므로 PS=P−WTS로 정리할 수 있다.
③ 총잉여(TS)는 소비자잉여(CS)와 생산자잉여(PS)를 합친 것이므로 TS=CS+PS로 정리할 수 있다.
④ 총잉여(TS)는 소비자가 부여한 가치(WTP)에서 생산자가 최소한 받아야 하겠다고 생각하는 금액(WTS)을 뺀 것과 같으므로 TS=WTP−WTS로 정리할 수 있다.

08 정답 ④

갑과 을은 각각 5천 원과 3천 원의 소비자잉여가 발생하고, 병은 2천 원의 소비자잉여가 발생한다.
그러나 시장 가격이 5천 원으로 형성되어도 정의 소비자잉여는 발생하지 않으므로 소비자잉여의 합은 다음과 같다.
5,000+3,000+2,000=10,000원
따라서 소비자잉여의 합은 1만 원이다.

09 정답 ④

명제들을 통해서 적극적인 사람은 활동량이 많으며 활동량이 많을수록 잘 다치고 면역력이 강화된다는 것을 알 수 있다.
또한, 활동량이 많지 않은 사람은 적극적이지 않은 사람이며, 적극적이지 않은 사람은 영양제를 챙겨먹는다는 것을 알 수 있다.
즉, 영양제를 챙겨먹으면 면역력이 강화되는지는 알 수 없다.

오답분석
① 1번째 명제, 2번째 명제의 대우를 통해 추론할 수 있다.
② 1번째 명제, 3번째 명제를 통해 추론할 수 있다.
③ 2번째 명제, 1번째 명제의 대우, 4번째 명제를 통해 추론할 수 있다.

10   정답   ④

모든 조건을 조합하면 다음 두 가지 경우의 수가 있다.

ⅰ)

영업2팀

벽	김팀장						복
	강팀장	이대리	유사원	김사원	박사원	이사원	도

영업1팀

ⅱ)

영업2팀

벽	김팀장						복
	강팀장	이대리	김사원	박사원	이사원	유사원	도

영업1팀

두 가지 경우에서 강팀장과 이대리는 항상 인접하므로 항상 옳은 것은 ④이다.

오답분석

① 유사원과 이대리는 인접할 수도, 그렇지 않을 수도 있다.
② 박사원의 자리는 유사원의 자리보다 왼쪽에 있을 수도, 그렇지 않을 수도 있다.
③ 이사원은 복도 옆에 위치할 수도, 그렇지 않을 수도 있다.

11   정답   ③

대표의 옆방에는 부장이 묵어야 하므로 대표는 오직 111호에만 묵을 수 있으며, 110호에는 총무팀 박부장이 배정받는다.
따라서 111호에는 생산팀 장과장은 묵을 수 없다.

오답분석

① 두 번째 조건에서 같은 부서는 마주보는 방을 배정받을 수 없으므로 인사팀 유과장은 105호에 배정받을 수 없다.
② 만약 105호에 생산팀 장과장이 배정받으면, 인사팀 유과장은 102호 또는 107호에 배정받을 수 있으므로 104호는 빈방으로
남을 수 있다.
④ 111호에 대표가 묵는다고 했으므로 총무팀 박부장은 110호로 배정받는다.

12   정답   ③

해결해야 할 전략 과제란 취약한 부분에 대해 보완해야 할 과제를 말한다. 따라서 이미 우수한 고객서비스 부문을 강화한다는
것은 전략 과제로 삼기에 적절하지 않다.

오답분석

① 해외 판매망이 취약하다고 분석되었으므로 중국시장의 판매유통망을 구축하는 전략 과제를 세우는 것은 적절하다.
② 중국시장에서 제품의 구매 방식이 대부분 온라인으로 이루어지는 데 반해, 자사의 온라인 구매시스템은 미흡하기 때문에 온라인
구매시스템을 강화한다는 전략 과제는 적절하다.
④ 제품에 대해 중국기업들 간의 가격 경쟁이 치열하다는 것은 제품의 가격이 내려가고 있다는 의미인데, 자사는 생산원가가 높다는
약점이 있다. 그러므로 원가 절감을 통한 가격경쟁력 강화 전략은 적절하다.

13   정답   ④

WO전략은 약점을 극복함으로써 기회를 활용할 수 있도록 내부 약점을 보완해 좀 더 효과적으로 시장 기회를 추구한다.
따라서 바로 옆에 유명한 프랜차이즈 레스토랑이 생겼다는 사실을 이용하여 홍보가 미흡한 점을 보완할 수 있도록 레스토랑과
제휴하여 레스토랑 내에 홍보물을 비치하는 방법은 WO전략으로 적절하다.

14 정답 ①

두 빵집은 서로의 결정에 대해 알 수 없으므로 각자 최고의 이익을 얻을 수 있는 최선의 선택을 할 것이다.
따라서 A빵집과 B빵집 모두 가격을 인하할 가능성이 높다.

15 정답 ④

DB 마케팅(Data Base Marketing)이란 목표고객의 개념을 도입한 마케팅 기법이다. 이는 불특정 다수에서 우량고객을 골라내기 위한 마케팅 기법으로, 잠재고객에 대한 각종 정보를 마케팅 수단으로 활용하는 것을 뜻한다. DB 마케팅의 도입을 이른바 '80 대 20'의 법칙에서 찾기도 한다. 이는 상위 20%의 고객이 매출의 80%를 차지한다는 것으로 기업 입장에선 소비자 1백 명을 대상으로 1백의 마케팅 노력을 기울이는 것보다 표적 고객 20명에게 80의 마케팅 노력을 하는 것이 효율적이다.

오답분석
① 코즈 마케팅(Cause Marketing) : 기업이 사회 구성원으로서 마땅히 해야 할 책임을 다함으로써 긍정적인 이미지를 구축하고, 이를 마케팅에 활용하는 전략
② 퍼포먼스 마케팅(Performance Marketing) : 온라인에서 다양한 경로를 통해 노출시킨 광고를 통해 기업 웹사이트나 쇼핑몰에 유입된 고객들이 매출을 일으키는 과정을 체크하고 개선하는 일련의 마케팅 과정
③ 니치 마케팅(Niche Marketing) : 타 기업들이 이미 주목하고 있는 포화상태의 레드오션에 참여하지 않고, 기존시장을 세분화하여 주목이 적은 블루오션을 공략하는 마케팅 기법

16 정답 ③

조건 ㉠~㉢에서 일차에 따른 먹이의 무게는 다음과 같다.

(단위 : kg)

1일 차	2일 차	3일 차	4일 차	5일 차	6일 차	7일 차	…
$3m$	$3m+1$	$3m-1$	$3m$	$3m-2$	$3m-1$	$3m-3$	…

홀수일은 -1의 규칙을 가지고 있으므로, 13일 차에는 $(3m-6)$kg의 먹이를 준다.
13일 차에 줄 먹이의 무게가 0이 되므로 다음과 같은 식이 성립한다.
$3m-6=0$
$\therefore m=2$
또한 두 항씩 묶어서 계산하면, (1일 차)+(2일 차)$=6m+1$, (3일 차)+(4일 차)$=6m-1$ …이므로 첫 번째 항이 $(6m+1)$이고, 공차가 -2인 등차수열임을 알 수 있다.
12일 차까지는 6개의 항이 되며, 각 항을 모두 더하면 다음과 같다.
$6\times6m+(1-1-3-5-7-9)=36m-24$
따라서 12일 차까지 어항에 준 먹이의 무게의 합은 $36\times2-24=48$kg이다.

17 정답 ③

삼각형 ABC의 넓이는 $\dfrac{1}{2}\overline{AB}\times\overline{BC}\times\sin\theta$로 계산할 수 있다.

$3\sqrt{2}=\dfrac{1}{2}\times3\times4\times\sin\theta$

$\rightarrow \sin\theta=\dfrac{3\sqrt{2}}{6}=\dfrac{\sqrt{2}}{2}$

따라서 $\theta=\dfrac{\pi}{4}$ 이다.

18 정답 ④

$\log_a c \ : \ \log_b c = 4 \ : \ 1$

$\to \log_a c = 4\log_b c$

1보다 큰 임의의 실수 x, y, z에 대해서 $\log_y x = \dfrac{\log_z x}{\log_z y}$와 같으므로 $4\log_b c = 4\dfrac{\log_a c}{\log_a b}$가 되는 것을 알 수 있다.

$\log_a c = 4\dfrac{\log_a c}{\log_a b}$

$\therefore \ \log_a b = 4 (\because \ \log_a c \neq 0)$

19 정답 ④

단 한 명이 거짓말을 하고 있으므로 C와 D 중 한 명은 반드시 거짓말을 하고 있음을 알 수 있다.
ⅰ) D의 말이 거짓일 경우
    C와 B의 말이 참이므로 A와 D가 모두 1등이 되므로 모순이다.
ⅱ) C의 말이 거짓일 경우
    A는 1등 당첨자가 되지 않으며, 나머지 진술에 따라 D가 1등 당첨자가 된다.
따라서 C가 거짓을 말하고 있으며, 1등 당첨자는 D이다.

20 정답 ③

대진표를 살펴보면 여섯 팀 중 네 팀은 총 두 번 경기하여 결승전에 진출할 수 있지만, 나머지 두 팀은 한 번의 경기로 결승전에 진출할 수 있다.
그러므로 여섯 팀을 네 팀과 두 팀으로 나누어 경우의 수를 구한다. 또한 분할된 네 팀은 다시 두 팀으로 나누어지므로 해당 경우의 수를 구한다(단, 네 팀에서 분할된 두 개의 팀은 구분이 필요 없으므로 2를 나눈다).
${}_6C_4 \times {}_2C_2 \times {}_4C_2 \times {}_2C_2 \div 2 = 45$
따라서 토너먼트 경기가 가능한 방법은 45가지이다.

21 정답 ④

매달 1.5%의 이자가 붙으므로 철수가 갚아야 하는 금액은 $30 \times 1.015^{12} = 30 \times 1.2 = 36$만 원이다.
이때, 철수가 이달 말부터 a만 원씩 갚는다고 하면 이자를 포함하여 갚는 금액은 다음과 같다.

$a + a \times 1.015 + \cdots + a \times 1.015^{11} = \dfrac{a(1.015^{12} - 1)}{1.015 - 1} = \dfrac{a(1.2 - 1)}{0.015} = \dfrac{0.2a}{0.015} = \dfrac{40}{3}a$

$\to \dfrac{40}{3}a = 36$

$\therefore \ a = \dfrac{27}{10} = 2.7$

따라서 철수가 매달 갚아야 하는 금액은 27,000원이다.

22 정답 ④

• 기본요금 : 1,600원
• 전력량요금
  − 처음 200kWh까지 : $200 \times 93.3 = 18,660$원
  − 다음 200kWh까지 : $200 \times 187.9 = 37,580$원

부가가치세는 총요금의 10%이므로 전기요금은 다음과 같다.
$(1,600 + 18,660 + 37,580) \times 1.1 = 63,620$원($\because$ 10원 미만 절사)
따라서 전기요금은 63,620원이다.

23 정답 ④

국내은행에서 외화를 다른 외화로 환전할 경우에는 우선 외화를 원화로 환전한 후 해당 원화를 다시 다른 외화로 환전하는 방식으로 이루어진다. 그러므로 환전수수료가 있다면 두 번에 거쳐 수수료가 발생한다.
④와 같이 위안화를 엔화로 국내은행에서 환전한다면 위안화 ￥3,500을 은행에 파는 것이므로 '파실 때' 환율이 적용되어 다음과 같은 식이 성립한다.
$173.00 \times ￥3,500 = 605,500$원
그리고 엔화는 원화를 대가로 은행에서 사는 것이므로 '사실 때' 환율이 적용되어 다음과 같은 식이 성립한다.
$605,500 \div 1,070.41 = 565.6711$원
그러나 외화거래에서의 엔화단위는 100엔이므로 1엔 기준으로 변경하면 다음과 같다.
$565.6711 \times 100 = ￥56,567.11$
따라서 ￥56,567.11을 받을 수 있다.

01 NCS 직업기초능력평가

01	02	03	04	05	06	07	08	09	10	11	12	13	14	15	16				
④	④	①	②	③	②	③	②	③	②	④	④	①	④	①	③				

01 정답 ④

㉠의 앞에서는 일반적인 사람들이 위기상황에서 공황발작을 느끼는 것은 정상적인 생리 반응이라고 하였으나, 뒤에서는 공황장애에서의 공황발작은 아무런 이유 없이 아무 때나 예기치 못하게 발생한다고 하였으므로 빈칸에는 역접을 의미하는 '그러나'가 적절하다. ㉡의 앞에서는 특별한 위기상황이 아니어도 공황발작이 발생할 수 있고, 뒤에서는 이렇게 공황발작이 나타나면 행동의 변화가 생기게 된다고 하였으므로 빈칸에는 앞 내용의 양상을 받아 뒤의 문장을 이끄는 말인 '이와 같이'가 적절하다.

02 정답 ④

제시문에 따르면 현대의 상류층은 다른 상류층 사이에 있을 때는 경쟁적으로 사치품을 소비하며 자신을 과시하고, 차별해야 할 아래 계층이 있을 때는 소비하지 않기를 통해 서민들처럼 소박한 생활을 한다는 것을 과시함으로써 오히려 자신을 더 드러낸다.

오답분석

① 현대의 상류층은 서민들처럼 소박한 생활을 한다는 것을 과시함으로써 서민들에게 친근감을 주지만, 사실 이는 극단적인 위세의 형태로 이를 통해 오히려 자신을 한층 더 드러낸다.
② 겸손한 태도로 자신을 한층 더 드러내는 소비행태를 보이는 것은 현대의 서민이 아닌 상류층이며, 서민들은 상류층을 따라 사치품을 소비한다.
③ 현대의 상류층은 차별화해야 할 아래 계층이 없거나 경쟁 상대인 다른 상류층 사이에 있을 때 경쟁적으로 고가품을 소비하며 자신을 과시한다.

03 정답 ①

화폐 통용을 위해서는 화폐가 유통될 수 있는 시장이 성장해야 하고, 농업생산력이 발전해야 한다. 그러나 서민들은 물품화폐를 더 선호하였고, 일부 계층에서만 화폐가 유통되었다. 따라서 광범위한 동전 유통이 실패한 것이다. 화폐의 수요량에 따른 공급은 화폐가 유통된 이후의 조선 후기에 해당하는 내용이다.

04 정답 ②

진희의 집부터 어린이집까지의 거리를 $x$km라고 하면, 어린이집부터 회사까지의 거리는 $(12-x)$km이다.
어린이집부터 회사까지 진희의 속력은 10km/h의 1.4배이므로 14km/h이다.
집에서 회사까지 1시간이 걸렸으므로 다음과 같은 식이 성립한다.

$$\frac{x}{10}+\frac{12-x}{14}=1$$
$$\rightarrow 7x+5(12-x)=70$$
$$\rightarrow 2x=10$$
$$\therefore \ x=5$$

어린이집을 가는 데 걸린 시간은 $\frac{5}{10}=\frac{1}{2}$ 시간=30분이다.

따라서 어린이집에서 출발한 시간은 8시 30분이다.

05 정답 ③

작년 TV와 냉장고의 판매량을 각각 $3k$, $2k$대, 올해 TV와 냉장고의 판매량을 각각 $13m$, $9m$대라고 하자.

작년 TV와 냉장고의 총판매량은 $5k$대, 올해 TV와 냉장고의 총판매량은 $22m$대이다.

올해 총판매량이 작년보다 10% 증가했으므로 다음과 같은 식이 성립한다.

$$5k\left(1+\frac{10}{100}\right)=22m$$
$$\rightarrow \frac{11}{2}k=22m$$
$$\therefore \ k=4m$$

작년 냉장고 판매량은 $2\times4m=8m$대이다.

따라서 냉장고의 판매량은 작년보다 $\frac{9m-8m}{8m}\times100=12.5\%$ 증가했다.

06 정답 ②

8월은 $\frac{1,180}{1,320}≒0.89$유로/달러이고 12월은 $\frac{1,154}{1,470}≒0.79$유로/달러이다.

따라서 8월의 유로/달러의 값이 더 크다.

오답분석

① 8 ~ 12월 중 원/달러와 원/100엔의 전월 대비 변화량이 가장 큰 달은 9월이다. 8월 대비 9월의 원/달러 변화량은 다음과 같다.
  $\rightarrow |1,112-1,180|=68$원
  원/100엔의 변화량은 다음과 같다.
  $\rightarrow 1,048-1,012=36$원
  따라서 원/달러의 최대 변화량이 원/100엔의 최대 변화량보다 크다.
③ 7월 대비 12월의 원/유로 환율 증가율은 다음과 같다.
  $\frac{1,470-1,300.5}{1,300.5}\times100≒13.0\%$
  따라서 18% 미만으로 증가하였다.
④ 8 ~ 12월의 원/달러의 증감 추이는 '감소 – 감소 – 증가 – 증가 – 증가'이고, 원/100엔의 증감 추이는 '감소 – 증가 – 증가 – 증가 – 증가'이다. 따라서 증감 추이는 동일하지 않다.

07 정답 ③

Q4에 대한 답에 따르면 S페이는 휴대폰 기종이나 제조사, 통신사 등의 제한이 없다고 했으므로 적절하지 않다.

08　정답　②

① S페이는 휴대폰 기종이나 제조사, 통신사 등의 제한 없이 사용할 수 있다.
③ S페이는 S모바일카드의 앱카드 기능을 분리하여 제작된 것이므로 S페이를 이용하고자 하는 경우 신규 설치 후 카드 등록을 해야 한다.
④ 카드 수의 제한 없이 소지하고 있는 모든 S은행카드를 등록할 수 있다.

09　정답　③

B고객의 예금이 만기되어 찾으면 받을 수 있는 이율은 기본금리 3%와 우대금리 0.2%p로, 3+0.2=3.2%이다.
5년 예금이 만기됐을 때 B고객이 받을 수 있는 금액은 다음과 같다.

$$1,000,000 \times \left(1 + 0.032 \times \frac{60}{12}\right) = 1,160,000원$$

예금을 중도에 해지할 경우, 최초 가입 시 설정된 (기본금리)+(우대금리)가 아닌 중도해지이율이 적용된다. B고객은 해당 예금상품을 1년 동안 보유했으므로 중도해지이율 중 18개월 미만인 기본금리의 30%가 적용된다.
중도해지 시 B고객이 받을 수 있는 금액은 다음과 같다.

$$1,000,000 \times \left(1 + 0.03 \times 0.3 \times \frac{12}{12}\right) = 1,009,000원$$

따라서 B고객에게 안내할 금액은 1,160,000−1,009,000=151,000원이다.

10　정답　②

단리식인 경우 만기 시 수령할 이자를 계산하면 다음과 같다.

$$100,000 \times \left(\frac{12 \times 13}{2}\right) \times \left(\frac{0.02}{12}\right) = 13,000원$$

월 복리식인 경우 만기 시 수령할 이자를 계산하면 다음과 같다.

$$100,000 \times \left\{ \frac{\left(1 + \dfrac{0.02}{12}\right)^{13} - \left(1 + \dfrac{0.02}{12}\right)}{\left(1 + \dfrac{0.02}{12}\right) - 1} \right\} - 12 \times 100,000$$

$$\rightarrow 100,000 \times \left\{ \frac{1.022 - \left(1 + \dfrac{0.02}{12}\right)}{\dfrac{0.02}{12}} \right\} - 12 \times 100,000$$

$$\rightarrow 100,000 \times \left(\frac{\dfrac{22}{1,000} - \dfrac{2}{1,200}}{\dfrac{2}{1,200}} \right) - 12 \times 100,000$$

$$\rightarrow 100,000 \times \left(\frac{12 \times 22 - 20}{20}\right) - 12 \times 100,000$$

$$\rightarrow 100,000 \times \frac{61}{5} - 12 \times 100,000$$

$$\rightarrow 1,220,000 - 1,200,000 = 20,000원$$

따라서 만기 시 A가 수령하는 이자액이 바르게 연결된 것은 ②이다.

11 정답 ④

④는 교통사고·화재·산업재해 피해금의 비중이 아닌 사망자 수의 비중을 나타낸 그래프이다.

한편, 피해금액별 교통사고·화재·산업재해 비중의 올바른 수치는 다음과 같다.

- 교통사고 : $\dfrac{1,290}{1,290+6,490+1,890} \times 100 = \dfrac{1,290}{9,670} \times 100 ≒ 13.3\%$

- 화재 : $\dfrac{6,490}{9,670} \times 100 ≒ 67.1\%$

- 산업재해 : $\dfrac{1,890}{9,670} \times 100 ≒ 19.5\%$

12 정답 ④

제시된 명제를 정리하면 다음과 같다.

명제	문자화
아침에 시리얼을 먹는 사람은 두뇌 회전이 빠르다.	A → B
아침에 토스트를 먹는 사람은 피곤하다.	C → D
에너지가 많은 사람은 아침에 밥을 먹는다.	E → F
피곤하면 회사에 지각한다.	D → G
두뇌 회전이 빠르면 일 처리가 빠르다.	B → H

'A → B → H, C → D → G, E → F'이므로, C → G가 참이다. 따라서 이의 대우 명제인 ~G → ~C가 참인 것을 알 수 있다.

오답분석

① 제시된 명제만으로는 추론할 수 없다.

② '두뇌 회전이 느리면 아침에 시리얼을 먹는다.'는 ~B → A이므로 제시된 명제에서 추론할 수 없다.

③ '아침에 밥을 먹는 사람은 에너지가 많다.'는 F → E로 세 번째 명제의 역이다. 따라서 항상 참이라고 할 수 없다.

13 정답 ①

1) ㉠의 경우

　B, C의 진술이 모두 참이거나 거짓일 때 영업팀과 홍보팀이 같은 층에서 회의를 할 수 있다. 그러나 B, C의 진술은 A에 의해 동시에 참이 될 수 없으므로, A·B·C 진술 모두 거짓이 되어야 한다. 따라서 기획팀은 5층, 영업팀과 홍보팀은 3층에서 회의를 진행하고, E는 5층에서 회의를 하는 기획팀에 속하게 되므로 ㉠은 항상 참이 된다.

2) ㉡의 경우

　기획팀이 3층에서 회의를 한다면 A의 진술은 항상 참이 되어야 한다. 이때 B와 C의 진술은 동시에 거짓이 될 수 없으므로, 둘 중 하나는 반드시 참이어야 한다. 또한 2명만 진실을 말하므로 D와 E의 진술은 거짓이 된다. 따라서 D와 E는 같은 팀이 될 수 없으므로 ㉡은 참이 될 수 없다.

3) ㉢의 경우

　- 두 팀이 5층에서 회의를 하는 경우 : (A·B 거짓, C 참), (A·C 거짓, B 참)

　- 두 팀이 3층에서 회의를 하는 경우 : (A·B 참, C 거짓), (A·C 참, B 거짓), (A·B·C 거짓)

　두 팀이 5층보다 3층에서 회의를 하는 경우가 더 많으므로 ㉢은 참이 될 수 없다.

14 정답 ④

일남이와 삼남이의 발언을 통해 일남이와 삼남이 중 적어도 1명은 거짓을 말한다는 것을 알 수 있다. 만약 일남이와 삼남이가 모두 거짓말을 하고 있다면 일남이는 경찰이고, 자신이 경찰이라고 말한 이남이의 말이 거짓이 되면서 거짓말을 한 사람이 3명 이상이 되므로 조건에 부합하지 않는다. 따라서 일남이는 경찰이 아니며, 일남이나 삼남이 중에 1명만 거짓을 말한다.

1) 일남이가 거짓, 삼남이가 진실을 말한 경우
   일남이는 마피아이고, 오남이가 마피아라고 말한 이남이의 말은 거짓이므로, 이남이는 거짓을 말하고 있고 이남이는 경찰이 아니다. 즉, 남은 사남이와 오남이는 모두 진실을 말해야 한다. 두 사람의 말을 종합하면 사남이는 경찰도 아니고 시민도 아니게 되므로 마피아여야 한다. 그러나 이미 일남이가 마피아이고 마피아는 1명이라고 했으므로 모순이다.

2) 일남이가 진실, 삼남이가 거짓을 말한 경우
   일남이는 시민이고, 이남·사남·오남 중 1명은 거짓, 다른 2명은 진실을 말한다. 만약 오남이가 거짓을 말하고 이남이와 사남이가 진실을 말한다면 이남이는 경찰, 오남이는 마피아이고 사남이는 시민이어야 하는데, 오남이의 말이 거짓이 되려면 오남이가 경찰이 되므로 모순이다. 또한, 만약 사남이가 거짓을 말하고 이남이와 오남이가 진실을 말한다면 이남이와 사남이가 모두 경찰 이므로 역시 모순된다. 즉, 이남이가 거짓, 사남이와 오남이가 진실을 말한다.

따라서 사남이는 경찰도 시민도 아니므로 마피아이고, 이남이와 오남이가 모두 경찰이 아니므로 삼남이가 경찰이다.

15 정답 ①

규칙에 따라 사용할 수 있는 숫자는 1, 5, 6을 제외한 나머지 2, 3, 4, 7, 8, 9의 총 6개이다.
(한 자리 수)×(두 자리 수)=156을 만족하는 수를 알기 위해서는 156의 소인수를 구해야 한다.
156의 소인수는 3, 2^2, 13으로 여기서 156이 되는 수의 곱 중에 조건을 만족하는 것은 2×78과 4×39이다.
따라서 선택지 중에 A팀 또는 B팀에 들어갈 수 있는 암호배열은 39이다.

16 정답 ③

김과장이 2주 차 월요일에 단식을 했기 때문에, 1주 차 토요일과 일요일은 반드시 세 끼 식사를 해야 한다. 또한 목요일은 업무약속 으로 점심식사를 했으므로 단식을 할 수 없다.

구분	월	화	수	목	금	토	일
아침	○		○	○	○	○	○
점심				○		○	○
저녁				○		○	○

ⅰ) 월요일에 단식을 했을 경우
   화·수요일은 세 끼 식사를 해야 한다. 그러면 금요일이 단식일이 되는데, 이 경우 네 번째 조건을 만족하지 못한다.

ⅱ) 화요일(아침에 식사)에 단식을 했을 경우
   월·수·목요일은 세 끼 식사를 해야 한다. 그러면 금요일이 단식일이 되는데, 이 경우 네 번째 조건을 만족하지 못한다.

ⅲ) 화요일(저녁에 식사)에 단식을 했을 경우
   월·수·목요일은 세 끼 식사를 해야 한다. 그러면 금요일이 단식일이고, 아침에 식사를 했으므로 모든 조건을 만족한다.

01	02	03	04	05	06	07	08	09	10	11	12	13	14	15	16	17	18	19	20
②	④	③	①	②	②	②	①	②	②	④	③	②	③	④	④	③	①	④	①

01 정답 ②

BCG 매트릭스에서 물음표에 해당하는 사업부는 시장의 성장률이 높고, 상대적 시장점유율은 낮다.

02 정답 ④

롱테일 법칙 또는 역파레토 법칙은 상대적으로 판매량이 적은 상품의 총합이 전체의 매출에서 더 큰 가치를 창출하게 된다는 이론이다. 과거에는 유통비용과 진열공간의 한계로 인해 소수의 잘 팔리는 상품이 필요했다면, 인터넷 공간에서는 매장에 진열되지 못했던 제품들도 모두 공간을 갖게 될 길이 열려 매출에 기여했다는 것이다.

오답분석

① 파킨슨 법칙 : 공무원의 수는 해야 할 업무량에 관계없이 일정 비율로 증가한다는 법칙
② 하인리히 법칙 : 대형사고는 우연하고 갑작스럽게 발생하는 것이 아니며, 이 사고가 발생하기 이전에 이와 관련된 경미한 사건들과 징후가 수도 없이 발생했었을 것을 밝힌 법칙
③ 파레토 법칙 : '80 대 20 법칙'이라고도 불리며, 이른바 '핵심적 소수'와 '사소한 다수'에 대한 이론으로, 기업의 전체 매출은 소수의 상품이 좌우한다는 결론을 도출해낸 법칙

03 정답 ③

- 부채비율 : $\dfrac{(부채)}{(자기자본)} \times 100 = \dfrac{60억\ 원}{80억\ 원} \times 100 = 75\%$

- ROA : $\dfrac{(당기순이익)}{(자산총액)} \times 100 = \dfrac{28억\ 원}{140억\ 원} \times 100 = 20\%$

- 총자본회전율 : $\dfrac{(매출액)}{(총자본)} = \dfrac{168억\ 원}{140억\ 원} = 1.2$

04 정답 ①

㉠ : ELD(주가지수연동예금, Equity Linked Deposit)
㉡ : ELS(주가연계증권, Equity Linked Securities)
㉢ : ELF(주가연계펀드, Equity Linked Fund)

- **주식워런트증권(ELW; Equity Linked Warrant)**
  당사자 일방의 의사표시 때문에 특정 주권의 가격 또는 주가지수의 변동과 연계하여 미리 약정된 방법에 따라 주권의 매매 또는 금전을 수수하는 권리가 부여된 증서
- **상장지수펀드(ETF; Exchange Traded Funds)**
  특정지수를 모방한 포트폴리오를 구성하여 산출된 가격을 상장시킴으로써 주식처럼 자유롭게 거래되도록 설계된 지수상품

05 정답 ②

(유동비율)$=\dfrac{(유동자산)}{(유동부채)}\times100$이므로 유동비율 120%, 유동부채 100억 원을 대입하면 유동자산 120억 원을 구할 수 있다.

(당좌비율)$=\dfrac{(유동자산-재고자산)}{(유동부채)}\times100$이므로 유동자산 120, 재고자산 40, 유동부채 100을 대입하면 $\dfrac{120-40}{100}\times100=80\%$이다.

따라서 당좌비율은 80%이다.

06 정답 ②

VaR은 최대예상손실액으로 위험요소인 주가, 금리, 환율 등의 변동성을 분석하여 산출한 자산가치의 최대 손실을 의미한다. 회사 전체의 VaR은 각 상품의 개별 VaR의 합계액보다 적게 나타나는데 그 이유는 각 상품의 상관관계로 인해 전체 VaR이 줄어들기 때문이다.

07 정답 ②

$$[실업률(\%)]=\dfrac{(실업자)}{(경제활동인구)}\times100$$

$$\therefore\ \dfrac{150}{1,800}\times100\fallingdotseq8.3\%$$

따라서 실업률은 약 8.3%이다.

08 정답 ①

오답분석
② 인덱스 펀드 : 주가지표의 변동과 동일한 투자성과를 목표로 하여 포트폴리오를 구성하는 펀드
③ 엄브렐러 펀드 : 전환형 펀드의 일종으로 우산살처럼 하나의 펀드 아래 유형이 다른 여러 개의 하위 펀드를 갖추고 있는 형태의 펀드
④ 머니마켓 펀드 : 초단기금융상품으로 투자신탁회사가 고객의 돈을 모아 단기금융상품에 투자하여 수익을 얻는 펀드

09 정답 ②

허시와 블랜차드(P. Hersey & K. H. Blanchard)의 상황적 리더십
• 기본가정
  리더십의 효과가 구성원의 성숙도라는 상황요인에 의하여 달라질 수 있다는 상황적 리더십 모델을 제안하였다.
• 리더십 모델
  구성원의 성숙도란 구성원의 업무에 대한 능력과 의미하는데, 구체적으로는 달성 가능한 범위 내에서 높은 목표를 세울 수 있는 성취욕구, 자신의 일에 대해서 책임을 지려는 의지와 능력, 과업과 관련된 교육과 경험을 종합적으로 지칭하는 변수가 된다.
  - 지시형 리더십 : 업무의 구체적 지시, 밀착 감독
  - 코치형 리더십 : 의사결정에 대해 구성원이 그 내용을 이해하고 납득할 수 있도록 기회 부여
  - 지원적 리더십 : 의사결정에서 정보와 아이디어를 공유
  - 위임적 리더십 : 결정과 실행책임을 구성원에게 위임

10 정답 ②

- (연평균 매출채권)$=\dfrac{(기초)+(기말)}{2}=\dfrac{295,000+420,000}{2}=357,500$원

- (매출채권회전율)$=\dfrac{(매출액)}{(연평균매출채권)}=\dfrac{X}{357,500}=3$회

따라서 매출액은 $357,500\times3=1,072,500$원이다.

손익계산서

	2018년 1월 1일부터 12월 31일까지
매출액	₩1,072,500
매출원가	(₩380,000)
매출총이익	₩692,500
관리비	(₩30,000)
금융원가	(₩10,000)
법인세비용차감전순이익	₩652,500
법인세비용	(₩16,000)
당기순이익	₩636,500

배당성향은 $\dfrac{(배당금)}{(당기순이익)}\times100$이다. 배당금을 Y원이라고 하면 다음 식이 성립한다.

$\dfrac{Y}{636,500}\times100=30\%$

$\therefore Y=\dfrac{30}{100}\times636,500=190,950$

따라서 배당금액은 ₩190,950이다.

11 정답 ④

이자율의 변화는 수요곡선상의 수요량 변화를 가져오지만, 채권가격의 하락은 이자율 상승을 유발하고 이는 자산의 변화를 가져와 수요곡선의 이동을 통한 화폐수요의 감소를 유발한다.
따라서 점 a는 점 g 방향으로 이동한다.

12 정답 ③

고전학파 화폐수량설의 교환방정식 $MV=PY$를 증가율로 나타내면 다음과 같다.
$\dfrac{\Delta M}{M}+\dfrac{\Delta V}{V}=\dfrac{\Delta P}{P}+\dfrac{\Delta Y}{Y}$

- (통화량증가율)+(화폐유통속도 증가율)=(인플레이션율)+(실질경제성장률)
  → $30\%+0\%=$(인플레이션율)$+20\%$
  $\therefore$ (인플레이션율)$=10\%$
- (명목이자율)=(실질이자율)+(인플레이션율)
  $\therefore$ (명목이자율)$=10\%+10\%=20\%$

따라서 인플레이션율은 10%이고, 명목이자율은 20%이다.

13 　정답　②

한계기업(좀비기업)이란 회생할 가능성이 없음에도 정부 또는 채권단의 지원을 받아 간신히 파산을 면하고 있는 기업을 말하는데, 우리나라에서는 3년 연속 이자보상배율이 1 미만인 기업을 한계기업으로 간주한다.

① 중소기업 : 자본금, 종업원 수, 총자산, 자기 자본 및 매출액 따위의 규모가 대기업에 비하여 상대적으로 작은 기업
③ 매판기업 : 식민지나 반식민지 또는 후진국에서 외국 자본과 결탁하여 사사로운 이익을 탐하고 제 나라의 이익을 해치는 기업
④ 블랙기업 : 직원에게 낮은 임금, 장시간 노동, 임금 미지급 등 불합리한 근무 조건에서의 노동을 강요하는 기업

14 　정답　③

키코(KIKO)는 녹인 녹아웃(Knock-In, Knock-Out)의 첫 글자를 따서 만든 말로 환율변동에 따른 위험을 피하기 위한 환헤지 상품이다. 약정환율과 변동의 상한(Knock-In) 및 하한(Knock-Out)을 정해놓고 환율이 일정한 구간 안에서 변동한다면 약정환율을 적용받는 대신, 하한 이하로 떨어지면 계약을 무효로 하고, 상한 이상으로 올라가면 약정액의 1 ~ 2배를 오른 환율(시장가)로 매입하여 은행에 약정환율로 매도하는 방식이다.

① 통화옵션(Money Option) : 미래의 특정 시점(만기일)에 특정 통화를 미리 약정한 가격(행사 가격)으로 사거나 팔 수 있는 권리가 부여된 파생상품
② 금리스왑(Interest Rate Swap) : 금융시장에서 차입자의 기존부채 또는 신규부채에 대한 금리 위험성의 헤징이나 차입비용의 절감을 위해서 두 차입자가 각자의 차입조건을 상호 간에 교환하는 계약
④ 리비드(LIBID) : 런던 금융시장에서 자금 수요 측이 제시하는 예금금리

15 　정답　④

① 가산세금 : 규정한 세금을 납부하지 않았을 때 본래 부과된 금액에 일정 비율로 금액을 부과하는 세금
② 올랑드세금 : 프랑스의 프랑수아 올랑드 대통령이 자본 취득에 대한 대가로 부자들에게 부과한 세금
③ 스텔스세금 : 부가가치세, 판매세 등과 같이 납세자들이 세금을 내면서도 그 사실을 쉽게 알아차리지 못하도록 만든 세금

16 　정답　④

치킨의 공급량이 증가하면 가격은 하락할 것이다. 치킨의 가격이 하락했을 때 수요가 함께 증가한 맥주는 치킨의 보완재이고, 수요가 감소한 햄버거는 치킨의 대체재이다. 대체 관계에서 교차탄력성은 0보다 작다.

17 　정답　③

풋옵션을 매수한 사람은 시장에서 해당 상품이 사전에 정한 가격보다 낮은 가격에서 거래될 경우, 그 권리를 행사함으로써 비싼 값에 상품을 팔 수 있다. 그러나 해당 상품의 시장 가격이 사전에 정한 가격보다 높은 경우는 권리를 행사하지 않을 수도 있다.

18 　정답　①

페이스북은 리브라를 통해 새로운 글로벌 화폐의 근간을 마련해 낮은 환전·송금 수수료로 전 세계 어디서든 결제할 수 있는 서비스를 개발하는 중이다.

② 블록체인 : 가상 화폐로 거래할 때 발생할 수 있는 해킹을 막는 기술
③ 캄테크 : 조용함(Calm)과 기술(Technology)의 합성어로 사람들이 인지하지 못한 상태에서 편리한 서비스를 제공하는 기술
④ 비트코인 : 지폐나 동전과 달리 물리적인 형태가 없는 온라인 가상화폐(디지털 통화)이자 디지털 결제 시스템

19 　정답　④

수요의 가격탄력성이 높다는 것은 가격의 변화에 따라 수요량이 쉽게 변할 수 있다는 의미이다. 구매자들이 대체품의 가격을 쉽게 비교할 수 있을 때에는 대체품의 가격에 따라 수요량이 쉽게 변할 수 있다.

20 　정답　①

수직적 통합에는 전방통합과 후방통합이 있다. 전방통합은 기업이 현재 실행하는 기업 활동으로부터 최종구매자 쪽이 방향의 활동들을 기업의 영역 내로 끌어들이는 것을 말한다. 반면, 후방통합은 기업이 현재 실행하는 기업 활동으로부터 원재료 쪽의 방향의 활동들을 그 영역 안으로 끌어들이는 것을 말한다.

오답분석

② 전방통합에 대한 설명이다.
③ 수평적 통합에 대한 설명이다.
④ 다각화에 대한 설명이다.

01 NCS 직업기초능력평가

01	02	03	04	05	06	07	08	09	10	11	12	13	14	15					
①	②	④	④	②	①	②	③	①	③	②	④	③	④	②					

01 　정답　 ①

문맥의 흐름상 '겉에 나타나 있거나 눈에 띄다.'의 의미를 지닌 '드러나다'의 쓰임은 적절하다. 한편, '들어나다'는 사전에 등록되어 있지 않은 단어로 '드러나다'의 잘못된 표현이다.

02 　정답　 ②

ㄱ. 남한의 도로 부문 관련 법규는 도로법, 고속국도법, 한국도로공사법, 유료도로법, 사도법, 도로교통법, 교통안전법으로 총 7개 이며, 북한의 도로 부문 관련 법규는 도로법, 도로교통법, 차량운수법으로 총 3개이다. 따라서 남한의 도로 부문 관련 법규의 수는 북한의 2배인 6개 이상이므로 적절한 설명이다.

ㄹ. 남한의 교통 관련 법규는 도로법, 고속국도법, 한국도로공사법, 유료도로법, 사도법, 도로교통법, 교통안전법, 철도건설법, 도시철도법, 철도안전법, 항공·철도 사고조사에 관한 법률, 철도사업법, 한국철도공사법으로 총 13개이므로 적절한 설명이다.

오답분석

ㄴ. 표에 명시된 법규 중 남한과 북한이 동일한 명칭을 사용하는 교통 관련 법규는 도로법, 도로교통법으로 총 2개이다.

ㄷ. 북한의 철도 부문 관련 법규는 철도법, 지하철도법, 철도차량법 3개이며, 북한의 교통수단의 운영과 관련된 법규는 도로법, 도로교통법, 차량운수법, 철도법, 지하철도법, 철도차량법으로 총 6개이므로 적절하지 않은 설명이다.

03 　정답　 ④

(라) 문단에서 인도네시아 왐푸 수력발전소를 준공하였다는 내용을 확인할 수 있으나, 연간 순이익 377억 원 달성이라는 구체적인 내용은 확인할 수 없다. 따라서 (라) 문단의 주제로 적절하지 않다.

04 　정답　 ④

새로운 여신심사 가이드라인으로 인해 대출심사가 까다로워진 것은 신문기사에서 확인할 수 있다. 그러나 '은행 관계자는 무작정 대출받기가 어려워지는 것은 아니다.'라고 설명하면서, '실수요자들이 대출받기 어려워지는 부작용은 발생하지 않을 것'이라는 부분 을 참고했을 때 Q대리는 기사를 적절하게 이해한 것이라고 볼 수 없다.

05 정답 ②

제시문은 애덤 스미스의 '보이지 않는 손'에 대해 반박하기 위해 정부가 개인의 이익 활동을 제한하지 않으면 발생할 수 있는 문제점을 예를 들어 설명하고 있다. 수용 한계를 넘은 상황에서 개인의 이익을 위해 상대방의 이익을 침범한다면, 상대방도 자신의 이익을 늘리기 위해 사육 두수를 늘릴 것이다. 이러한 상황이 장기화된다면 두 번째 문단에서 말했던 것과 같이 목초가 줄어들어 그 목초지에서 양을 키워 얻을 수 있는 전체 생산량이 줄어든다. 따라서 농부들의 총이익은 기존보다 감소할 것이고, 이는 한 사회의 전체 이윤이 감소하는 결과를 초래한다.

06 정답 ①

홀수 항은 $\times(-3)$을 하는 수열이고, 짝수 항은 $\div5$인 수열이다.
따라서 ( )$=10\div5=2$이다.

07 정답 ②

$+0.2$, $+0.25$, $+0.3$, $+0.35$, …인 수열이다.
따라서 ( )$=4.6+0.4=5$이다.

08 정답 ③

$\underline{A\ B\ C} \rightarrow A-B-1=C$
따라서 ( )$=-2+7-1=4$이다.

09 정답 ①

A씨의 월 급여는 $3,480\div12=290$만 원이다.
• 국민연금, 건강보험료, 고용보험료를 제외한 금액
  290만$-\{290$만$\times(0.045+0.0312+0.0065)\}$
  $\rightarrow 290$만$-(290$만$\times0.0827)$
  $\rightarrow 290$만$-239,830=2,660,170$원
• 장기요양보험료
  $(290$만$\times0.0312)\times0.0738\fallingdotseq6,670$원($\because$ 십 원 단위 미만 절사)
• 지방세
  $68,000\times0.1=6,800$원
A씨의 월 실수령액은 $2,660,170-(6,670+68,000+6,800)=2,578,700$원이다.
따라서 A씨의 연 실수령액은 $2,578,700\times12=30,944,400$원이다.

10 정답 ③

한국의 2016년 가구당 월간 전기요금은 $200 \times 320 = 64,000$원이고, 2017년은 $192 \times 335 = 64,320$원이다.
따라서 2017년에 월간 전기요금이 320원 더 높으므로 옳지 않은 내용이다.

오답분석

① 2017년 주택용 전기요금이 가장 높은 국가는 일본이며, 같은 해 월간 주택용 전기사용량은 한국 – 일본 – 프랑스 – 미국 순서로 일본이 두 번째로 적은 양을 사용했다.

② 2016 ~ 2018년 주택용 전기요금이 가장 낮은 국가는 미국이며, 미국의 주택용 월간 전기사용량은 네 국가 중 가장 많다.

④ 2017년도 일본 월간 전기사용량 대비 프랑스 월간 전기사용량은 $\dfrac{366-341}{341} \times 100 = 7.33\%$이므로 2017년 프랑스의 월간 주택용 전기사용량은 같은 해 일본의 월간 주택용 전기사용량의 5% 이상이다.

11 정답 ②

자음과 모음을 규칙에 따라 치환하면, 다음과 같다.
1. 자음

ㄱ	ㄲ	ㄴ	ㄷ	ㄸ	ㄹ	ㅁ	ㅂ	ㅃ	ㅅ	ㅆ	ㅇ	ㅈ	ㅉ	ㅊ	ㅋ	ㅌ	ㅍ	ㅎ
a	b	c	d	e	f	g	h	i	j	k	l	m	n	o	p	q	r	s

2. 모음

ㅏ	ㅐ	ㅑ	ㅒ	ㅓ	ㅔ	ㅕ	ㅖ	ㅗ	ㅘ	ㅙ	ㅚ	ㅛ	ㅜ	ㅝ	ㅞ	ㅟ	ㅠ	ㅡ	ㅢ	ㅣ
1	2	3	4	5	6	7	8	9	10	11	12	13	14	15	16	17	18	19	20	21

- 자 : m1
- 전 : m5C
- 거 : a5

∴ $1+5+5=11 \rightarrow 1+1=2$

12 정답 ④

- 마 : g1
- 늘 : c19F
- 쫑 : n9L

∴ $1+19+9=29 \rightarrow 2+9=11 \rightarrow 1+1=2$

13 정답 ③

- e5A : 떡
- h9B : 뽁
- l21 : 이

14 정답 ④

주어진 조건들을 표로 정리하면 다음과 같다.

구분	A (빨간색 입지 않음)	B	C (초록색 입지 않음)	D
모자	−	−	−	−
티셔츠	−	−	−	노란색
바지	−	−	빨간색	−

우선 티셔츠의 경우를 살펴보면, C의 경우는 빨간색, 파란색, 초록색에서 빨간색은 바지를 이미 입고 있으므로 해당되지 않으며, 초록색을 입지 않았으므로 C의 티셔츠는 파란색이 된다. 다음으로 A는 빨간색을 입지 않았으므로 A의 티셔츠는 초록색이 되며, B의 티셔츠는 빨간색이 된다. 이를 표로 정리하면 다음과 같다.

구분	A (빨간색 입지 않음)	B	C (초록색 입지 않음)	D
모자	−	−	−	−
티셔츠	초록색	빨간색	파란색	노란색
바지	−	−	빨간색	−

다음으로 모자의 경우를 살펴보면, C의 경우는 초록색을 입지 않으므로 C의 모자는 노란색이 된다. 다음으로 A의 경우 빨간색을 입지 않았고, 초록색 티셔츠를 입었으므로 A의 모자는 파란색이 된다. 그리고 B는 빨간색 티셔츠를 입고 있으므로, B의 모자는 초록색이 되며, D의 모자는 빨간색이 된다. 이를 표로 정리하면 다음과 같다.

구분	A (빨간색 입지 않음)	B	C (초록색 입지 않음)	D
모자	파란색	초록색	노란색	빨간색
티셔츠	초록색	빨간색	파란색	노란색
바지	−	−	빨간색	−

마지막으로 바지의 경우를 살펴보면, A의 경우는 빨간색을 입지 않으므로 A의 바지는 노란색이 된다. B는 초록색 모자를 쓰고 있으므로 B의 바지는 파란색이 되며, D의 바지는 초록색이 된다.

구분	A (빨간색 입지 않음)	B	C (초록색 입지 않음)	D
모자	파란색	초록색	노란색	빨간색
티셔츠	초록색	빨간색	파란색	노란색
바지	노란색	파란색	빨간색	초록색

따라서 'B의 모자와 D의 바지 색상은 서로 같다.'는 항상 참이다.

15 정답 ②

한 명만 거짓말을 하고 있기 때문에 모두의 말을 참이라고 가정하고, 모순이 어디서 발생하는지 생각해 본다.
다섯 명의 말에 따르면, 1등을 할 수 있는 사람은 C밖에 없는데, E의 진술과 모순이 생기는 것을 알 수 있다.
따라서 E의 진술을 거짓이라고 가정하면 C − E − B − A − D의 순서임을 알 수 있다.

01	02	03	04	05	06	07	08	09	10	11	12	13	14	15	16	17	18	19	
②	①	③	①	②	②	②	④	①	④	④	③	②	①	④	②	④	③	③	

01 정답 ②

갈라파고스 증후군은 게이오 대학 교수이자 휴대전화 인터넷망 I-mode의 개발자인 나쓰노 다케시가 만든 용어로, 다양한 기능 등 최고의 기술을 가지고 있는 일본의 휴대전화가 세계 시장과는 거리가 먼 상황을 말한다.

오답분석

① ADD 증후군 : 직장 등에서의 대규모 구조조정 후 기업에 남은 조직 구성원들에게 나타나는 정신적 장애 및 황폐현상을 말한다.

③ 파랑새 증후군 : 벨기에의 작가인 마테를링크의 동화극 『파랑새 L'Oiseau Bleu』의 주인공에게서 유래한 것으로, 현실에 만족하지 못하고 새로운 이상만을 추구하는 병적인 증세를 말한다.

④ 닌텐도 증후군 : TV나 컴퓨터 등에 지나치게 몰입하면서 오랜 시간 불규칙적으로 깜박거리는 빛에 자극받아 생기는 광과민성 발작현상을 말한다.

02 정답 ①

오답분석

② 그레셤의 법칙 : 소재가치가 낮은 악화와 소재가치가 높은 양화가 동일한 화폐가치를 가지고 함께 유통될 경우, 악화만이 그 명목가치로 유통되고 양화는 유통되지 않는 현상을 말한다.

③ 파레토 법칙 : 흔히 80 : 20 법칙이라고도 하며, 상위 20% 사람들이 전체 부의 80%를 가지고 있거나, 상위 20% 고객이 매출의 80%를 창출한다는 의미이다.

④ 지브라의 법칙 : 소득분포가 대수정규분포를 따른다는 법칙으로, 1931년 프랑스의 통계학자 R. 지브라에 의해 제시된 이론을 말한다.

03 정답 ③

화웨이 기업의 사업 분야는 정보통신으로 데이터 통신 장비, 소프트웨어, 시스템의 연구·개발 및 판매를 하는 업체이다.

04 정답 ①

오답분석

② 트롤리 딜레마 : 윤리학 분야의 사고실험으로, 사람들에게 일정한 상황을 제시하고 다수를 구하기 위해 소수를 희생할 수 있는지를 판단하게 하는 문제 상황을 말한다.

③ 유동성 딜레마 : 준비통화의 원활한 공급과 준비통화의 가치안정 간의 모순을 말한다.

④ 트리핀 딜레마 : 브레튼우즈 체제하에서 전 세계 기축통화국인 미국이 직면했던 범세계적·보편적 가치와 국가적 이해관계 간 상충관계를 말한다.

05 정답 ②

플랫폼 노동은 디지털 플랫폼을 매개로 노동이 거래되는 새로운 고용 형태를 말한다. 예를 들어 배달대행앱, 대리운전앱, 우버 택시 등이 있으며, 고객이 디지털 플랫폼에 서비스를 요청하면 그 정보를 노동 제공자가 보고 고객에게 서비스를 제공한다.

① 그림자 노동(Shadow Work) : 노동을 했지만 보수를 얻지 못하는 무급 활동으로, 비용을 아낄 수 있지만 시간을 할애해야 한다는 단점이 있다. 예를 들어 셀프 주유소, 비대면 거래를 위해 각종 인증 절차를 거쳐야 하는 모바일 뱅킹, 저렴한 상품을 사기 위해 정보 수집을 하는 행위 등이 있다.

③ 워크셰어링(Work Sharing) : 전체 국민경제에서 일의 총량을 되도록 많은 사람에게 분담시켜 실업자를 줄이는 정책 전반을 말한다. 예를 들어 노동시간의 감축, 작업량의 축소, 휴일·휴가 증가 등이 있다.

06 　정답 ②

ㄱ. 콜금리가 내려가면 대출 이자도 내려가게 되므로 대출량이 많아질 수 있다. 즉, 통화량이 늘어나 신규 투자가 증가한다.
ㄷ. 콜금리가 올라가면 대출 금리도 올라가게 되며, 시중 통화량이 줄어든다.

ㄴ. 콜금리가 안정됐다고 경기가 위축되지는 않는다.
ㄹ. 콜금리가 올라가면 은행 대출 이율은 점차 올라간다.

07 　정답 ②

① 주가지수연계펀드(ELF; Equity Linked Fund) : 채권, 주식 등 기초자산과 옵션을 조합하여 다양한 형태의 수익을 내는 금융상품을 말한다.

③ 주가지수연동예금(ELD; Equity Linked Deposit) : 특정지수를 모방한 포트폴리오를 구성하여 산출된 가격을 상장시킴으로써 주식처럼 자유롭게 거래되도록 설계된 지수상품을 말한다.

④ 주식워런트증권(ELW; Equity Linked Warrant) : 당사자 일방의 의사표시 때문에 특정 주권의 가격 또는 주가지수의 변동과 연계하여 미리 약정된 방법에 따라 주권의 매매 또는 금전을 수수하는 권리가 부여된 증서를 말한다.

08 　정답 ④

플랫폼이 갖고 있는 네트워크 효과는 핀테크 관련 사업에서 큰 영향을 미친다. 따라서 소수 과점 형태로 운영되고 있고 특정 영역의 선도사업자만 이를 보유할 수 있는 것이 현재의 상황이다.

09 　정답 ①

GDP는 영토를 기준으로, GNP는 국적을 기준으로 총생산을 측정하는 경제 지표이다. 따라서 A영역은 외국인이 국내에서 벌어들인 소득, B영역은 우리나라 국민이 국내에서 벌어들인 소득, C영역은 우리나라 국민이 외국에서 벌어들인 소득을 의미한다.

10 　정답 ④

① 출구전략 : 경기 침체기에 경기 부양을 위해 취했던 각종 완화정책을 경제에 부작용 없이 단계적으로 거두어들이는 전략을 말한다.

② 오퍼레이션 트위스트 : 장기국채는 사고 단기국채는 파는 방식으로 금리를 조절하는 공개시장 조작방식을 말한다.

③ 섀도보팅 : 정족수 미달로 주주총회가 무산되지 않도록 하기 위해서 주주가 주주총회에 참석하지 않아도 다른 주주들의 투표 비율을 의안 결의에 그대로 적용하는 제도를 말한다.

11 정답 ④

헤지펀드란 투자 위험 대비 고수익을 추구하는 투기성 자본으로, 소수의 고액투자자를 대상으로 하는 사모 투자자본이다. 다수의 소액투자자를 대상으로 공개모집하는 펀드는 뮤추얼펀드이다.

12 정답 ③

환율이란 한 나라의 통화를 다른 나라 통화와 바꿀 때 적용되는 교환 비율이다. 제시된 그래프를 보면 원화 가치 상승, 환율 인하 추세가 지속되고 있음을 알 수 있다. 즉, 우리나라 돈의 가치는 올라가고, 미국 달러화의 가치는 떨어지고 있는 것이다.

오답분석

ㄱ. 외화를 우리나라 원화로 환전할 경우, 1달러당 950원 이하로 떨어지고 있으므로 늦출수록 손해를 보게 된다.

ㄹ. 수입 대금을 지불하기 위해 우리나라 원화를 미 달러로 환전할 경우, 원화의 가치가 1달러당 950원 이하로 떨어지고 있으므로 늦출수록 이익을 보게 된다.

13 정답 ②

회계기말에 기업의 순손익을 계산하는 방법은 다음과 같다.
- 재산법 : (기말자본)−(기초자본)＝[순이익('−'인 경우는 순손실)]
- 손익법 : (총수익)−(총비용)＝[순이익('−'인 경우는 순손실)]

휴대 전화 고리 판매액 60,000원(매출액)에서 판매된 휴대 전화 고리 구입액(매출원가) 35,000원을 차감하면 매출총이익이 25,000원 이며, 이 금액에서 상품 발송 택배비와 포장비를 차감하면 순이익은 15,000원이다.

14 정답 ①

빅배스(Big Bath)는 과오를 과거의 CEO에게 모두 돌리고 앞으로의 실적향상 등의 긍정적인 요소는 자기의 공으로 돌릴 수 있기 때문에 회사의 CEO가 교체될 때 종종 행해진다.

오답분석

② 어닝서프라이즈(Earning Surprise) : 발표된 기업의 실적이 예상치를 뛰어넘는 경우를 말한다.

③ 윈도드레싱(Window Dressing) : 기관투자가들이 월말이나 분기 말에 수익률을 높이기 위해 보유 중인 주식을 추가 매수하거나 매도하여 인위적으로 당해 주식의 종가를 관리하는 것을 말한다.

④ 분식회계 : '분식(粉飾)'은 실속 없이 겉만 보기 좋게 꾸민다는 뜻으로, '분식회계'는 회사의 실적을 좋게 보이게 하기 위해 회사의 장부를 조작하는 것을 말한다. 이는 주주와 채권자들의 판단을 왜곡시켜 손해를 끼치기 때문에 법으로 금지되어 있다.

15 정답 ④

기계적 조직은 집권적이며 규칙과 절차가 많고 엄격하다. 반면 유기적 조직은 분권적이며 융통성이 높고 제약이 적은 편이다.

16 정답 ②

오답분석

① 롤링 효과(Rolling Effect) : 채권의 금리수준이 일정하더라도 잔존기간이 짧아지면 그만큼 수익률이 떨어지게 되는데, 이같이 잔존기간이 단축됨에 따라 수익률이 하락하고, 가격은 상승하는 효과를 말한다.

③ 구글 효과(Google Effect) : 구글이 인터넷·IT산업·미디어산업을 넘어 우리 개개인의 삶에까지 미치고 있는 영향력을 말한다.

④ 아마존 효과(Amazon Effect) : 세계 최대의 유통기업인 아마존이 사업을 확장하면 해당 산업을 주도하는 기업들의 주가가 추락하고 투자자들이 패닉에 빠지는 현상을 말한다.

17 정답 ④

① 시리 : 2011년 아이폰4S와 함께 세상에 소개된 시리는 지능형 개인 비서 기능을 수행하는 애플의 음성인식서비스로, 자연어 처리를 기반으로 질문에 대한 답변을 추천하거나 웹 검색을 수행한다.
② 씽큐 : 2018년 LG전자가 공개한 G7 씽큐(ThinQ)는 프리미엄 전략 스마트폰으로, 한층 업그레이드된 스마트폰의 핵심 기능과 생활의 편리함을 더한 인공지능(AI)을 담은 것이 특징이다.
③ 빅스비 : 2017년 삼성전자의 갤럭시S8에 탑재되어 공개된 인공지능(AI) 가상 비서로, 텍스트와 터치는 물론 음성까지 인식한다.

18 정답 ③

금융통화위원회는 한국은행의 통화신용정책에 관한 주요 사항을 심의 · 의결하는 정책결정기구이다.

① 중앙경제위원회 : 1946년 5월 미국 군정청 내에 설치되어 우리나라의 경제통제 및 관리를 총괄한 기구이다. 대한민국 정부 수립 이후 중앙경제위원회의 업무는 국무총리 산하의 기획처로 이관되었다.
② 국민경제자문회의 : 국민경제의 발전을 위한 중요정책 수립에 관한 대통령의 자문에 응하기 위하여 설립한 기구로서 1999년 11월에 설립되었다.
④ 정책금융공사 : 한국산업은행의 민영화 과정에서 발생할 수 있는 정책금융 공백에 대한 우려를 해소하고자, 한국산업은행의 정책금융역할을 승계하고 시장친화적인 방식으로 중소기업을 지원하기 위한 목적으로 2009년 설립되었다.

19 정답 ③

ㄱ. KOSPI 지수가 지속적으로 하락하고 있기 때문에 주식시장이 매우 침체되어 있다고 볼 수 있다. 이 경우 주식에 대한 수요와 증권시장의 약세 장세 때문에 주식 발행을 통한 자본 조달은 매우 어려워진다.
ㄷ. 원 · 달러 환율이 지속적으로 상승하게 되면 원화의 약세로 수출제품의 외국에서의 가격은 달러화에 비해 훨씬 저렴하게 되고, 따라서 상대적으로 외국제품에 비하여 가격 경쟁력이 강화되는 효과가 발생한다.

ㄴ. 이자율이 지속적으로 상승하면 대출 금리도 따라 상승하게 되어 기업의 부담이 커지게 되고 이에 따라 기업의 대출 수요는 감소하게 된다.

01　NCS 직업기초능력평가

01	02	03	04	05	06	07	08	09	10	11	12	13	14	15	16			
①	③	④	①	①	③	④	②	④	④	③	①	②	②	④	②			

01　정답　①

공헌이익을 구하기 위해 제품개수를 a라 가정하고 총변동원가를 구하면 다음과 같다.

(매출액)－(제품단위당 변동원가)×(제품개수)－(총고정원가)＝(세전이익)＝$\dfrac{(세후이익)}{1-(단일세율)}$

$3,000,000-800 \times a-275,000=\dfrac{260,000}{1-0.2}=325,000$원

→ $800 \times a=2,400,000$원

∴ $a=3,000$개

총변동원가는 $800 \times 3,000=2,400,000$원이고, 공헌이익은 매출액에서 총변동원가를 뺀 금액이다.

→ $3,000,000-2,400,000=600,000$원

(공헌이익률)＝$\dfrac{(공헌이익)}{(매출액)} \times 100$

$\dfrac{600,000}{3,000,000} \times 100=20\%$

따라서 공헌이익률은 20%이다.

02　정답　③

제품별 단위 공헌이익은 단위당 판매가격에서 변동원가를 제외한 금액이다.
- K볼펜 : $6,500-2,000=4,500$원
- A만년필 : $36,000-10,000=26,000$원
- P연필 : $2,500-500=2,000$원

또한 제품별 전체 판매수량에서 차지하는 비율은 $2:2:6=1:1:3$이며, 각 제품의 손익분기점 판매량을 a, a, $3a$라고 할 경우 손익분기점은 공헌이익과 고정비가 같으므로 다음 식이 성립한다.

$(4,500 \times a)+(26,000 \times a)+(2,000 \times 3a)=7,300,000$원

→ $36,500 \times a=7,300,000$원

∴ $a=200$개

따라서 제품별 손익분기점 판매량은 K볼펜과 A만년필은 200개이고, P연필은 $3 \times 200=600$개이다.

03 정답 ④

1) 샌드위치 가게 운영 시
  - 예상매출 : $6,000 \times 30 \times 28 \times 12 = 6,048$만 원
  - 예상비용 : (월세)+(판매비용)+(대출이자)
    $= (90만 \times 12) + (2,000 \times 30 \times 28 \times 12) + (3,000만 \times 0.04)$
    $= 1,080만 + 2,016만 + 120만$
    $= 3,216만$ 원
  - 순수익 : $6,048 - 3,216 = 2,832$만 원
2) 무역회사를 계속 다닐 시
  - 연봉 : 3,500만 원
  - 자기자금 예금이자 : $5,000만 \times 0.025 = 125$만 원
  - 순수익 : $3,500 + 125 = 3,625$만 원

따라서 무역회사를 계속 다니는 경우가 793만 원 더 이익이다.

04 정답 ①

고슴도치와 거북이가 경주한 거리는 다음과 같은 두 가지 방법으로 구할 수 있다.
1) 고슴도치의 속력과 걸린 시간(경현이의 예상시간, 30초)을 곱하여 거리를 구한다.

  $3 \times 30 = 3 \times \dfrac{30}{60} = 1.5m$

2) 거북이의 속력과 걸린 시간(영수의 예상시간, 2.5분)을 곱하여 거리를 구한다.

  $3 \times \dfrac{1}{5} \times 2.5 = 0.6 \times 2.5 = 1.5m$

따라서 고슴도치와 거북이가 경주한 거리는 1.5m이다.

05 정답 ①

$\times(-1)$과 $+$(4의 배수)를 번갈아 반복하는 수열이다.
빈칸은 앞항$\times(-1)$을 할 차례이다.
따라서 (   )$=1$이다.

06 정답 ③

홀수 항은 $\div 2$, 짝수 항은 $\div 4$가 적용되는 수열이다.
빈칸은 여섯 번째 항이므로 $20 \div 4$를 해준다.
따라서 (   )$=5$이다.

07 정답 ④

5의 제곱수(5^0, 5^1, 5^2, 5^3, 5^4, 5^5 …)를 계속 더하는 수열이다.
따라서 (   )$=38 + 5^3 = 38 + 125 = 163$이다.

08 정답 ②

(앞항)$\times 3 - 2 =$(뒤항) 규칙을 적용하는 수열이다.
따라서 (   )$=34 \times 3 - 2 = 100$이다.

09 정답 ④

앞항의 각 자리 숫자를 합한 값을 뺀 수열이다.
따라서 ( )=36−(3+6)=27이다.

10 정답 ④

앞항의 각 자리 숫자를 합한 값을 더하는 수열이다.
따라서 ( )=115+(1+1+5)=122이다.

11 정답 ③

$\underline{A\ B\ C} \to A+B=C$
따라서 ( )=4+7=11이다.

12 정답 ①

(앞항)−(12의 배수)=(뒤항) 규칙을 적용하는 수열이다.

426	→	414	→	390	→	354	→	306	→	(246)
	−12		−24		−36		−48		−60	

따라서 ( )=306−12×5=246이다.

13 정답 ②

계차수열은 인접하는 항의 차로 이루어진 수열이다. 항 사이의 차이를 나열해 보면 6, 11, 21, 36이다.
여기서 규칙을 찾으면 5의 배수를 더한 값이다.

13	→	19	→	30	→	51	→	87	→	(143)
	+6	→	+11	→	+21	→	+36	→	+56	
		+5		+10		+15		+20		

빈칸은 87에 36+(5×4)=56을 더한 값이다.
따라서 ( )=87+56=143이다.

14 정답 ②

K씨가 원화로 환전했다고 했으므로 '현찰 팔 때'의 환율로 계산해야 한다.
엔화 환율 차이로 얻은 수익은 다음과 같다.

$(1,004.02-998)\times800,000\times\dfrac{1}{100}$

$=6.02\times8,000=48,160$원

미국 USD 달러도 똑같은 수익이 났다고 했으므로 2주 전 현찰 살 때의 환율(x)은 다음과 같다.

$(1,110.90-x)\times7,000=48,160$

$\to 1,110.90-x=6.88$

$\therefore x=1,104.02$

따라서 2주 전 달러 환율은 1,104.02원/달러이다.

15 정답 ④

금리 인하, 재할인율 인하, 지급준비율 인하는 시장의 통화량을 늘리려는 방법이므로 통화량과 서로 반비례 관계이다. 즉, 중앙은행이 금리, 재할인율, 지급준비율을 인하하면 시장의 통화량은 늘고, 반대로 인상할 경우에는 시장의 통화량이 줄어든다.

16 정답 ②

조건에 따라 배정된 객실을 정리하면 다음과 같다.

301호	302호	303호	304호
C, D, F사원(영업팀) / H사원(홍보팀)			
201호	202호	203호	204호
–	사용 불가	–	–
101호	102호	103호	104호
I사원	A사원(영업팀) / B, E사원(홍보팀)		

※ 홍보팀 G사원은 201, 203, 204호 중 한 곳에 묵는다.

먼저 주어진 조건에 따르면 A, C, D, F사원은 영업팀이며, B, E, G, H사원은 홍보팀임을 알 수 있다.
첫 번째와 네 번째 조건에 따르면 3층의 한 객실에는 반드시 홍보팀 직원이 묵어야 하는데 세 번째 조건과 다섯 번째 조건을 통해 3층 객실을 사용하는 홍보팀 직원은 H사원임을 알 수 있다. 또한 홍보팀 G사원은 H사원 바로 아래층 객실에 묵어야 한다는 조건에 따라 G사원은 반드시 2층 객실을 사용해야 한다. 따라서 '홍보팀 G사원이 2층에 묵는다.'는 항상 참이다.

오답분석
① 주어진 조건만으로는 I사원의 소속팀을 확인할 수 없으므로 워크숍에 참석한 영업팀의 직원 수는 정확히 알 수 없다.
③ 주어진 조건만으로는 C사원이 사용하는 객실 호수와 2층 객실을 사용하는 G사원의 객실 호수를 정확히 알 수 없으므로 항상 참이 될 수 없다.
④ 1층 객실을 사용하는 A, B, E, I사원을 제외한 C, D, F, G, H사원은 객실에 가기 위해 반드시 엘리베이터를 이용해야 한다. 이들 중 C, D, F사원은 영업팀이므로 영업팀의 수가 더 많다.

01	02	03	04	05	06	07	08	09	10	11	12	13	14	15	16	17	18	19	20
①	②	①	③	②	④	③	④	②	①	③	③	④	④	②	④	③	④	②	③

01 정답 ①

마찰적 실업이란 이직을 하는 과정에서 일시적으로 발생하는 실업을 의미한다. 마찰적 실업은 경기침체로 인해 발생하는 비자발적 실업이 아닌 자발적 실업이며, 경기변동 과정에서 발생하는 경기적 실업이나 특정 산업의 침체 등으로 발생하는 구조적 실업과는 구분된다.

오답분석

② 계절적 실업 : 계절적 요인에 의해 발생하는 실업으로, 계절에 따라 고용 기회가 줄어들면서 발생한다.
③ 구조적 실업 : 산업구조의 변화로 발생하는 장기적·대량적·만성적 실업으로, 기술의 발전으로 인해 어떤 산업이 장기적으로 사양화됨에 따라 해당 산업 노동자들의 실업이 발생한다.
④ 경기적 실업 : 경기 변동 과정에서 생기는 실업 형태로, 경기침체에 수반하여 발생하는 비자발적 실업을 의미한다.

02 정답 ②

DSR(Debt Service Ratio)은 총부채원리금상환비율의 약자로, 대출을 받으려는 사람의 총소득에서 금융부채의 원리금 상환액이 차지하는 비율을 말한다.

오답분석

① DST(Debt Service Ratio) : 주택담보대출의 원리금 상환액과 더불어 모든 금융권의 대출 원리금을 반영한 것을 의미한다.
③ LTV(Loan To Value ratio) : 주택의 담보가치에 따른 대출금의 비율인 주택담보대출비율을 의미한다.
④ DTI(Debt To Income) : 연간 총소득에서 금융회사에 갚아야 하는 주택담보대출의 원금과 이자가 차지하는 비율인 총부채상환 비율을 의미한다.

03 정답 ①

셰일가스는 오랜 세월 모래와 진흙이 쌓여 형성된 퇴적암에 매장되어 있는 천연가스이다. 과거 기술적 제약으로 인해 오랫동안 채굴이 이루어지지 못했으나, 새로운 시추공법의 개발을 통해 생산성을 확보함에 따라 미래의 새로운 에너지원으로 주목받고 있다.

04 정답 ③

〈BCG 매트릭스 모형〉

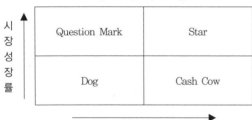

• Star(별) : 시장점유율과 성장성이 모두 좋아 전망이 밝은 사업
• Question Mark(물음표) : 시장점유율이 낮아 불안정한 수익을 보이지만, 성장률은 높아 전망을 쉽게 예측하기 어려운 사업
• Dog(개) : 시장점유율과 성장률이 모두 낮은 사양사업
• Cash Cow(자금젖소) : 시장점유율이 높아 지속적인 수익을 가져다주지만, 시장의 성장가능성은 낮은 사업

05 정답 ②

로보어드바이저(Robo-adviser)란 로봇(Robot)과 전문 자산운용가를 의미하는 어드바이저(Advisor)의 합성어로, 컴퓨터 인공지능으로 이루어진 소프트웨어 알고리즘을 통해 고객의 포트폴리오를 구성하고 관리하는 온라인 자산관리 서비스를 일컫는다.

06 정답 ④

오답분석

① 앰부시마케팅 : 교묘히 규제를 피해 가는 마케팅 전략
② 노이즈마케팅 : 상품을 각종 구설에 휘말리도록 하여 소비자들의 이목을 집중시키고, 이를 통해 판매를 늘리려는 마케팅 전략
③ 마이크로마케팅 : 상권 내 소비자들의 특성, 취향, 생활양식 등에 관한 종합적 자료를 활용하여 지역 소비자의 욕구를 충족시키려는 마케팅 전략

07 정답 ③

영화 아이언맨에 등장하는 자비스는 주인공인 토니 스타크의 옆에서 도움을 주는 인공지능 비서로, 아이언맨의 일정을 관리하고 집안의 사물들을 제어하며 실제 인격체와 같이 다른 사람과 대화를 하기도 한다.

08 정답 ④

오답분석

① 시리 : 애플 AI
② 코타나 : 마이크로소프트 AI
③ 어시스턴트 : 구글 AI

09 정답 ②

오답분석

① 승수효과 : 정부 지출을 늘릴 경우 지출한 금액보다 많은 수요가 창출되는 현상
③ 구축효과 : 정부가 지출을 늘려도 총수요가 늘어나지 않는 현상
④ 분수효과 : 저소득층의 소비 증대가 전체 경기를 부양시키는 현상

10 정답 ①

미국의 재테크 전문가 데이비드 바흐(David Bach)가 쓴 책에서 처음 소개되어 알려진 개념으로, 하루에 카페라테 한 잔씩 마시는 돈을 절약하여 목돈을 마련한다는 의미를 담고 있다. 데이비드 바흐에 따르면 카페라테 한 잔의 가격을 약 4달러(약 4,200원)로 가정하고 이를 30년 이상 저축하면 약 18만 달러(약 2억 원) 이상의 목돈을 마련할 수 있다.

11 정답 ③

오답분석

① 안정형 펀드 : 주식편입비율 30% 이내의 상품으로 원금손실 가능성이 거의 없거나 확정금리를 지급하는 상품을 말한다.
② 안정성장형 펀드 : 주식편입비율 50% 내외인 상품으로 성장형에 비해 주가 상승 시 수익률 상승 폭은 작지만 주가 하락 시 급격한 수익률 하락을 방지할 수 있다.
④ 자산배분형 펀드 : 주식, 채권, 파생상품, 인프라 등 여러 자산에 분산투자하는 상품으로 시장 변동성의 영향을 덜 받으면서도 안정적인 수익을 낼 수 있다.

12 정답 ③

젠트리피케이션(Gentrification)이란 낙후됐던 구도심이 재건축 등으로 인해 환경이 변하고 활성화되자 중산층 이상의 사람들이 유입되면서 주거비용이 상승하고, 이를 감당할 수 없는 주민들이 다른 지역으로 내몰리는 현상을 말한다. 2000년대 이후 서울의 서촌, 망원동, 상수동, 삼청동 등에서 젠트리피케이션 현상이 나타나고 있다.

13 정답 ④

네덜란드병은 천연가스·석유 등 보유한 천연자원의 가격 상승으로 급성장을 이룬 국가가 이후 물가 상승 및 환율 하락 등으로 경쟁력을 잃고 경기침체를 맞는 현상을 의미하며, 자원의 저주라 불리기도 한다. 이는 1950년대 말 대규모 천연가스로 막대한 수입을 올렸지만, 이후 극심한 경제적 침체를 맞은 네덜란드의 사례에서 유래하였다.

14 정답 ④

리보(London Inter-Bank Offered Rate)금리란 국제금융시장의 중심지인 영국 런던의 은행 등 금융기관끼리 단기자금을 거래할 때 적용하는 금리를 지칭하였으나, 현재는 고유명사화되어 각 시장의 이름을 붙여 함께 사용되며 뉴욕의 리보금리가 세계 각국의 국제 간 금융거래에 기준금리로 활용되고 있다.

오답분석

① 리비드(LIBID) : 런던은행 간 자금시장에서 자금 수요 측이 제시하는 금리
② 코픽스(COFIX) : 국내 은행연합회가 발표하는 은행권 자금조달비용지수로, 주택담보대출의 기준금리를 말한다.
③ 콜금리(Call Rate) : 금융기관 간에 이루어지는 단기간의 자금 거래에서 적용되는 금리

15 정답 ②

브룸(Vroom)은 개인의 동기화 정도가 기대, 수단, 유인가에 따라 결정된다고 보았다. 개인의 노력은 노력의 결과 성과가 주어질 것이라는 신념, 즉 기대에 의해 좌우된다는 것이다. 따라서 노력에 대한 성과가 주어지지 않는다면 그 행동에 대한 동기가 작용하지 않으므로 사람들은 더 이상 노력하지 않게 된다. 또한 브룸은 사람마다 성과에 대한 선호가 다르므로 어떤 보상이 주어지느냐에 따라 동기화 정도도 달라진다고 주장했다.

16 정답 ④

앱투앱(App to App) 결제는 카드 결제 시스템을 관리하는 중개업체를 거쳐야 하는 신용카드나 체크카드와 달리, 중개업체를 거치지 않고 스마트폰 앱을 통해 소비자와 판매자가 직접 연결되는 결제 시스템을 말한다.

17 정답 ③

매파는 자신의 이념과 주장을 관철하기 위해 상대방과 타협하지 않고, 강경히 사태에 대처하려는 사람들을 말한다.

오답분석

① 올빼미파 : 어떤 분쟁에 있어서 판단을 미루면서 사태의 진전을 지켜보는 경향을 가진 사람들
④ 비둘기파 : 정책을 추진하는 면에서 성향이 부드럽고 평화적이며 온건한 세력

18 정답 ④

오답분석

① 대체탄력성 : 생산량을 일정한 수준에 유지한 상태에서 생산요소 간 대체 정도를 나타내는 지표
② 공급탄력성 : 상품의 가격이 변화할 때 그에 대한 공급량이 얼마나 변화하느냐를 나타내는 지표
③ 소득탄력성 : 소비자의 소득이 변화했을 때 재화나 서비스의 수요량에 어떤 변화를 주는가를 보여주는 지표

19 정답 ②

RBC(Risk-Based Capital)란 위험기준자기자본제도로 보험·금리·신용 등 보험사가 가진 각종 위험을 정밀히 측정해 손실이 발생했을 경우 이에 상응하는 자기자본을 보유하도록 요구하는 제도이다.

오답분석

① RAAS(Risk Assessment and Application System) : 보험회사 경영활동에 수반되는 리스크의 규모 및 관리능력을 계량적이고 체계적으로 평가하고, 취약부문을 발굴하여 감독 및 검사업무에 활용하는 선진화된 금융감독시스템
③ ALM(Asset and Liability Management) : 자산과 부채의 구조를 조정함으로써 금융회사의 리스크 대비 수익을 최적화하여 회사의 가치를 극대화하려는 일련의 관리 활동
④ RADARS(Risk Assessment and Dynamic Analysis Rating System) : 은행의 영업활동을 세분화하고 부문별 리스크를 상시 평가하여 취약 부문에 감독·검사 역량을 집중하는 리스크 중심 감독 수단의 하나

20 정답 ③

NFC(Near Field Communication)는 13.56MHz 대역의 주파수를 사용하여 약 10cm 이내의 근거리에서 데이터를 교환할 수 있는 비접촉식 무선통신 기술로, 다양한 분야에서 활용될 수 있다.

오답분석

① WLAN(Wireless LAN) : 기존 케이블 대신에 전파를 이용해 컴퓨터 간의 네트워크를 구축하는 방식
② 블루투스(Bluetooth) : 휴대폰, 노트북 등의 휴대기기를 서로 연결해 정보를 교환하는 근거리 무선 기술 표준
④ MST(Magnetic Secure Transmission) : 마그네틱 신용카드가 정보를 무선으로 전송시켜 결제하는 마그네틱 보안 전송 방식

01 직무수행능력평가

01	02	03	04	05	06	07	08	09	10	11	12	13	14	15	16				
④	④	④	②	③	①	③	①	①	②	①	④	①	①	③	④				

01 정답 ④

자본자산가격결정모형(CAPM)이란 자산의 균형가격이 어떻게 결정되어야 하는지를 설명하는 이론이다. 구체적으로 자본시장이 균형상태가 되면 위험과 기대수익률 사이에 어떤 관계가 성립하는지 설명하는 이론이다.

> **CAPM의 가정**
> • 모든 투자자는 위험회피형이며, 기대효용을 극대화할 수 있도록 투자한다.
> • 모든 투자자는 평균 – 분산 기준에 따라 투자한다.
> • 모든 투자자의 투자기간은 단일기간이다.
> • 자신의 미래 수익률분포에 대하여 모든 투자자가 동질적으로 기대한다.
> • 무위험자산이 존재하며, 모든 투자자는 무위험이자율로 제한 없이 차입, 대출이 가능하다.
> • 세금, 거래비용과 같은 마찰적 요인이 없는 완전자본시장을 가정한다.

02 정답 ④

체계적 위험(Systematic Risk)이란 경제성장률, 이자율, 인플레이션, 환율, 국제유가 등 경제 전반에 영향을 미치는 요인들의 변동에 따른 위험을 말한다. 이는 모든 주식에 공통적으로 영향을 미치기 때문에 여러 주식으로 포트폴리오를 구성해서 투자해도 제거할 수 없다.

03 정답 ④

최저임금제는 정부가 노동시장에 개입하여 임금의 최저수준을 정하는 가격하한제의 한 예이다. 가격하한제란 시장가격보다 높은 수준에서 최저가격을 설정하는 가격규제 방법이다. 최저임금이 시장균형 임금보다 높은 수준에서 책정되면 노동시장에서 초과공급이 발생하고 그만큼의 비자발적 실업이 발생하게 된다. 이 경우 이미 고용된 노동자들은 혜택을 받을 수 있지만 취업 준비생들은 계속 실업자로 남을 가능성이 크다.

04 정답 ②

구분	경합성	비경합성
배제성	사적재	요금재
비배제성	공유재	공공재

공유지의 비극현상이 나타나기 쉬운 재화는 공유재에 해당된다. 이와 같이 경합성은 있지만 배제성이 없는 재화로는 목초지나 바다어장과 같은 공유지가 있다.

05 정답 ③

불확실한 상황에서 지혜의 재산의 기대 수익과 기대효용을 계산해보면 각각 다음과 같다.

- $E(x) = \left(\dfrac{3}{10} \times 400\right) + \left(\dfrac{7}{10} \times 900\right) = 120 + 630 = 750$
- $E(U) = \left(\dfrac{3}{10} \times \sqrt{400}\right) + \left(\dfrac{7}{10} \times \sqrt{900}\right) = 6 + 21 = 27$

재산의 크기가 900만 원이고 재산의 기대 수익이 750만 원이므로 기대손실액(Pl)은 150만 원(=0.3×500)이다. 이제 불확실한 상황에서와 동일한 효용을 얻을 수 있는 확실한 현금의 크기인 확실성등가(CE)를 구하면 $\sqrt{CE} = 27$이므로 CE=729만 원임을 알 수 있다.

따라서 지혜가 지불할 용의가 있는 최대 보험료는 기대손실액(Pl)과 위험프리미엄(π)을 합한 171만 원이다.

06 정답 ①

- 유동비율=(유동자산 ÷ 유동부채)×100=(100÷50)×100=200%
- 당좌비율=(당좌자산 ÷ 유동부채)×100=(유동자산−재고자산) ÷ 유동부채×100=80÷50×100=160%
- 부채비율=(부채 ÷ 자기자본)×100=(100÷100)×100=100%
- 자기자본비율=(자기자본 ÷ 총자산)×100=(100÷200)×100=50%
- 총자산순이익률(ROA)=(당기순이익 ÷ 총자산)×100=(10 ÷ 200)×100=5%

따라서 유동비율이 50%라는 ①은 옳지 않다.

07 정답 ③

재고자산회전율이 산업평균보다 낮은 경우 재고부족으로 인한 기회비용이 나타난다.

08 정답 ①

- 인과의 오류 : 어떤 현상의 선후관계와 인과관계를 혼동하여 서로 무관한 사실을 관련짓는 오류
- 구성의 오류 : 어떤 원리가 부분에서는 성립하는 경우 이를 전체로 확장하면 성립하지 않는 경우에 발생하는 오류

오답분석

- 강조의 오류 : 문장의 어느 한 부분을 강조하여 발생하는 오류

09 정답 ①

통화가 공급되면 단기적으로 유동성효과로 금리를 떨어뜨리나 중장기적으로 소득효과와 피셔효과로 인해 금리가 상승한다.

10 정답 ②

오답분석
① 표면이자율이 낮을수록 현재로부터 가까운 시점에 발생하는 현금흐름의 비중이 상대적으로 적어지고 현재로부터 먼 시점에 발생하는 현금흐름의 비중이 상대적으로 많아지므로, 이자율 변동에 따른 가격변동률이 크게 나타난다.
③ 채권가격은 시장이자율과 역의 관계이므로 시장이자율이 상승하면 채권가격은 하락하고, 시장이자율이 하락하면 채권가격은 상승한다.
④ 만기가 정해진 상태에서 이자율 하락으로 인한 채권가격 상승폭이 이자율의 상승으로 인한 채권가격 하락 폭보다 크다.

11 정답 ①

'범위의 경제(Economies of Scope)'란 한 기업이 두 가지 이상의 상품을 동시에 생산함으로써 하나의 상품만을 생산하는 기업보다 낮은 비용으로 생산할 수 있는 경우를 말한다. 반면 '규모의 경제(Economies of Scale)'란 하나의 재화를 생산할 때 많은 양을 생산할 경우 이로 인해 평균 생산비용이 하락하는 현상을 말한다.

12 정답 ④

일물일가의 법칙을 가정하는 구매력 평가설에 따르면 두 나라에서 생산된 재화의 가격이 동일하므로 '명목환율'은 두 나라의 '물가수준'의 비율로 나타낼 수 있다. 한편, 구매력 평가설이 성립하면 '실질환율'은 불변한다.

13 정답 ①

오답분석
② 핑크슬립 : 미국에서 해고통지를 뜻하는 말로, 20세기 초에 분홍색 종이에 해고통지서를 인쇄한 것에서 유래한 용어
③ ASP : 애플리케이션 서비스 임대. 네트워크를 통해 각종 응용 프로그램을 공급하는 사업
④ SaaS : 소프트웨어의 기능 중 유저가 필요로 하는 것만을 서비스로 배포해 이용이 가능하도록 한 소프트웨어의 배포형태

14 정답 ①

온디맨드 경제(On-Demand Economy)는 플랫폼과 기술력을 가진 회사가 수요자의 요구에 즉각적으로 대응하여 서비스 및 제품을 제공하는 경제 전략 혹은 활동을 일컫는다.

15 정답 ③

DSR(Debt Service Ratio)은 주택대출 원리금 외에 모든 신용대출 원리금을 포함한 총대출 상환액이 연간 소득액에서 차지하는 비중으로, DSR은 대출의 원리금뿐만 아니라 모든 대출의 원금과 이자를 모두 더한 원리금 상환액으로 대출 상환 능력을 심사한다.

오답분석
① DTI(Debt To Income) : 주택담보대출의 연간 원리금의 상환액과 기타 부채에 대해 연간 상환한 이자의 합을 연소득으로 나눈 비율
② LTV(Loan To Value ratio) : 주택을 담보로 돈을 빌릴 때 인정되는 자산가치의 비율
④ CDS(Credit Default Swap) : 부도가 발생하여 채권이나 대출 원리금을 돌려받지 못할 위험에 대비한 신용파생상품

16 정답 ④

오답분석

① 사베이즈 – 옥슬리법 : 전 세계적으로 영향을 미치고 있는 미국의 기업 회계 개혁 및 투자 보호법
② 글래스 – 스티걸법 : 상업은행에 관한 법률로서 서로 다른 금융업종 간에 상호진출을 금함
③ 잡스법 : 신생기업들의 자금 조달을 용이하게 하여 일자리를 창출하기 위한 목적의 미국의 신생기업 지원법

얼마나 많은 사람들이 책 한 권을 읽음으로써
인생에 새로운 전기를 맞이했던가.

– 헨리 데이비드 소로 –

01	02	03	04	05	06	07	08	09	10	11	12	13	14	15	16	17	18	19	20
①	④	②	③	④	④	④	④	④	②	②	③	④	④	④	②	④	④	④	①
21	22	23	24	25	26	27	28	29	30	31	32	33	34	35	36	37	38	39	40
②	⑤	③	②	②	⑤	②	③	②	⑤	③	①	③	②	③	④	③	③	②	②
41	42	43	44	45	46	47	48	49	50	51	52	53	54	55	56	57	58	59	60
①	①	④	③	④	①	③	③	③	①	④	③	④	③	②	③	③	③	④	③

01   정답 ①

제시문은 대출을 받아 내 집을 마련한 사람들이 대출금리 인상으로 인한 경제적 부담을 감당하지 못하여 집을 처분하려 하나 이 또한 어려워 경매로 넘기는 상황에 대해 설명하고 있다. 따라서 제시문의 주제로 대출금리 인상으로 내 집 마련이 무너졌다는 ①이 가장 적절하다.

오답분석

② 마지막 문단에 따르면 대출금리 인상으로 인해 부동산 매수자가 줄어든 것은 맞지만, 제시문의 전체적인 내용은 대출금리 인상으로 집을 사지 못하는 것이 아닌, 대출금리 인상으로 이미 산 집을 포기할 수밖에 없는 상황에 대해 다루고 있다. 따라서 제시문의 주제로는 적절하지 않다.

③ 마지막 문단에 따르면 매도량은 늘어나지만 매수량이 없어 이전보다 고를 수 있는 부동산의 선택지가 늘어난 것은 맞지만, 제시문의 전체적인 내용은 단순히 늘어난 부동산 매물이 아닌 대출금리 인상으로 인해 어쩔 수 없이 시장으로 나온 부동산 매물에 대해 다루고 있으므로 제시문의 주제로는 적절하지 않다.

④ 제시문의 내용으로 볼 때 부동산 경기 침체로 인해 매물로 나온 부동산은 늘어나고 있지만, 매수량은 없어 부동산 경매시장이 활발해졌다고 보긴 어렵다.

02   정답 ④

지폐 거래를 위해서는 신뢰가 필수적인데 중국을 포함한 아시아의 국가들은 처음부터 국가가 발행권을 갖고 있었기 때문에 화폐로 받아들여지고 사용되기 위해 필요한 신뢰를 확보하고 있었다고 할 수 있다.

오답분석

① 제시문에 따르면 유럽의 지폐는 동업자들끼리 만든 지폐로 시작하였으나 쉽게 자리잡지 못했고 중앙은행이 금 태환을 보장하면서부터 화폐로 사용되기 시작하였다. 그러나 이것으로 지폐가 널리 통용되었다고 판단하기에는 무리가 있으며 더구나 금화의 대중적인 확산이 그 원인이 되었다는 근거는 찾을 수 없다.

② 제시문은 내재적 가치가 없는 지폐가 화폐로 받아들여지고 사용되기 위해서는 신뢰가 필수적인데 중국은 강력한 왕권이 이 신뢰를 담보할 수 있었지만, 유럽에서는 그보다 오랜 시간과 성숙된 환경이 필요했다고 하고 있다. 결국 유럽에서 지폐의 법정화와 중앙은행의 설립이 이루어진 것은 17 ~ 18세기에 이르러서야 가능했다.

③ 중국에서는 기원전 7 ~ 8세기 이후 주나라에서부터 청동전이 유통되었는데 이후 진시황이 중국을 통일하면서 화폐를 통일해 가운데 네모난 구멍이 뚫린 원형 청동 엽전이 등장하였다고 하였다. 따라서 네모난 구멍이 뚫린 원형 엽전 이전에 청동전이 있었다는 사실을 알 수 있다.

03 정답 ②

광고는 해당 제품이 가진 여러 가지 정보를 담고 있다. 현명한 소비를 하기 위해서 광고에 의존해서는 안 되지만, 기본적인 정보 습득에 있어 전혀 도움이 되지 않는 것은 아니다.

오답분석

① 광고는 제품에 대한 긍정적인 이미지를 형성하여 소비자의 구매 욕구를 자극한다.

③ 현명한 소비를 하기 위해서는 광고에 의해 형성된 이미지에 속지 않고, 가격, 품질, 필요성 등 다양한 요소를 종합적으로 고려해야 한다.

④ 광고는 제품이나 서비스에 대한 정보를 전달하는 데 사용되는 매개체로 소비자의 구매 결정에 큰 영향을 미친다.

04 정답 ③

두 번째 문단에 따르면 마음의 본래 모습을 회복하여 욕망(악)을 제거하려는 것은 A학파이다. B학파는 이러한 해석이 논어가 만들어졌을 당시의 유가 사상과 거리가 있다고 보고 있으므로 적절하지 않은 내용이다.

오답분석

① A학파는 '극기'의 의미를 '몸으로 인한 개인적 욕망'인 '기'를 극복하는 것으로 해석하며, '복례'의 의미를 '천리에 따라 행위하는 본래 모습을 회복'하는 것으로 보고 있어 천리를 행위의 기준으로 삼고 있다. 따라서 적절한 내용이다.

② A학파는 '예'를 '천리에 따라 행위하는 것'으로 규정하고 있으며, 이 '천리'는 태어날 때부터 마음에 내재해 있는 것으로 보고 있다. 따라서 적절한 내용이다.

④ B학파는 '기'를 '몸'으로 보아 숙련 행위의 주체로 이해하였고, '예'를 '본받아야 할 행위'로 이해하며, 제사에 참여하여 어른들의 행위를 모방하듯이 선인의 행위를 모범으로 삼는 것을 추론할 수 있으므로 적절한 내용이다.

05 정답 ④

GDP를 계산할 때는 총생산물의 가치에서 중간 생산물의 가치를 빼야 한다.

오답분석

① GDP는 한 나라 안에서 일정 기간 새로 생산된 최종 생산물의 가치를 모두 합산한 것이다.

② · ③ GDP를 산출할 때는 그해에 새로 생산된 재화와 서비스 중 화폐로 매매된 것만 계산에 포함하고, 화폐로 매매되지 않은 것은 포함하지 않는다.

06 정답 ④

마지막 문단에 따르면 GDP는 무역 손실에 따른 실질 소득의 감소를 제대로 반영하지 못하기 때문에 국민경제의 소득 수준과 소비 능력을 나타내는 GNI가 필요하다.

07 정답 ④

(다) 문단은 '다시 말하여'라는 뜻의 부사 '즉'으로 시작하여, '경기적 실업은 자연스럽게 해소될 수 없다.'는 주장을 다시 한 번 설명해주는 역할을 하므로 제시된 문장 바로 다음에 위치하는 것이 자연스럽다. 다음으로는 경기적 실업이 자연스럽게 해소될 수 없는 이유 중 하나인 화폐환상현상을 설명하는 (나) 문단이 오는 것이 적절하며, 마지막으로 화폐환상현상으로 인해 실업이 지속되는 것을 설명하고, 정부의 적극적 역할을 해결책으로 제시하는 케인스 학파의 주장을 이야기하는 (가) 문단이 오는 것이 적절하다. 따라서 (다) - (나) - (가) 순으로 나열하는 것이 적절하다.

08 정답 ④

기본금리는 연 0.1%가 적용되고, 최대 우대금리인 연 0.3%p가 가산된다.

따라서 만기 시 적용되는 금리는 $0.1+0.3=0.4$%가 된다.

단, 이자지급방식이 단리식이므로 만기 시 이자는 $10,000,000 \times \dfrac{0.4}{100} \times \dfrac{6}{12} = 20,000$원이다.

09 정답 ④

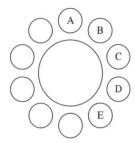

A ~ E에 앉을 수 있는 경우의 수는 각각 10가지, 8가지, 6가지, 4가지, 2가지이고, 회전하여 같아지는 경우는 10가지이다.

따라서 구하고자 하는 경우의 수는 $\dfrac{10 \times 8 \times 6 \times 4 \times 2}{10} = 384$가지이다.

다른 풀이

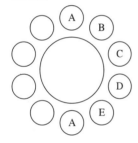

A에 한 과를 고정시키고 남은 과를 B ~ E에 앉히는 경우의 수는 $4!=24$가지이다. B ~ E에 대하여 자리를 바꿔 앉는 경우의 수는 각각 2가지이므로 $2 \times 2 \times 2 \times 2 = 16$가지이다.

따라서 구하고자 하는 경우의 수는 $24 \times 16 = 384$가지이다.

10 정답 ②

작년 비행기 왕복 요금을 x원, 작년 1박 숙박비를 y원이라 하면 다음 식이 성립한다.

$$-\frac{20}{100}x + \frac{15}{100}y = \frac{10}{100}(x+y) \quad \cdots \text{⊙}$$

$$(1-\frac{20}{100})x + (1+\frac{15}{100})y = 308,000 \quad \cdots \text{ⓒ}$$

⊙을 정리하면 $y=6x$ $\cdots$ ⓒ

ⓒ을 정리하면 $16x+23y=6,160,000$ $\cdots$ ⓒ

ⓒ을 ⓒ에 대입하면

$16x+138x=6,160,000$

$\therefore\ x=40,000$

이를 ⓒ에 대입하면 $y=240,000$이다.

따라서 올해 비행기 왕복 요금은 $40,000 - 40,000 \times \dfrac{20}{100} = 32,000$원이다.

11 정답 ②

미생물은 3일마다 10배씩 증가하고 있다. 그러므로 6월 7일에 미생물 3마리가 분열을 시작하여 30억 마리가 되려면 30억$=3\times10^9$ 이므로 $3\times9=27$일 후이다.

따라서 미생물이 30억 마리가 되는 날은 6월 7일을 기준으로 27일 후인 7월 4일이다.

12 정답 ③

먼저 여행일이 1월 이내이고, 여행 기간이 15일 이내여야 하므로 가능한 여행패키지를 확인하면 C, D, F이다.
- C : Z카드를 갖고 있지 않으므로 가격은 1,600,000원이다.
- D : M멤버십을 보유하고 있고 Z카드는 갖고 있지 않으므로 가격은 $1,750,000\times0.8=1,400,000$원이다.
- F : M멤버십을 보유하고 있고 Z카드는 갖고 있지 않으므로 가격은 $1,500,000\times0.95=1,425,000$원이다.

따라서 가장 저렴하게 이용할 수 있는 여행패키지는 D이고, 그 가격은 1,400,000원이다.

13 정답 ④

먼저 제시된 조건에 따라 선택할 수 없는 관광 코스를 제외할 수 있다.
- 4일 이상 관광하되 5일을 초과하면 안 되므로, 기간이 4일 미만인 B코스를 제외한다.
- 비용이 30만 원을 초과하고, 참여인원이 30명 초과인 C코스를 제외한다.

한편, D코스를 I카드로 결제할 때의 비용은 10% 할인을 적용받아 $332,000\times0.9=298,800$원으로 30만 원 미만이다.

따라서 A코스와 D코스 중 경유지가 더 많은 D코스를 선택하는 것이 가장 적절하다.

14 정답 ④

김대리가 받을 수 있는 신용카드에 따른 할인 혜택 금액은 다음과 같다.
- A카드 : 외식 부문에서 할인을 적용받고, 페이 결제분에 대한 할인은 제외되므로 적용받는 할인 금액은 $540,000-350,000=190,000$원이다. 이때, 총결제액이 100만 원을 초과했으므로 할인율은 15%이다. 따라서 할인 혜택 금액은 $190,000\times0.15=28,500$원으로 할인한도 28,000원을 초과하여 28,000원을 할인받는다.
- B카드 : 쇼핑 부문에서 할인을 적용받고, N사 페이 결제에 대하여 5% 추가 할인이 적용된다. 이때, 총결제액이 100만 원을 초과했으므로 기본으로 적용되는 할인율은 15%이고, N사 페이 결제금액에 적용되는 할인율은 $15+5=20\%$이다. 따라서 할인 혜택 금액은 $150,000\times0.2+(290,000-150,000)\times0.15=30,000+21,000=51,000$원으로 할인한도 25,000원을 초과하여 25,000원을 할인받는다.
- C카드 : 공과금 부문에서 할인을 적용받는다. 이때, 총결제액이 100만 원을 초과했으므로 기본으로 적용되는 할인율은 15%이고 공과금을 자동이체로 설정하였으므로 3% 추가 할인이 적용되므로 할인율은 $15+3=18\%$이다. 따라서 할인 혜택 금액은 $150,000\times0.18=27,000$원이다.
- D카드 : 유류비 부문에서 총결제액의 3%를 할인받는다. 따라서 할인 혜택 금액은 $1,210,000\times0.03=36,300$원으로 할인한도 30,000원을 초과하여 30,000원을 할인받는다.

따라서 할인 혜택 금액이 가장 큰 카드는 D카드이다.

15 정답 ④

ㄴ. 민간의 자율주행기술 R&D를 지원하여 기술적 안전성을 높이는 전략은 위협을 최소화하는 내용은 포함하지 않고 약점만 보완하는 내용이므로 ST전략이라 할 수 없다.

ㄹ. 국내기업의 자율주행기술 투자가 부족한 약점을 국가기관의 주도로 극복하려는 전략은 약점을 최소화하고 위협을 회피하려는 WT전략의 내용으로 적절하지 않다.

오답분석

ㄱ. 높은 수준의 자율주행기술을 가진 외국 기업과의 기술이전협약 기회를 통해 국내외에서 우수한 평가를 받는 국내 자동차기업이 국내 자율주행자동차 산업의 강점을 강화하는 전략은 SO전략에 해당한다.

ㄷ. 국가가 지속적으로 자율주행차 R&D를 지원하는 법안이 본회의를 통과한 기회를 토대로 기술개발을 지원하여 국내 자율주행자
동차 산업의 약점인 기술적 안전성을 확보하려는 전략은 WO전략에 해당한다.

16 정답 ②

부서별로 1명씩 배치 가능한 신입사원을 살펴보면 다음과 같다.
• 총무부의 경우, 경영 전공자인 갑·기 중 인턴 경험이 있는 갑이 배치된다.
• 투자전략부의 경우, 재무분석이 가능한 병·정·기 중 석사 이상의 학위를 보유한 기가 배치된다.
• 대외협력부의 경우, 제2외국어 가능자인 갑·정 중 총무부로 배치되어야 하는 갑을 제외한 정이 배치된다.
• 품질관리부의 요건을 부합하는 직원은 을뿐이므로 을이 배치된다.
• 나머지 인력인 병·무 중 인턴 경험이 있는 병은 인사부로 배치되며, 데이터분석이 가능한 무는 기술개발부로 배치된다.
위의 내용을 표로 정리하면 다음과 같다.

부서명	직원명
총무부	갑
투자전략부	기
인사부	병
대외협력부	정
품질관리부	을
기술개발부	무

따라서 부서에 배치될 신입사원이 잘못 연결된 것은 ②이다.

17 정답 ④

• 다섯 번째 조건에 따르면, A는 가장 낮은 층인 101호, 102호 중 하나를 배정받는데, 세 번째 조건에 따라 왼쪽 방을 배정받으므로
101호를 배정받는다.
• 세 번째 조건과 일곱 번째 조건에 따르면, G는 D와 같은 층에서 왼쪽 방을 이용해야 하므로, 배정 가능한 방이 2개인 5층을
배정받는다. 따라서 G는 501호, D는 503호를 배정받게 되고, 세 번째 조건에 따라 C는 남은 왼쪽 방인 401호를 배정받게 된다.
• 여섯 번째 조건에 따르면, F는 오른쪽 방을 배정받아야 하며, 네 번째 조건에 따라 B는 F보다 높은 층을 배정받아야 하므로,
303호는 B가, 203호는 F가 배정받는다.
위의 내용을 정리하면 다음과 같다.

	왼쪽	가운데	오른쪽
5층	501 – G		503 – D
4층	401 – C		
3층			303 – B
2층		202	203 – F
1층	101 – A	102	

남은 인원인 E와 H는 102호와 202호에 배정받는다. 그러나 제시된 조건만으로는 이 중 어느 방을 각각 배정받을지는 확정지을
수 없으므로, E는 H보다 높은 층을 배정받을 수도 아닐 수도 있다. 따라서 ④는 옳지 않다.

18 정답 ④

A조의 발표기간 3일 중 마지막 발표는 11일이므로, 다음 순서인 C조는 그다음 날인 12일에 발표를 시작할 수 없다. 또한 그다음
연수일은 화요일인 16일이나, 창립기념일인 17일에는 발표를 할 수 없다. 첫 번째 날과 두 번째 날의 발표는 연속해서 해야 하므로
발표는 18일에 시작하여야 한다. 즉, C조는 18~19일에 발표를 하고, 마지막 날의 발표를 다음 연수일인 23일에 하게 된다.
그러므로 B조는 그다음 날인 24일을 제외하고 가장 빠른 발표 가능일인 25~26일에 발표를 하고, 마지막 발표는 30일에 하게
된다.

19 정답 ④

매월 적립해야 하는 금액을 a원이라고 하면 2022년 4월 말에 지급받는 적립 총액은
$(a \times 1.005 + a \times 1.005^2 + a \times 1.005^3 + \cdots + a \times 1.005^{40})$만 원이다.

$a \times 1.005 + a \times 1.005^2 + a \times 1.005^3 + \cdots + a \times 1.005^{40} = \dfrac{a \times 1.005 \times (1.005^{40} - 1)}{1.005 - 1} = 2,211$

$\rightarrow 44.22a = 2,211$

$\therefore a = 50$

따라서 매월 적립하는 금액은 50만 원이다.

20 정답 ①

총주차 시간이 x분일 때 30분 이후부터 10분마다 500원씩 추가되므로 지불해야 하는 총주차 요금은 $\left(1,500 + \dfrac{x-30}{10} \times 500\right)$원이다.

이 금액이 5,000원 이하여야 하므로 다음과 같은 식이 성립한다.

$\left(1,500 + \dfrac{x-30}{10} \times 500\right) \leq 5,000$

$\rightarrow 50(x-30) \leq 3,500$

$\therefore x \leq 100$

따라서 최대 100분까지 주차가 가능하다.

21 정답 ②

A은행에서 3년(36개월)간 5만 원씩 적금을 넣는다면 적금의 원리합계는 다음과 같다.

1개월 …… $5(1+1.001)^{36}$

2개월 …… $5(1+1.001)^{35}$

3개월 …… $5(1+1.001)^{34}$

⋮

35개월 …… $5(1+1.001)^2$

36개월 …… $5(1+1.001)$

A은행에서의 적금의 원리합계는

$S_A = \dfrac{5(1+1.001)(1.001^{36} - 1)}{1.001 - 1} = \dfrac{5 \times 1.001 \times (1.04 - 1)}{0.001} = 200.2$만 원이다.

B은행에서 2년(24개월)간 10만 원씩 적금을 넣는다면 적금의 원리합계는 다음과 같다.

1개월 …… $10(1+1.002)^{24}$

2개월 …… $10(1+1.002)^{23}$

3개월 …… $10(1+1.002)^{22}$

⋮

23개월 …… $10(1+1.002)^2$

24개월 …… $10(1+1.002)$

B은행에서의 적금의 원리합계는

$S_B = \dfrac{10(1+1.002)(1.002^{24} - 1)}{1.002 - 1} = \dfrac{10 \times 1.002 \times (1.05 - 1)}{0.002} = 250.5$만 원이다.

따라서 B은행에 적금하는 것이 $250.5 - 200.2 = 50.3$만 원(503,000원) 더 받을 수 있다.

22 　정답 ⑤

작년 여학생 수를 x명이라고 하면, 작년 남학생 수는 $(2{,}000-x)$명이므로 다음과 같은 식이 성립한다.

$$-\frac{5}{100}(2{,}000-x)+\frac{5}{100}x=-14$$

양변에 100을 곱하면 다음과 같다.

$$-5(2{,}000-x)+5x=-1{,}400 \rightarrow -10{,}000+5x+5x=-1{,}400 \rightarrow 10x=8{,}600$$

$$\therefore \ x=860$$

따라서 작년 여학생의 수는 860명이다.

23 　정답 ③

원형 테이블은 회전시켜도 좌석 배치가 동일하므로, 좌석에 1 ~ 7번으로 번호를 붙이고, A가 1번 좌석에 앉았다고 가정하여 배치하면 다음과 같다.

첫 번째 조건에 따라, 2번에는 부장이, 7번에는 차장이 앉게 된다.
세 번째 조건에 따라, 부장과 이웃한 자리 중 비어있는 3번 자리에 B가 앉게 된다.
네 번째 조건에 따라, 7번에 앉은 사람은 C가 된다.
다섯 번째 조건에 따라, 5번에 과장이 앉게 되고, 과장과 차장 사이인 6번에 G가 앉게 된다.
여섯 번째 조건에 따라, A와 이웃한 자리 중 직원명이 정해지지 않은 2번 부장 자리는 D가 앉게 된다.
마지막 조건에 따라, 4번 자리에는 대리, 3번 자리에는 사원이 앉는 것을 알 수 있다. 3번 자리에 앉는 사람은 사원 직급인 B인 것을 알 수 있다.
두 번째 조건에 따라, E는 사원과 이웃하지 않았고 직원명이 정해지지 않은 5번 과장 자리에 해당되는 것을 알 수 있다.
이를 정리하면 다음과 같은 좌석 배치가 되며, F는 이 중 유일하게 빈자리인 4번 대리 자리에 해당된다.

그러므로 사원 직급은 B, 대리 직급은 F가 해당하는 것을 도출할 수 있다.

24 　정답 ②

참견하지 않고 앉아서 보기만 함을 의미하는 '좌시(坐視)'와 어떤 일에 직접 나서서 관여하지 않고 곁에서 보기만 함을 의미하는 '방관(傍觀)'은 유의 관계이다. 반면, ①·③·④·⑤는 반의 관계이다.

오답분석

① • 밀집(密集) : 빈틈없이 빽빽하게 모임
　• 산재(散在) : 여기저기 흩어져 있음

③ • 훼방(毀謗) : 남을 헐뜯어 비방함 또는 그런 비방
　• 협조(協助) : 힘을 보태어 도움
④ • 방만(放漫) : 맺고 끊는 데가 없이 제멋대로 풀어져 있다는 의미인 '방만하다'의 어근
　• 절연(截然) : 맺고 끊음이 칼로 자르듯이 분명하다는 의미인 '절연하다'의 어근
⑤ • 옹색(壅塞) : 형편이 넉넉하지 못하여 생활에 필요한 것이 없거나 부족함 또는 그런 형편
　• 윤택(潤澤) : 살림이 넉넉함

25 　정답 ②

갤런(gal), 배럴(bbl), 온스(oz)는 '부피'를 나타내는 단위이다.

26 　정답 ⑤

'사상누각(沙上樓閣)'은 '모래 위에 세워진 누각'이라는 뜻으로, 기초가 튼튼하지 못하면 곧 무너짐을 이르는 말이다. 따라서 빈칸에 들어갈 한자성어로 가장 적절한 것은 ⑤이다.

오답분석

① 혼정신성(昏定晨省) : '밤에는 부모의 잠자리를 보아 드리고 이른 아침에는 부모의 안부를 여쭈어 본다.'는 뜻으로, 부모님께 효성을 다하는 모습을 이르는 말
② 표리부동(表裏不同) : 겉으로 드러나는 언행과 속으로 가지는 생각이 다름을 이르는 말
③ 철저성침(鐵杵成針) : '철 절굿공이로 바늘을 만든다.'는 뜻으로, 아주 오래 노력하면 성공함을 이르는 말
④ 격화소양(隔靴搔癢) : '신을 신고 발바닥을 긁는다.'는 뜻으로, 성에 차지 않거나 철저하지 못한 안타까움을 이르는 말

27 　정답 ②

간부 A ~ D의 만기 시 월 이자 금액을 구하면 다음과 같다.

• A : $30 \times (0.031 + 0.03 + 0.002) \div 12 = \dfrac{1.89}{12}$ 만 원

• B : $50 \times 0.031 = \dfrac{1.55}{12}$ 만 원

• C : $20 \times (0.031 + 0.002 + 0.002 + 0.002) \div 12 = \dfrac{0.74}{12}$ 만 원

• D : $40 \times (0.031 + 0.03 + 0.002 + 0.001 + 0.002) = \dfrac{2.64}{12}$ 만 원

따라서 월 이자 금액이 가장 적은 사람부터 순서대로 나열하면 C − B − A − D이다.

28 　정답 ③

간부 A ~ D의 만기 시 원리합계를 구하면 다음과 같다.
• A : 매월 30만 원씩 입금하였고 만기 시 연 이율이 6.3%이므로

$$\dfrac{30 \times \left(1 + \dfrac{0.063}{12}\right) \times \left\{\left(1 + \dfrac{0.063}{12}\right)^{24} - 1\right\}}{\left(1 + \dfrac{0.063}{12}\right) - 1} = \dfrac{30 \times (12 + 0.063) \times (1.133 - 1)}{0.063} = 763.99 \text{만 원}$$

• B : 매월 50만 원씩 입금하였고 만기 시 연 이율이 3.1%이므로

$$\dfrac{50 \times \left(1 + \dfrac{0.031}{12}\right) \times \left\{\left(1 + \dfrac{0.031}{12}\right)^{24} - 1\right\}}{\left(1 + \dfrac{0.031}{12}\right) - 1} = \dfrac{50 \times (12 + 0.031) \times (1.064 - 1)}{0.031} ≒ 1,241.91 \text{만 원}$$

- C : 매월 20만 원씩 입금하였고 만기 시 연 이율이 3.7%이므로

$$\frac{20 \times \left(1 + \frac{0.037}{12}\right) \times \left\{\left(1 + \frac{0.037}{12}\right)^{24} - 1\right\}}{\left(1 + \frac{0.037}{12}\right) - 1} = \frac{20 \times (12 + 0.037) \times (1.077 - 1)}{0.037} = 501만 원$$

- D : 매월 40만 원씩 입금하였고 만기 시 연 이율이 6.6%이므로

$$\frac{40 \times \left(1 + \frac{0.066}{12}\right) \times \left\{\left(1 + \frac{0.066}{12}\right)^{24} - 1\right\}}{\left(1 + \frac{0.066}{12}\right) - 1} = \frac{40 \times (12 + 0.066) \times (1.141 - 1)}{0.066} = 1,031.09만 원$$

29 정답 ②

제시문에 따르면 농업은 과학 기술의 발전성과를 수용하여 새로운 상품과 시장을 창출할 수 있는 잠재적 가치를 가지고 있으므로, 농업의 성장을 위해서는 과학 기술의 문제점을 성찰하기보다는 과학 기술을 어떻게 활용할 수 있는지를 고민해보는 것이 적절하다. 따라서 과학 기술의 문제점을 성찰해야 한다는 내용은 적절하지 않다.

30 정답 ⑤

마지막 문단에 따르면 '라이헨바흐는 자연이 일양적일 수도 있고 그렇지 않을 수도 있음을 전제'하며, '자연이 일양적인지 그렇지 않은지 알 수 없는 상황에서는 귀납을 사용하는 것이 옳은 선택'이라고 한다. 그러나 귀납이 현실적으로 옳은 추론 방법임을 밝히기 위해 자연의 일양성이 선험적 지식임을 증명하고 있는 것은 아니다.

오답분석
① 라이헨바흐는 '어떤 방법도 체계적으로 미래 예측에 계속해서 성공할 수 없다는 논리적 판단을 통해 귀납은 최소한 다른 방법보다 나쁘지 않은 추론'이라고 확언한다. 하지만 이것은 귀납의 논리적 허점을 현실적 차원에서 해소하려는 것이며, 논리적 허점을 완전히 극복한 것은 아니라는 점에서 비판의 여지가 있다.
② 라이헨바흐는 '귀납의 정당화 문제로부터 과학의 방법인 귀납을 옹호하기 위해 현실적 구제책'을 제시한다. 이것은 귀납이 과학의 방법으로 사용될 수 있음을 지지하려는 것이다.
③ 라이헨바흐는 '자연이 일양적일 경우, 우리의 경험에 따라 귀납이 점성술이나 예언 등의 다른 방법보다 성공적인 방법이라고 판단'하며, '자연이 일양적이지 않다면, 어떤 방법도 체계적으로 미래 예측에 계속해서 성공할 수 없다는 논리적 판단을 통해 귀납은 최소한 다른 방법보다 나쁘지 않은 추론'이라고 확언한다. 따라서 라이헨바흐가 귀납과 다른 방법을 비교하기 위해 경험적 판단과 논리적 판단을 활용했음을 알 수 있다.
④ 라이헨바흐는 '자연이 일양적인지 그렇지 않은지 알 수 없는 상황에서는 귀납을 사용하는 것이 옳은 선택'이라고 본다. 따라서 라이헨바흐는 귀납과 견주어 미래 예측에 더 성공적인 방법이 없다는 판단을 근거로 귀납의 가치를 보여 주고 있다.

31 정답 ③

제시문은 애그테크의 정의와 효과, 적용되는 기술을 설명하는 글이다. 그러므로 애그테크에 대한 정의인 (다) 문단이 가장 앞으로 와야 하고, 이어서 애그테크의 효과에 대한 (가) 문단이 와야 한다. 이후 애그테크에 적용되는 다양한 기술을 설명한 (나) 문단이 배치되어야 하고, 결론인 (라) 문단이 배치되어야 한다. 따라서 (다) - (가) - (나) - (라) 순으로 나열하는 것이 적절하다.

32 정답 ①

보기는 기존의 쌀 소득보전 직불제의 도입 배경과 한계점에 대한 내용이다. 공익직불제는 쌀 과잉공급 등 기존 직불제의 한계점을 해결하기 위해 시행된 제도이므로 보기의 문단이 들어갈 위치로 가장 적절한 곳은 (가)이다.

33 정답 ③

네 번째 문단에 따르면 각 지자체는 정부 광고매체를 활용해 모금할 수 있지만, 지자체가 주최·주관·후원하는 행사에서 권유·독려를 금지하고 있으며 이를 위반했을 경우 최대 8개월까지 기부금 모금이 제한된다.

오답분석
① 기부자는 주민등록증·운전면허증 등 신분증을 가지고 농협 근무시간에 방문하여 현장에서 기부할 수 있다.
② 고향사랑e음은 국세청 연말정산시스템과 연계하여 자동으로 세액공제 혜택을 받을 수 있다.
④ 고향사랑e음을 통해 기부 시 기부금의 30%를 포인트로 받아 원하는 시기에 원하는 답례품을 선택할 수 있다.

34 정답 ②

제시문은 새마을금고중앙회가 대포통장 근절을 통해 보이스피싱 예방에 성과를 거두고 있음을 이야기하고, 구체적인 통계 수치를 통해 그에 대한 설명을 하고 있다.

오답분석
① 대포통장이 보이스피싱의 주요한 수단으로 사용되고 있다는 내용은 적절하지만, 전체 내용을 아우르는 제목으로 보기는 어렵다.
③ 새마을금고중앙회가 피해·사기계좌에 대한 모니터링을 통해 보이스피싱 피해를 예방하고 금융사기를 사전에 차단하고 있다는 내용은 제시되어 있지만, 금융사기 피해자를 지원하는 내용은 언급되지 않았다.
④ 사기계좌에 대한 지속적인 모니터링을 촉구하는 내용은 제시되지 않았다.

35 정답 ③

제시문은 스마트시티 프로젝트의 핵심 과제와 주요 연구과제, 도시관리 데이터의 빅데이터 시스템 구축, 지능형 통합 의사결정 시스템 등의 과제를 설명하고 있다. 그리고 프로젝트가 차질없이 수행될 경우 발생하는 에너지 절감, 신산업 생태계 조성, 다양한 스마트 솔루션 개발 등의 효과를 설명하는 것으로 볼 때, ③이 제목으로 가장 적절하다.

36 정답 ④

스마트시티 프로젝트로 다양한 스마트 솔루션이 개발되고 이를 통해 일자리 창출 및 국내 경제 활성화에 기여할 수 있을 것으로 예상된다.

오답분석
① 스마트시티 프로젝트의 과제로는 교통사고, 범죄, 응급의료 등 도시 내 각종 위험에 대한 위기대응 통합 솔루션 개발이 있다.
② 공공 분야에서는 교통정체, 사고 등 도시 내 각종 상황을 실시간으로 감지·분석하고 도시 빅데이터에 기반해 의사결정 전 과정을 지원하는 '지능형 통합 의사결정 시스템'을 개발해 공공서비스 질을 향상시킬 방침이다.
③ 스마트시티 프로젝트가 차질 없이 수행되면 도시 개별 인프라 간 연계·통합 등으로 상호 시너지가 발생해 각종 도시 관리 효율성이 15% 이상 향상될 것으로 전망된다.

37 정답 ③

한국 경찰청 국가수사본부 사이버수사국에서 유엔 범죄예방 및 형사사법위원회 정기회의에 참석해 발표한 내용은 금품요구 악성 프로그램 유포사범 검거와 관련된 사례이다. 발표를 담당한 경사가 사이버 성범죄의 가해자를 검거하여 유엔 마약·범죄 사무소, 동남아시아 가상자산 실무자 회의에서 발표한 이력이 있다는 내용이 제시되어 있지만, 이는 부가적인 설명이므로 제시문을 읽고 알 수 있는 내용으로 적절하지 않다.

오답분석
① 제시문의 두 번째 문단을 통해 파악할 수 있다.
② 제시문의 첫 번째 문단을 통해 파악할 수 있다.
④ 제시문의 마지막 문단을 통해 파악할 수 있다.

38 정답 ③

주어진 조건을 정리하면 다음과 같다.
- 첫 번째 조건 : B부장의 자리는 출입문과 가장 먼 10번 자리에 배치된다.
- 두 번째 조건 : C대리와 D과장은 마주봐야 하므로 2·7번 또는 4·9번 자리에 앉을 수 있다.
- 세 번째 조건 : E차장은 B부장과 마주보거나 옆자리이므로 5번과 9번에 배치될 수 있지만, 다섯 번째 조건에 따라 옆자리가 비어있어야 하므로 5번 자리에 배치된다.
- 네 번째 조건 : C대리는 A사원 옆자리에 앉아야 하므로 7번과 9번에 배치될 수 있다.
- 다섯 번째 조건 : E차장 옆자리는 공석이므로 4번 자리는 아무도 앉을 수가 없으며 앞선 조건에 따라 C대리는 7번 자리에 앉고, D과장은 2번 자리에 앉아야 한다.
- 일곱 번째 조건 : 과장끼리 마주보거나 나란히 앉을 수 없으므로 G과장은 3번 자리에 앉을 수 없고, 6번과 9번에 앉을 수 있다.
- 여섯 번째 조건 : F대리는 마주보는 자리에 아무도 앉지 않아야 하므로 9번 자리에 배치되어야 하고 G과장은 6번 자리에 앉아야 한다.

따라서 주어진 조건에 맞게 자리배치를 정리하면 다음과 같다.

출입문				
1 – 신입사원	2 – D과장	×	×	5 – E차장
6 – G과장	7 – C대리	8 – A사원	9 – F대리	10 – B부장

39 정답 ②

$$℃=\frac{5}{9}(℉-32) \rightarrow ℉=\frac{9}{5}×℃+32 \rightarrow ℉=\frac{9}{5}×30+32=86℉$$

40 정답 ②

중도상환수수료는 (중도상환금액)×(중도상환수수료율)×(잔여기간)÷(대출기간)이므로, 이를 계산하면 다음과 같다.

$$80,000,000×0.025×\frac{24}{48}=1,000,000원$$

41 정답 ①

각각의 경우의 수를 구하면 다음과 같다.
- 2개의 주사위를 던지는 경우의 수 : 6×6=36가지
- 나온 눈의 곱이 홀수인 경우(홀수×홀수)의 수 : 3×3=9가지

따라서 두 주사위의 눈의 곱이 홀수일 확률은 $\frac{9}{36}=\frac{1}{4}$ 이다.

42 정답 ①

상품 정보에 따라 B주임과 C과장의 만기환급금을 계산하면 다음과 같다.
- B주임 : $30×36+30×\dfrac{36×37}{2}×\dfrac{0.024}{12}=1,119.96$만 원

- C과장 : $25×\dfrac{(1.02)^{\frac{25}{12}}-(1.02)^{\frac{1}{12}}}{(1.02)^{\frac{1}{12}}-1}=25×\dfrac{1.04-1.001}{0.001}=975$만 원

43 정답 ④

제시되어 있는 환전 수수료 공식을 A씨가 신청한 달러 및 유로에 적용하면 다음과 같다.

- 달러 : $(1,300-1,100)\times(1-0.7)\times660=39,600$원
- 유로 : $(1,520-1,450)\times(1-0.5)\times550=19,250$원

따라서 A씨가 내야 할 총환전 수수료는 $39,600+19,250=58,850$원이다.

44 정답 ③

'어찌 된'의 뜻을 나타내는 관형사는 '웬'이므로, '어찌 된 일로'라는 함의를 가진 '웬일'이 맞는 말이다.

오답분석

① 메다 : 어떤 감정이 북받쳐 목소리가 잘 나지 않다.
② 치다꺼리 : 남의 자잘한 일을 보살펴서 도와줌
④ 베다 : 날이 있는 연장 따위로 무엇을 끊거나 자르다.

45 정답 ④

먹고 난 뒤의 그릇을 씻어 정리하는 일을 뜻하는 단어는 '설거지'이다.

오답분석

① ~로서 : 지위나 신분 또는 자격을 나타내는 격 조사
② 왠지 : 왜 그런지 모르게. 또는 뚜렷한 이유도 없이
③ 드러나다 : 가려 있거나 보이지 않던 것이 보이게 되다.

46 정답 ①

보기는 결국 쟁점이 되고 있는 두 입장에서 (나)의 손을 들어준 것이다. (나)의 기본 입장은 인간의 배아 연구는 많은 위험성을 내포하고 있기에 반대한다는 것이다. 이러한 입장에 따르면 앞으로 생명 공학 분야의 발전에는 상당한 제약이 따를 것이라 예상할 수 있으므로 국가 경쟁력이 강화된다는 반응은 적절하지 않다.

47 정답 ③

제시문은 모바일 앱 서비스인 'MG더뱅킹기업'의 출시에 대한 기사로서 앱의 주요 특징과 제공하는 서비스에 대해 간략히 소개하고 있다. 따라서 주제로 가장 적절한 것은 ③이다.

48 정답 ③

중앙은행은 기준금리를 통해 경기 변동에 따른 위험을 완화하고 금융시장의 원활한 운영을 돕는 역할을 수행한다.

오답분석

① 경제가 성장하고 인플레이션이 심해지면 중앙은행은 기준금리 인상을 통해 소비와 투자를 저하시켜 경기 과열을 억제한다.
② 중앙은행이 기준금리를 인상하면 자금이 제한되고 대출이 어려워지므로 소비와 투자를 저하시킨다.
④ 기준금리 설정 시에는 인플레이션 목표율 경제 성장률 등 다양한 요소를 고려해야 하므로 이 중 어느 하나가 가장 중요한 요인이라고 할 수 없다.

49 정답 ③

C는 S사의 이익과 자사의 이익 모두를 고려하여 서로 원만한 합의점을 찾고 있다. 따라서 가장 바르게 협상한 사람은 C이다.

오답분석

① S사의 협상당사자는 현재 가격에서는 불가능하다고 한계점을 정했지만, A의 대답은 설정한 목표와 한계에서 벗어나는 요구이므로 바르게 협상한 것이 아니다.

② B는 합의점을 찾기보다는 자사의 특정 입장만 고집하고 있다. 따라서 바르게 협상한 것이 아니다.

④ D는 상대방의 상황에 대해서 지나친 염려를 하고 있다. 따라서 바르게 협상한 것이 아니다.

50 정답 ①

제시문은 아리스토텔레스의 목적론에 대한 논쟁을 설명하는 글이다. (가) 근대에 등장한 아리스토텔레스의 목적론에 대한 비판 – (나) 근대 사상가들의 구체적인 비판 – (라) 근대 사상가들의 비판에 대한 반박 – (다) 근대 사상가들의 비판에 대한 현대 학자들의 비판 순으로 나열되는 것이 적절하다.

51 정답 ④

제시문은 임베디드 금융에 대한 정의, 장점 및 단점 그리고 이에 대한 개선 방안을 설명하는 글이다. 따라서 (라) 임베디드 금융의 정의 – (나) 임베디드 금융의 장점 – (다) 임베디드 금융의 단점 – (가) 단점에 대한 개선 방안 순으로 나열되는 것이 적절하다.

52 정답 ③

지로 / 공과금 자동이체 우대금리 조건을 보면 반드시 본인 명의의 입출금식 통장에서 지로 / 공과금 자동이체 실적이 3개월 이상이어야 한다.

오답분석

① 매월 납입한도는 100만 원 이하이고 계약기간은 1년제이므로 신규금액을 제외한 최대 납입 가능 금액은 $100 \times 12 = 1,200$만 원이다.

② 에너지 절감 우대금리 적용을 위해 "아파트아이"에 회원가입을 해야 하며, 주소변경 시 아파트아이에서 주소변경을 완료해야 하므로 해당 사이트의 계정이 필요하다.

④ 최대 이율을 적용받는 사람의 금리는 약정이율에 우대금리를 더한 값인 $3.0 + 4.0 = 7.0\%$이다. 하지만 중도해지 시에는 우대금리가 적용되지 않으므로 납입기간 50%를 경과하고 중도해지할 경우 적용받는 금리는 $3.0 \times 0.4 = 1.2\%$이다. 따라서 중도해지 시 적용받는 금리는 이전보다 $7.0 - 1.2 = 5.8\%$p 적다.

53 정답 ④

먼저 A고객이 적용받는 우대금리를 계산하면 다음과 같다.

• 적금가입월(22.5)부터 10개월 동안(23.2 이내) 적금가입월의 전기사용량(kWh) 대비 월별 전기사용량(kWh)이 절감된 횟수는 22년 6월, 9월, 10월과 23년 2월로 총 4회이므로 적용되는 우대금리는 연 1.0%p이다.

• 최초거래고객 우대금리 요건을 만족하므로 적용되는 우대금리는 1.0%p이다.

• 지로 / 공과금 자동이체 우대금리 요건을 만족하므로 적용되는 우대금리는 1.0%p이다.

이에 A고객이 적용받는 우대금리는 총 3%p이고 A고객은 만기해지 하였으므로 계약기간 동안 적용되는 금리는 약정이율에 우대금리를 더한 값인 $3 + 3 = 6\%$이다. 그러므로 가입금액에 따른 이자를 계산하면 다음과 같다.

- 최초 납입금액 : 30만×6%=18,000원

- 추가 납입금액 : 70만×6%×$\frac{6}{12}$=21,000원

- 만기 후 이율 : 100만×3%×30%×$\frac{6}{12}$=4,500원(만기일 경과 6개월 이후 해지)

따라서 A고객이 지급받을 이자는 18,000+21,000+4,500=43,500원이다.

54 정답 ③

- 자택에서 인근 지하철역까지 도보로 가는 데 걸리는 시간 : 3분
- 지하철역에서 환승역까지 가는 데 걸리는 시간 : 2×2=4분
- 환승하는 데 걸리는 시간 : 2분
- 환승역에서 사무실 인근 지하철역까지 가는 데 걸리는 시간 : 2×4=8분
- 인근 지하철역에서 사무실까지 도보로 가는 데 걸리는 시간 : 2분

따라서 김대리가 지하철을 타고 자택에서부터 사무실을 갈 때 걸리는 시간은 3+4+2+8+2=19분이다.

55 정답 ②

- 버스의 편도 이동시간 : 1+(4×4)+3=20분
- 지하철의 편도 이동시간 : 3+(2×2)+2+(2×4)+2=19분
- 자가용의 이동시간 : 19+2=21분

따라서 편도 이동시간이 가장 짧은 이동수단을 순서대로 바르게 나열하면 '지하철 – 버스 – 자가용'이다.

56 정답 ③

정규근로시간 외에 초과근무가 있는 날의 시간외근무시간을 구하면 다음과 같다.

근무 요일	초과근무시간			1시간 공제
	조기출근	야근	합계	
1 ~ 15일	–	–	–	770분
18일(월)	–	70분	70분	10분
20일(수)	60분	20분	80분	20분
21일(목)	30분	70분	100분	40분
25일(월)	60분	90분	150분	90분
26일(화)	30분	160분	190분	130분
27일(수)	30분	100분	130분	70분
합계	–	–	–	1,130분

∴ 1,130분=18시간 50분

따라서 월 단위 계산 시 1시간 미만은 절사하므로 시간외근무수당은 7,000원×18시간=126,000원이다.

57 정답 ③

레저업종 카드사용 실적인정 기준 중 3번째 조건에 따르면 당일자, 당일가맹점 사용실적은 건수는 최대 1회, 금액은 최대금액 1건이 인정된다고 하였다. 따라서 당일에 동일 가맹점에서 나눠서 결정하더라도 그 횟수는 1회만 반영되고, 그 금액도 가장 큰 금액 1건만 반영된다. 그러므로 한 번에 결제하는 것이 우대금리 적용에 더 유리하다.

① 제시된 상품에서 적용 가능한 최대금리는 계약기간이 최대이며 우대금리를 만족한 3.65+2.4=6.05%이고 최저금리는 계약기간이 최소이며 우대금리를 적용받지 못한 3.40%이다. 따라서 만기해지 시 상품에서 적용 가능한 최대금리와 최저금리의 차이는 6.05−3.40=2.65%p이다.

② '우대금리' 항목에 따르면 금액 조건은 온누리상품권 구매금액과 레저업종 카드사용금액 모두 포함되는 반면, 건수 조건에는 레저업종 카드사용금액만 포함된다. 따라서 우대금리 적용에 있어서는 온누리상품권을 구입하는 것보다는 레저업종에 카드를 사용하는 것이 더 유리하다.

④ 계약기간별 만기 후 1개월 이내 해지 시 적용되는 만기 후 이율과 6개월 초과 후 적용되는 이율은 다음 표와 같다.

계약기간	만기 후 이율		이율 차
	1개월 이내 해지	6개월 초과 해지	
1년제	3.4×0.5=1.7%	3.4×0.2=0.68%	1.7−0.68=1.02%p
2년제	3.5×0.5=1.75%	3.5×0.2=0.7%	1.75−0.7=1.05%p
3년제	3.65×0.5=1.825%	3.65×0.2=0.73%	1.825−0.73=1.095%p

따라서 제시된 자료와 일치하는 설명이다.

58 정답 ④

A고객의 계약기간은 2년이므로 적용되는 약정이율은 3.50%이다. 우대금리 적용을 위해 금액 조건을 계산하면 다음과 같다.
- 매 짝수 월 초 30만 원 헬스클럽 결제 : 30×12=360만 원
- 매월 초 20만 원 골프연습장 결제 : 20×24=480만 원
- 매 연말 본인 명의 온누리상품권 100만 원 구매 : 200만 원 인정
- 매 연초 가족 명의 온누리상품권 100만 원 구매 : 본인 명의가 아니므로 불인정
- 매년 3, 6, 9, 12월 월말 수영장 이용료 30만 원 결제 : 30×8=240만 원

따라서 총이용금액은 1,280만 원이고, 이를 평균하여 계산하면 월 결제금액은 1,280÷24≒53.3만 원이므로 우대금리는 1.70%p가 적용된다. 따라서 납입금액별 금리는 다음과 같다.

- 최초 납입금액 : $50만×(3.5+1.7)\%×\frac{24}{12}=52,000원$

- 추가 납입금액(21.8.1) : $100만×(3.5+1.7)\%×\frac{12}{12}=52,000원$

- 추가 납입금액(22.2.1) : $100만×(3.5+1.7)\%×\frac{6}{12}=26,000원$

- 만기 후 금리 : $250만×(3.5×0.3)\%×\frac{3}{12}=6,562.5원$

따라서 A고객이 지급받을 총금리에서 10원 미만을 절사하면 136,560원이다.

59 정답 ④

규정에 따르면 여비를 운임·숙박비·식비·일비로 구분하고 있다.
- 운임 : 철도·선박·항공운임에 대해서만 지급한다고 규정하고 있으므로, 버스 또는 택시요금에 대해서는 지급하지 않는다. 따라서 철도운임만 지급되며 일반실 기준으로 실비로 지급하므로 여비는 43,000+43,000=86,000원이다.
- 숙박비 : 1박당 실비로 지급하되, 그 상한액은 40,000원이다. 그러나 출장기간이 2일 이상인 경우에는 출장기간 전체의 총액한도 내에서 실비로 지급한다고 하였으므로, 3일간의 숙박비는 총 120,000원 내에서 실비가 지급된다. 따라서 B과장이 지출한 숙박비 45,000+30,000+35,000=110,000원 모두 여비로 지급된다.
- 식비 : 1일당 20,000원으로 여행일수에 따라 지급된다. 총 4일이므로 80,000원이 지급된다.
- 일비 : 1인당 20,000원으로 여행일수에 따라 지급된다. 총 4일이므로 80,000원이 지급된다.

따라서 B과장이 정산받은 여비의 총액은 86,000+110,000+80,000+80,000=356,000원이다.

60 정답 ③

- 5월 3일 지인에게 1,000만 원을 달러로 송금
  1,000만 원÷1,140.20=8,770달러(∵ 소수점 절사, 환전수수료 없음)
- 5월 20일 지인으로부터 투자수익률 10%와 원금을 받음
  8,770×(1+0.1)=9,647달러
- 5월 20일 환전함
  9,647×1,191.50≒11,494,400원(∵ 소수점 절사, 환전수수료 없음)
- 투자수익률 계산
  $$\frac{11,494,400-10,000,000}{10,000,000}\times100≒15\%$$

따라서 K씨는 약 15%의 투자수익을 달성하였다.

01	02	03	04	05	06	07	08	09	10	11	12	13	14	15	16	17	18	19	20
③	①	②	④	⑤	③	⑤	④	③	②	③	④	③	①	③	④	④	②	②	③
21	22	23	24	25	26	27	28	29	30	31	32	33	34	35	36	37	38	39	40
①	④	③	②	②	④	③	④	②	①	③	②	④	④	①	④	②	④	②	①
41	42	43	44	45	46	47	48	49	50										
③	①	①	②	①	①	④	③	②	③										

01 정답 ③

질소가 무조건 많이 함유된 것이 좋은 비료가 아니라 탄소와 질소의 비율이 잘 맞는 것이 중요하다.

오답분석

① 커피박을 이용해서 비료를 만들면 커피박을 폐기하는 데 필요한 비용을 절약할 수 있기 때문에 경제적으로도 이득이라고 할 수 있다.

② 비료에서 중요한 요소로 질소를 언급하고 있고, 유기 비료이기 때문에 유기물의 함량 또한 중요하다. 그리고 본문에서도 질소와 유기물 함량을 분석하고 있기에 중요한 고려 요소라고 할 수 있다.

④ 비료를 만드는 데 발생하는 열로 유해 미생물을 죽일 수 있다고 언급하였다.

⑤ 부재료로 언급된 것 중에서 한약재 찌꺼기가 가장 질소 함량이 높다고 하였다.

02 정답 ①

B는 보이스피싱 범죄의 확산에 대한 일차적 책임이 개인에게 있다고 했으며, C는 개인과 정부 모두에게 있다고 말하였다.

오답분석

② B는 개인의 부주의함으로 인한 사고를 은행이 책임지는 것은 문제가 있다고 말하며 책임질 수 없다는 의견을 냈고, C는 은행의 입장에 대해 언급하지 않았다.

③ B는 근본적 해결을 위해 개인의 역할, C는 정부의 역할을 강조하고 있다.

④ B는 제도적인 방안의 보완에 대해서는 언급하고 있지 않으며, C는 정부의 근본적인 해결책 마련을 촉구하고 있다.

⑤ B와 C는 개인에게 보이스피싱 범죄 확산에 대한 책임이 있다는 것에 동의하지만, 정부와 은행의 책임에 대해서는 의견이 다르다.

03 정답 ②

제시문에 있는 수출가격을 구하는 계산식을 통해 확인할 수 있다. 환율이 1,000원/$일 때 국내 시장에서 가격이 1만 원인 국산품의 수출가격이 $10라면, 환율이 상승해 2,000원/$일 경우, 수출가격은 $5가 된다.

오답분석

① 수입 증가는 환율 상승의 원인으로 볼 수 있다.

③ 외국인들의 한국 여행은 환율 하락의 원인으로 작용한다.

④ 제시문에 있는 수입가격을 구하는 계산식을 통해 확인할 수 있다. 환율이 1,000원/$일 때 국제 시장에서 가격이 $100인 수입품의 수입가격이 100,000원이라면 환율이 900원/$일 때 90,000원이 된다. 따라서 환율이 하락하면 수입가격도 하락한다.

⑤ 외화를 많이 보유하게 되면 환율이 하락하면서 우리 돈의 가치가 증가한다고 볼 수 있다.

04 정답 ④

JJ은행의 당기순이익 대비 사회공헌금액 비중은 13.5%로 N은행의 12.2%보다 높다.

오답분석

① 5대 시중은행 중 N은행을 제외하고 당기순이익 대비 사회공헌금액 비중이 가장 높은 은행은 S은행이며 그 비중은 6.7%이다.
② 제시문은 전국은행연합회의 사회공헌활동 보고서를 기초로 분석한 결과에 대한 기사이다.
③ 5대 시중은행 중 사회공헌금액이 가장 작은 W은행의 액수는 1,354억 원이다.
⑤ 2019 ~ 2021년 중 사회공헌금액이 가장 많았던 해는 2019년이다.

05 정답 ⑤

신용등급이 6등급인 L씨가 대출을 받을 경우 기준금리는 8.99%이고, 대출 후에 매월 원금에 대한 이자를 납입하고 최종 상환일에 원금을 납입하는 방법인 만기 일시상환 방법으로 대출을 하였으므로 첫 달에 지불하는 상환액은 5백만 원에 대한 이자만 지불하면 된다.

따라서 총대출이자는 $5,000,000 \times 0.0899 \times \dfrac{6}{12} = 224,750$원이며, 첫 달에 지불하는 상환액은 $224,750 \div 6 ≒ 37,458$원이다.

06 정답 ③

2018 ~ 2021년 가계대출과 기업대출의 전년 대비 증가액은 다음 표와 같다.

(단위 : 조 원)

구분	2018년	2019년	2020년	2021년
가계대출	583.6−535.7=47.9	620−583.6=36.4	647.6−620=27.6	655.7−647.6=8.1
기업대출	546.4−537.6=8.8	568.4−546.4=22	587.3−568.4=18.9	610.4−587.3=23.1

따라서 2021년도 기업대출의 전년 대비 증가액은 가계대출 증가액보다 높다.

오답분석

① 2017년 대비 2021년 부동산담보대출 증가율은 $\dfrac{341.2-232.8}{232.8} \times 100 ≒ 46.6\%$이며, 가계대출 증가율은 $\dfrac{655.7-535.7}{535.7} \times 100 ≒$ 22.4%이므로 부동산담보대출 증가율이 가계대출 증가율보다 더 높다.

② 주택담보대출이 세 번째로 높은 연도는 2019년이며, 이때 부동산담보대출(284.4조 원)이 기업대출의 50%인 $\dfrac{568.4}{2} = 284.2$조 원보다 많다.

④ 2015년도 은행대출은 459+462=921조 원이며, 2018년 은행대출은 583.6+546.4=1,130조 원이므로 2015년도의 은행대출은 2018년도 은행대출의 $\dfrac{921}{1,130} \times 100 ≒ 81.5\%$를 차지한다.

⑤ 2014 ~ 2021년 동안 전년 대비 주택담보대출이 가장 많이 증가한 해는 2017년이다.

(단위 : 조 원)

구분	2014년	2015년	2016년	2017년
증가액	300.9−279.7=21.2	309.3−300.9=8.4	343.7−309.3=34.4	382.6−343.7=38.9
구분	2018년	2019년	2020년	2021년
증가액	411.5−382.6=28.9	437.2−411.5=25.7	448−437.2=10.8	460.1−448=12.1

07 정답 ⑤

기업 대표이지만 VIP이므로 고객구분은 ㄷ, 대출신청을 하였으므로 업무는 Y, 업무내용은 B가 적절하며, 접수창구는 VIP실인 00번이 된다.

08 정답 ④

- A, B : 대출상담과 대출신청을 나타내는 코드
- Y : 대부계 업무를 나타내는 코드
- ㄴ : 기업고객을 나타내는 코드
- 04 : 4번 창구를 나타내는 코드

09 정답 ③

if(i%4==0)에서, i가 4의 배수일 때, sum=sum+1이 수행된다.
i가 1부터 110까지 1씩 증가 될 때 4의 배수가 나오면 sum에 +1이 되기 때문에 110 이하의 4의 배수의 개수를 구하면 sum을 알 수 있다.
∴ 110÷4=27

10 정답 ②

제시문은 음악을 쉽게 복제할 수 있는 환경을 비판하는 시각에 대하여 반박하며 미래에 대한 기대를 나타내는 내용을 담고 있다. 따라서 (다) 음악을 쉽게 변모시킬 수 있게 된 환경의 도래 – (가) 음악 복제에 대한 비판적인 시선의 등장 – (라) 이를 반박하는 복제품 음악의 의의 – (나) 복제품으로 새롭게 등장한 전통에 대한 기대의 순서대로 연결하는 것이 적절하다.

11 정답 ③

ⓒ 2018 ~ 2020년에 사망자 수는 1,850명 → 1,817명 → 1,558명으로 감소하고 있고, 부상자 수는 11,840명 → 12,956명 → 13,940명으로 증가하고 있다.

ⓔ 각 연도의 검거율을 구하면 다음과 같다.

- 2017년 : $\frac{12,606}{15,280} \times 100 = 82.5\%$
- 2018년 : $\frac{12,728}{14,800} \times 100 = 86\%$
- 2019년 : $\frac{13,667}{15,800} \times 100 = 86.5\%$
- 2020년 : $\frac{14,350}{16,400} \times 100 = 87.5\%$

따라서 검거율은 매년 높아지고 있다.

오답분석

ⓐ 사고건수는 2018년까지 감소하다가 2019년부터 증가하고 있고, 검거 수는 매년 증가하고 있다.

ⓑ 2018년과 2019년의 사망률 및 부상률은 다음과 같다.

- 2018년 사망률 : $\frac{1,850}{14,800} \times 100 = 12.5\%$, 부상률 : $\frac{11,840}{14,800} \times 100 = 80\%$
- 2019년 사망률 : $\frac{1,817}{15,800} \times 100 = 11.5\%$, 부상률 : $\frac{12,956}{15,800} \times 100 = 82\%$

따라서 사망률은 2018년이 더 높지만 부상률은 2019년이 더 높다.

12 정답 ④

한 분야의 모든 사람이 한 팀에 들어갈 수는 없다는 조건이 있으므로 가와 나는 한 팀이 될 수 없다.

오답분석

① 갑과 을이 한 팀이 되는 것과 상관없이 한 분야의 모든 사람이 한 팀에 들어갈 수는 없기 때문에 가와 나는 반드시 다른 팀이어야 한다.
② 두 팀에 남녀가 각각 2명씩 들어갈 수도 있지만 (남자 셋, 여자 하나), (여자 셋, 남자 하나)의 경우도 있다.
③ a와 c는 성별이 다르기 때문에 같은 팀에 들어갈 수 있다.
⑤ 주어진 조건에 따라 배치하면, c와 갑이 한 팀이 되면 한 팀의 인원이 5명이 된다.

13 정답 ③

시행기업당 참여직원 수를 구하면 다음과 같다.

- 2018년 : $\frac{3,197}{2,079} ≒ 1.54$명
- 2019년 : $\frac{5,517}{2,802} ≒ 1.97$명
- 2020년 : $\frac{10,869}{5,764} ≒ 1.89$명
- 2021년 : $\frac{21,530}{7,686} ≒ 2.80$명

따라서 시행기업당 참여직원 수가 가장 많은 해는 2021년이다.

오답분석

① 직접 계산을 하지 않고 눈으로도 판단이 가능한 선택지이다. 2019년 이후 전년보다 참여직원 수가 가장 많이 증가한 해는 2021년인 반면, 시행기업 수가 가장 많이 증가한 해는 2020년이므로 둘은 동일하지 않다.
② 2021년 남성육아휴직제 참여직원 수는 21,530명이며, 2018년은 3,197명이므로 2021년의 참여직원 수는 2018년의 약 6.7배이다.
④ 2021년 시행기업 수의 2019년 대비 증가율은 $\frac{7,686-2,802}{2,802}×100 ≒ 174.30\%$이고, 참여직원 수의 증가율은 $\frac{21,530-5,517}{5,517}×100 ≒ 290.25\%$이므로 시행기업 수 증가율이 더 낮다.
⑤ 2021년 참여직원 수는 2018년 대비 18,333명 증가하였으므로 3년간 증가인원의 평균은 6,111명으로 6,000명을 넘는다.

14 정답 ①

인맥을 활용하면 각종 정보와 정보의 소스를 주변 사람으로부터 획득할 수 있다. 또한 '나' 자신의 인간관계나 생활에 대해서 알 수 있으며, 이로 인해 자신의 인생에 탄력을 불어넣을 수 있다. 게다가 주변 사람들의 참신한 아이디어를 통해 자신만의 사업을 시작할 수도 있다. 따라서 A사원의 메모는 모두 옳은 내용이다.

15 정답 ③

일반적으로 사탕을 선물하는 화이트데이에 사탕 대신 꽃을 선물하도록 하여 침체된 화훼농가를 돕고자 하는 농협의 '화(花)이트데이'에 대한 기사 내용이므로 제목으로 ③이 적절하다.

16 정답 ④

㉠ 탐색형 문제는 현재의 상황을 개선하거나 효율을 높이기 위한 문제이다. 눈에 보이지 않는 문제로, 이를 방치하면 뒤에 큰 손실이 따르거나 결국 해결할 수 없는 문제로 확대되기도 한다.
㉡ 발생형 문제는 우리 눈앞에 발생되어 당장 걱정하고 해결하기 위해 고민하는 문제이다. 눈에 보이는 이미 일어난 문제로, 어떤 기준을 이탈함으로써 생기는 일탈 문제와 기준에 미달하여 생기는 미달문제로 대변되며 원상복귀가 필요하다.
㉢ 설정형 문제는 미래상황에 대응하는 장래 경영전략의 문제로 '앞으로 어떻게 할 것인가'에 대한 문제이다. 지금까지 해오던 것과 전혀 관계없이 미래 지향적으로 새로운 과제 또는 목표를 설정함에 따라 일어나는 문제로서, 목표 지향적 문제이기도 하다.

17 정답 ④

'경위'를 A, '파출소장'을 B, '30대'를 C라고 하면, 첫 번째 명제와 마지막 명제는 다음과 같은 벤다이어그램으로 나타낼 수 있다.

1) 첫 번째 명제

2) 마지막 명제

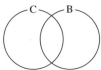

마지막 명제가 참이 되기 위해서는 B와 공통되는 부분의 A와 C가 연결되어야 하므로 A를 C에 모두 포함시켜야 한다. 그러므로 다음과 같은 벤다이어그램이 성립할 때 마지막 명제가 참이 될 수 있다. 따라서 빈칸에 들어갈 명제는 '모든 경위는 30대이다.'이다.

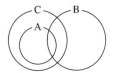

오답분석

①·② 다음과 같은 경우 성립하지 않는다.

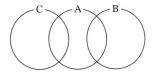

③ 다음과 같은 경우 성립하지 않는다.

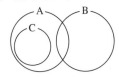

18 정답 ②

ⓑ 고객이 당장 오늘 내로 문제 해결 방법을 알려달라는 강한 불만을 제기했으므로 긴급하면서도 중요한 문제이다. 그러므로 제1사분면에 위치하는 것이 가장 적절하다.

ⓐ 다음 주에 상부에 보고해야 하는 업무는 중요하지만, 아직 시간이 조금 남아있는 상태이므로 긴급한 업무는 아니다. 그러므로 제2사분면에 위치하는 것이 가장 적절하다.

ⓒ 친구와의 약속은 업무에서 중요하지 않고 긴급한 일이 아니다. 그러므로 제4사분면에 위치하는 것이 가장 적절하다.

19 정답 ②

중도해지 시 받을 수 있는 중도해지이율은 36개월 미만으로 $2.5\% \times 0.6 = 1.5\%$이다.

따라서 중도해지 환급금은 $15,000,000 \times \left(1 + 0.015 \times \dfrac{30}{12}\right) = 15,562,500$원이다.

20   정답 ③

리스크 관리 능력의 부족은 기업 내부환경의 약점 요인에 해당한다.
위협은 외부환경 요인에 해당하므로 위협 요인에는 회사 내부를 제외한 외부에서 비롯되는 요인이 들어가야 한다.

> **SWOT 분석**
> 기업의 내부환경과 외부환경을 분석하여 강점(Strength), 약점(Weakness), 기회(Opportunity), 위협(Threat) 요인을 규정하고, 이를 토대로 경영전략을 수립하는 기법
> • 강점(Strength) : 내부환경(자사 경영자원)의 강점
> • 약점(Weakness) : 내부환경(자사 경영자원)의 약점
> • 기회(Opportunity) : 외부환경(경쟁, 고객, 거시적 환경)에서 비롯된 기회
> • 위협(Threat) : 외부환경(경쟁, 고객, 거시적 환경)에서 비롯된 위협

21   정답 ①

기업여신 자동심사 시스템은 심사 담당자 개개인의 능력에 의존하지 않도록 하는 시스템이다.

오답분석

② 미래 성장성을 반영하여 채무상환능력을 평가한다.
③ 기업들은 표준화된 심사기준을 적용받는다.
④ 기술보증기금 등 공공기관의 기술가치평가 결과를 참조하지 않아도 시스템 자체적으로 기술평가를 진행하여 반영하게 된다.

22   정답 ④

친환경 차량을 이용하고 있거나 노후 경유차 저감장치 부착을 이행한 경우에는 별도의 서류를 제출해야 하지만, 대중교통 이용 우대금리를 적용받기 위해서는 IBK기업은행 입출금 계좌에 연결된 교통카드를 사용하면 별도의 서류 제출이 필요하지 않다.

오답분석

① 친환경 차량을 보유하지 않더라도, 노후 경유차 저감장치 부착을 이행하고 있거나, 대중교통을 이용하고 있으면 우대금리를 적용받을 수 있다.
② 계약금액을 1,000만 원 이상으로 가입한 경우에 한해서만 제공되는 혜택이다.
③ 만기 후에는 기본금리가 아닌 만기 후 이율이 적용된다.

23   정답 ③

C씨는 본인이 사용하는 교통카드의 결제계좌를 IBK기업은행의 입출금 계좌에 연결해두는 것으로 우대금리를 적용받을 수 있다.

오답분석

① A씨는 개인사업자로 본 상품 가입대상이 아니다.
② B씨가 이용하는 전기차의 소유주는 본인이 아니고, 운전 또한 본인이 직접하지도 않으므로 본인 명의의 자동차등록증이나 보험 가입증서를 발급받을 수 없다.
④ 노후 경유차 폐차는 계약기간 이전의 일이며, 현재 친환경 차량을 이용하고 있지 않으므로 우대금리 적용 대상이 아니다.

24 정답 ②

i-ONE Bank를 통한 가입 시에는 국민건강보험공단의 재직정보를 통해 우대금리 적용대상 여부를 판단한다.

① 납입금액의 상한이 월 20만 원이므로 가입기간 동안 저축할 수 있는 최대 금액은 240만 원이다.
③ 가입기간 내내 동의를 유지하였더라도 만기일 전일까지 유지하지 않으면 우대금리 적용 자격이 소멸한다.
④ 만기 후 1개월 이내에는 만기일 기준 고시금리의 50%를 적용하지만, 1개월이 지나면 만기일 기준 고시금리의 30%만을 적용한다.

25 정답 ②

이 상품의 기본금리는 연 3.2%이며, A씨는 직장인이므로 우대금리 0.3%p를 적용받는다. 또한 급여이체 실적과 카드 이용실적이 모두 만족되므로 주거래 우대금리인 0.7%p를 모두 적용받으나, 마이데이터 동의는 하지 않아 이에 대한 0.5%p의 우대금리는 받지 못한다.

따라서 A씨에게 적용되는 최종 금리는 3.2+0.3+0.7=4.2%이므로, 만기해지 시점에서 받게 되는 이자는 10만 원$\times\dfrac{0.042}{12}\times$ $\dfrac{12(12+1)}{2}=27,300$원이다.

26 정답 ④

세레나데 & 봄의 제전은 55% 할인된 가격인 27,000원에서 10%가 티켓 수수료로 추가된다고 했으니 2,700원을 더한 29,700원이 결제가격이다. 따라서 티켓 판매 수량이 1,200장이므로 총수익은 35,640,000원이다.

① 판매자료에 티켓이 모두 50% 이상 할인율을 가지고 있어 할인율이 크다는 생각을 할 수 있다.
② 티켓 판매가 부진해 소셜커머스에서 반값 이상의 할인을 한다는 생각은 충분히 할 수 있는 생각이다.
③ 백조의 호수의 경우 2월 5일 ~ 2월 10일까지 6일이라는 가장 짧은 기간 동안 티켓을 판매했지만 1,787장으로 가장 높은 판매량을 기록하고 있다. 설 연휴와 더불어 휴일에 티켓 수요가 늘 것을 예상해 일정을 짧게 잡아 단기간에 빠르게 판매량을 높인 것을 유추할 수 있다.

27 정답 ③

• B : 사장 직속으로 4개의 본부가 있다는 설명은 옳지만, 인사를 전담하고 있는 본부는 없으므로 옳지 않다.
• C : 감사실이 분리되어 있다는 설명은 옳지만, 사장 직속이 아니므로 옳지 않다.

28 정답 ④

A와 B사원은 모두 6급이므로 국내여비 정액표에 따라 다군에 속한다.
• 교통비 왕복 총액(2인)=105,200원
• 일비=2인×2만 원×3일=120,000원
• 식비=2인×2만 원×3일=120,000원

- 숙박비
  - 첫째 날 : 2명 이상이 공동 숙박하고, 기준금액(남원시, 5만 원)을 넘었으므로 5만 원
  - 둘째 날 : 2명 이상이 공동 숙박하고, 기준금액(5만 원) 이하로 지출했으므로, '4－나'를 적용하면 $\left(2-\dfrac{40,000}{50,000}\right)\times20,000\times2$인

    $=48,000$원

따라서 $105,200+120,000+120,000+50,000+48,000=443,200$원이다.

29 정답 ②

제시문은 텔레비전의 언어가 개인의 언어 습관에 미치는 악영향을 경계하면서, 올바른 언어 습관을 길들이기 위해 문학 작품의 독서를 강조하고 있다.

30 정답 ①

단리예금에서 이자는 예치금에 대해서만 발생하므로 이자 공식은 다음과 같다.

(단리예금 이자)$=a\times r\times n$ (a는 예치금, r은 월 이자율, n은 기간)

따라서 은경이가 만기 시 받는 이자는 $5,000\times\dfrac{0.6}{100}\times15=450$만 원이다.

31 정답 ③

설문조사 비율의 합이 100%이고, H사 사원들도 100명이므로 연령 분석 결과를 표로 정리하면 다음과 같다.

구분	합계	20대	30대	40대
복사기	15명	10명		
냉장고	26명			13명
안마의자	6명	－	－	6명
복합기	24명	12명		
커피머신	7명			
정수기	13명	－	13명	－
기타용품	9명	3명	3명	3명

사원 중 20대가 총 25명이라면 복사기, 복합기, 기타용품을 원하는 20대 인원이 25명이므로 냉장고를 원하는 20대는 없음을 알 수 있다.

오답분석

① 냉장고를 원하는 20대 인원수는 알 수 없으므로 적절하지 않다.

② 기타용품을 원하는 40대는 3명, 안마의자를 원하는 40대는 6명이다.

④ 20대를 제외할 경우 복합기를 원하는 남은 인원은 12명이므로, 복합기를 원하는 30대는 냉장고를 원하는 40대 13명보다 많을 수 없다.

32 정답 ②

VLOOKUP 함수는 목록 범위의 첫 번째 열에서 세로 방향으로 검색하면서 원하는 값을 추출하는 함수이고, HLOOKUP 함수는 목록 범위의 첫 번째 행에서 가로방향으로 검색하면서 원하는 값을 추출하는 함수이다. 따라서 [F2:G9] 영역을 이용하여 업무지역별 코드번호를 입력할 경우 VLOOKUP 함수가 적절하며, VLOOKUP 함수의 형식은 「=VLOOKUP(찾을 값, 범위, 열 번호, 찾기 옵션)」임을 볼 때, [D2] 셀에 입력된 수식은 「=VLOOKUP(C2,$F$2:$G$9,2,0)」이다.

33 정답 ④

수연이가 여행 전 800달러를 살 때 지불한 원화는 우대환율 70%를 적용하여 계산하면 다음과 같다.

구분	9월 14일	9월 15일	합계
적용환율	$1,152-(1,152-1,140)\times0.7$ $=1,143.6$원/달러	$1,155-(1,155-1,145)\times0.7$ $=1,148$원/달러	–
지불 금액	$1,143.6\times500=571,800$원	$1,148\times300=344,400$원	$916,200$원

여행 후 10월 16일부터 20일까지 현찰을 팔 때 우대환율이 20% 추가되어 90%가 적용된다. 날짜별 우대환율 90%를 적용한 후 800달러를 원화로 환전하면 다음과 같다.

구분	10월 16일	10월 19일	10월 20일
적용환율	$1,146+(1,158-1,146)\times0.9$ $=1,156.8$원/달러	$1,140+(1,150-1,140)\times0.9$ $=1,149$원/달러	$1,131+(1,143-1,131)\times0.9$ $=1,141.8$원/달러
환전 금액	$1,156.8\times800=925,440$원	$1,149\times800=919,200$원	$1,141.8\times800=913,440$원

따라서 수연이가 800달러를 원화로 환전할 때 날짜별 손익을 구하면 알맞은 선택지는 ④이다.
- 10월 16일 : $925,440-916,200=9,240$원 이익
- 10월 19일 : $919,200-916,200=3,000$원 이익
- 10월 20일 : $913,440-916,200=2,760$원 손해

34 정답 ④

38과 95의 최대공약수는 19이며, 19cm 간격으로 꼭짓점을 제외하고 가로에는 4그루씩, 세로에는 1그루씩 심을 수 있다. 꼭짓점에 나무가 심어져 있어야 하므로 총 $(4+1)\times2+4=14$그루가 필요하다.

35 정답 ①

사각뿔의 부피를 구하는 공식은 '$\frac{1}{3}\times$(밑면의 가로)$\times$(밑면의 세로)$\times$(높이)'이다.

따라서 부피는 $\frac{1}{3}\times6^2\times5=60\text{cm}^3$이다.

36 정답 ④

B를 거치는 A와 C의 최단 경로는 A와 B 사이의 경로와 B와 C 사이의 경로를 나눠서 구할 수 있다.

ⅰ) A와 B의 최단 경로의 경우의 수 : $\frac{5!}{3!\times2!}=10$가지

ⅱ) B와 C의 최단 경로의 경우의 수 : $\frac{3!}{1!\times2!}=3$가지

따라서 B를 거치는 A와 C의 최단 경로의 경우의 수는 $3\times10=30$가지이다.

37 정답 ②

(나) 문단에서는 주택청약종합저축에 가입된 사람도 가입요건을 충족하면 청년 우대형 청약통장으로 전환하여 가입할 수 있음을 설명하고 있다. 따라서 '기존 주택청약종합저축 가입자의 청년 우대형 청약통장 가입 가능 여부'가 (나) 문단의 핵심 화제로 적절하다.

38 정답 ④

전체 12명에서 두 명을 뽑는 경우의 수는 $_{12}\mathrm{C}_2=\dfrac{12\times11}{2}=66$가지이고, 여자 7명 중에서 2명이 뽑힐 경우의 수는 $_7\mathrm{C}_2=\dfrac{7\times6}{2}=$ 21가지이다.

따라서 대표가 모두 여자로 뽑힐 확률은 $\dfrac{21}{66}\times100\fallingdotseq32\%$이다.

39 정답 ②

'회의장 세팅'을 p, '회의록 작성'을 q, '회의 자료 복사'를 r, '자료 준비'를 s라고 했을 때, 이들을 나열하면 $p\to\sim q\to\sim s$ $\to\sim r$이 성립한다. 따라서 항상 참인 진술은 '회의록을 작성하지 않으면 회의 자료를 복사하지 않는다.'이다.

40 정답 ①

같은 부서 사람이 옆자리로 함께 앉아야 하므로 먼저 부서를 한 묶음으로 생각하고 세 부서를 원탁에 배치하는 경우는 2!=2가지이고, 각 부서 사람끼리 자리를 바꾸는 경우의 수는 $2!\times2!\times3!=2\times2\times3\times2=24$가지가 나온다.

따라서 조건에 맞게 7명이 앉을 수 있는 경우의 수는 $2\times24=48$가지이다.

41 정답 ③

금융부실관련자 책임추궁에 따르면 금융회사 부실의 부분적인 원인을 제공한 경우에도 조사 대상이 된다.

오답분석

① 금융부실관련자에 대한 예금보험공사의 책임추궁은 예금자보호법에 근거하므로 적절한 설명이다.
② 예금보험공사는 검찰과 협조하여 금융부실책임조사본부를 발족하여 부실채무기업에 대해 조사를 수행하고 있으므로 적절한 설명이다.
④ 예금보험공사는 2013년에 부실채무기업의 증가에 전담부서인 조사2국을 신설하여 대응하였으므로 적절한 설명이다.

42 정답 ①

(라)에서 금융상품의 종류를 분류하고, (나)에서 금융상품의 하위분류 중 주식과 예금의 대조적인 특징을 설명한 후, (나)의 결과로 사람들이 성향에 따라 각기 다른 금융상품을 선호한다는 사실을 (가)에서 설명한다. 다음으로 (가)의 고객의 성향에 따라 금융회사들이 고객에게 최적의 상품을 추천한다는 내용의 (마), (가)에서 언급한 고객의 투자 성향 판단 기준에 대한 질문을 도입하는 (다), 투자 기대 효용에 대한 고객들의 태도 차이를 고객 분류의 기준으로 삼는다는 내용의 (바)의 순서로 이어진다. 따라서 (라) – (나) – (가) – (마) – (다) – (바)가 적절하다.

43 정답 ①

9개의 숫자에서 4개의 숫자를 뽑아 나열할 수 있는 방법은 $_9\mathrm{P}_4=9\times8\times7\times6=3{,}024$가지이다.

여기서 5와 6을 제외하고, 1과 8이 포함된 4자리 숫자를 만들 수 있는 방법은 9개의 숫자에서 제외할 숫자와 포함될 숫자를 빼고, 남은 숫자 중에서 2개의 숫자를 뽑아 1과 8을 포함한 4개 숫자를 나열하는 것이다.

그러므로 계산하면 $_{(9-4)}\mathrm{C}_2\times4!=_5\mathrm{C}_2\times4!=\dfrac{5\times4}{2}\times4\times3\times2\times1=240$가지이다.

따라서 한별이가 5와 6을 제외하고 1과 8을 포함하여 비밀번호를 만들 확률은 $\dfrac{240}{3{,}024}=\dfrac{5}{63}$이다.

44 정답 ②

두 번째 문단의 '시장경제가 제대로 운영되기 위해서는 국가의 소임이 중요하다.'라고 한 부분과 세 번째 문단의 '시장경제에서 국가가 할 일은 크게 세 가지로 나누어 볼 수 있다.'라고 한 부분에서 '시장경제에서의 국가의 역할'이라는 제목을 유추할 수 있다.

45 정답 ①

일반 시민들이 SNS를 통해 문제를 제기하면서 전통적 언론에서 뒤늦게 그 문제에 대해 보도하는 현상이 생기게 된 것이다.

오답분석

㉠·㉢ 현대의 전통적 언론도 의제설정기능을 수행할 수는 있지만, 과거 언론에 비해 의제설정기능의 역할이 약화되었다.
㉣ SNS로 인해 역의제설정 현상이 강해지고 있다.

46 정답 ①

임의로 전체 신입사원을 100명이라 가정하고 성별과 경력 유무로 구분하여 표를 나타내면 다음과 같다.

(단위 : 명)

구분	여성	남성	합계
경력 없음	$60-20=40$	20	60
경력 있음	$100\times0.2=20$	20	$100\times0.8-60+20=40$
합계	$100\times0.6=60$	40	100

따라서 신입사원 중 여자 한 명을 뽑았을 때 경력자가 뽑힐 확률은 여자 60명 중 경력자는 20명이므로 $\frac{20}{60}=\frac{1}{3}$ 이다.

47 정답 ④

과일의 가격을 사과 x, 배 y, 딸기 z로 가정하여 식을 세워보면 다음과 같다.
$x=10,000$, $y=2z$, $x+z=y-20,000$
→ $10,000+z=2z-20,000$
→ $z=30,000$
∴ $x+y+z=x+3z=10,000+90,000=100,000$
따라서 10명의 동네 주민들에게 선물을 준다고 하였으므로 지불해야 하는 총금액은 $100,000\times10=1,000,000$원이다.

48 정답 ③

'1권 이상'의 성인 독서율은 2019년 대비 2021년 사례수 증가율만큼 증가한다.

빈칸 (가)의 50대 성인 독서율의 경우, 2019년 대비 2021년 사례수가 $\frac{1,200-1,000}{1,000}\times100=20\%$ 증가하였다.

따라서 '1권 이상'의 성인 독서율 (가)에 들어갈 수치는 $60\times1.2=72$가 된다.

49 정답 ②

연도별 누적 막대그래프로, 각 지역의 적설량이 바르게 나타나 있다.

오답분석

① 적설량의 단위는 'm'가 아니라 'cm'이다.
③ 수원과 강릉의 2019년, 2020년 적설량 수치가 서로 바뀌었다.
④ 그래프의 가로축을 지역으로 수정해야 한다.

50 정답 ③

각각의 조건에서 해당되지 않는 쇼핑몰을 체크하여 선지에서 하나씩 제거하는 방법으로 푸는 것이 좋다.

- 철수 : C, D, F는 포인트 적립이 안 되므로 해당 사항이 없다(②, ④ 제외).
- 영희 : A에는 해당 사항이 없다.
- 민수 : A, B, C에는 해당 사항이 없다(① 제외).
- 철호 : 환불 및 송금수수료, 배송료가 포함되었으므로 A, D, E, F에는 해당 사항이 없다.

"오늘 당신의 노력은 아름다운 꽃의 물이 될 것입니다."

그러나, 이 꽃을 볼 때 사람들은 이 꽃의 아름다움과 향기만을 사랑하고 칭찬하였지, 이 꽃을 그렇게 아름답게 어여쁘게 만들어 주는 병 속의 물은 조금도 생각지 않는 것이 보통입니다.

만일 이 꽃병 속에 들어 있는 물을 죄다 쏟아 버리고 빈 병에다 이 꽃을 꽂아 보십시오.

아무리 아름답고 어여쁜 꽃이기로서니 단 한 송이의 꽃을 피울 수 있으며, 단 한 번이라도 꽃 향기를 날릴 수 있겠습니까?

우리는 여기서 아무리 본바탕이 좋고 아름다운 꽃이라도 보이지 않는 물의 숨은 힘이 없으면 도저히 그 빛과 향기를 자랑할 수 없는 것을 알았습니다.

- 방정환의 「우리 뒤에 숨은 힘」 중 -

미래는 자신이 가진 꿈의 아름다움을 믿는 사람들의 것이다.

– 엘리노어 루즈벨트 –

2024 최신판 SD에듀 ALL-New 기출이 답이다
신한은행 SLT 필기시험 6개년 기출 + 무료NCS특강

개정1판1쇄 발행	2024년 04월 15일 (인쇄 2024년 03월 27일)
초 판 발 행	2023년 04월 10일 (인쇄 2023년 03월 22일)
발 행 인	박영일
책 임 편 집	이해욱
편 저	SDC(Sidae Data Center)
편 집 진 행	안희선 · 정수현
표지디자인	김도연
편집디자인	최미란 · 장성복
발 행 처	(주)시대고시기획
출 판 등 록	제10-1521호
주 소	서울시 마포구 큰우물로 75 [도화동 538 성지 B/D] 9F
전 화	1600-3600
팩 스	02-701-8823
홈 페 이 지	www.sdedu.co.kr

I S B N	979-11-383-6899-5 (13320)
정 가	23,000원

기출이 답이다 **신한은행**

정답 및 해설

금융권 필기시험 "기본서" 시리즈

최신 기출유형을 반영한 NCS와 직무상식을 한 권에! 합격을 위한
Only Way!

금융권 필기시험 "봉투모의고사" 시리즈

   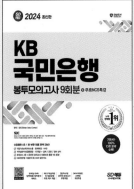

실제 시험과 동일하게 구성된 모의고사로 마무리! 합격으로 가는
Last Spurt!